ESTADO DE BIENESTAR
Y TRABAJO SOCIAL

JUAN DE DIOS IZQUIERDO
RUBÉN DARÍO TORRES KUMBRIAN
LAURA MARTÍNEZ

ESTADO DE BIENESTAR
Y TRABAJO SOCIAL

 UNED

 EDICIONES ACADÉMICAS

© Juan de Dios Izquierdo
© Rubén Darío Torres Kumbrian
© Laura Martínez

© Ediciones Académicas, S.A.
    Bascuñuelos, 13 - P. 28021 – Madrid

ISBN-13: 978-84-92477-55-5
Depósito legal: M-30703-2011

Impreso por: Campillo Nevado, S.A.
Antonio González Porras, 35-37
28019 MADRID

Impreso en España / Printed in Spain

Índice

Prefacio

Este libro va dirigido a los alumnos del Grado de Trabajo Social, futuros Trabajadores Sociales. Su objetivo principal es abrir un ámbito de conocimiento fundamental a la hora de desarrollar su trabajo.

El contexto profesional en que se desarrollan los servicios sociales y el trabajo social viene determinado por la variante histórica y las concreciones actuales de los avances, retrocesos, aportaciones y críticas del Estado de Bienestar. Desconocer tal contexto de derechos, provisiones, servicios, instituciones y normas que componen la realidad de la mayoría de los países europeos, es infrautilizar sus recursos y no dar completo desarrollo a la labor profesional de los trabajadores sociales.

Este texto intenta poner en valor la difícil historia, los conceptos y concreciones en que se asienta el estado de bienestar europeo y perfilar los principales sistemas en que se traducen los derechos sociales (educación, sanidad, pensiones, empleo, cobertura de desempleo, políticas activas de empleo, vivienda, servicios sociales, rentas mínimas de reinserción, cultura, atención a colectivos con dificultades estructurales).

ORGANIZACIÓN DEL TEXTO

De los capítulos de que se compone "Estado del Bienestar y Trabajo Social", el primero (Estado del Bienestar y Ciudadanía), está orientado al conocimiento introductorio de la evolución histórica y la aportación conceptual de la concreción europea y española del estado de bienestar.

Conocer la evolución de los derechos civiles, políticos y sociales, con su carga conceptual y las consecuencias políticas, económicas y sociales de esa evolución se presenta como un acervo necesario para comprender posteriormente tanto la estructura institucional y presupuestaria en que se materializan como los valores que encierran y el derecho de los ciudadanos a su disfrute.

Cuando analizamos los inicios del trabajo social y los servicios sociales prestados por las instituciones nos remontamos a épocas anteriores al denominado estado del bienestar.

La atención a los pobres, a los desvalidos, a los enfermos que no tienen recursos para ser atendidos ha estado marcada por el contexto social, político y económico de cada época. Por una parte, era de interés de la comunidad establecer medidas para que tales situaciones no superaran el límite de desigualdad y abandono que cada sociedad se marca. Además, personas e instituciones, ideológica o religiosamente motivadas, dedicaron sus esfuerzos a paliar situaciones de máxima necesidad social, para las que no existían recursos institucionales provistos. Su esfuerzo logró que, poco a poco, los poderes públicos y ciertas instituciones privadas integraran en sus previsiones medios, materiales, recursos monetarios, instalaciones y personas dedicadas al cuidado de pobres, enfermos, enfermos mentales, desarraigados y perjudicados por trances graves de la vida cotidiana.

La filosofía con que se efectuaba esta atención difería según la institución y la perspectiva con que se llevaba a cabo. La concepción de que la pobreza y el desvalimiento social era un problema individual, no imputable a la sociedad ni responsabilidad de ella sino más bien de la naturaleza y actitud de los propios afectados, genera las actitudes de caridad, limosna y ocultación del paisaje social de los elementos inasimilables.

Sólo consideraciones morales o religiosas sobre la dignidad de la persona, independientemente de sus contingencias, como ser creado por Dios y con un alma inmortal, introducen argumentaciones que van más allá de la mera conveniencia social de la atención. Pero quien vive de la caridad y la limosna no es portador de derechos.

La revolución francesa y la revolución industrial, a finales del siglo dieciocho y durante el diecinueve, producirán un cambio sustancial en la comprensión y en el comportamiento de las instituciones en relación con las demandas de los ciudadanos.

El concepto de ciudadano sustituye al de siervo medieval y se universaliza. Ni estamentos ni clases ni rangos económicos o sociales podrán evitar la libertad y la igualdad sustancial, política de los ciudadanos. El concepto de fraternidad, despojado de los fervores revolucionarios, completará los derechos civiles y políticos y constituirá el foco de los derechos sociales.

El ciudadano se incardina a una sociedad que le exige deberes de convivencia y le otorga derechos sociales que rompen la tradición de la mera responsabilidad individual de los miembros con problemas de supervivencia.

Procurar que todos los ciudadanos encuentren apoyos para llevar una vida digna es una obligación social. Las instituciones deben incorporar en su proyecto las contingencias de la vida que pueden afectar a todos.

La ciudadanía como resorte para la promoción de las personas a través de las ofertas de servicios de las instituciones, abiertos a todos bajo ciertas condiciones, y sin pérdida de derechos, marca la modernidad.

El estado de bienestar es la fórmula consensuada, interideológica, interclasista que Europa aporta, con el acuerdo básico de que el mercado mantiene su libertad e independencia y que el Estado interviene para garantizar que no se supere el nivel máximo de desigualdad socialmente aceptado.

No son ya ciertos colectivos los que reciben servicios de ayuda y promoción, sino toda la sociedad (educación, sanidad, pensiones). Esos servicios no son fruto del excedente presupuestario del estado, una vez cubiertos las auténticas funciones de seguridad, control e infraestructuras. Son el corazón de los objetivos sociales, extraídos de las prioridades políticas presentadas por los partidos que aspiran al gobierno y necesitan el voto de los ciudadanos.

Los capítulos siguientes presentan la concreción institucional y presupuestaria del denominado sistema de bienestar europeo. Desde las primeras provisiones del sistema bismarquiano hasta los servicios que los estados europeos ofrecen en la actualidad, se puede seguir la secuencia de concreciones, exigencias y respuestas institucionales ciudadanas.

El sistema educativo tiene como objetivo la igualdad de oportunidades de los ciudadanos formados y útiles para sí mismos y para la sociedad.

- ¿Cumple realmente hoy esa función el sistema educativo en Europa y en España?

El sistema sanitario universal que garantiza que todos los ciudadanos pueden ser atendidos en la enfermedad, independientemente de su condición económica.

- ¿Existe una atención sanitaria de calidad?

La Seguridad Social pretende garantizar tanto las circunstancias de desempleo como las pensiones de los cotizantes.

- ¿Existe previsión suficiente para que, dada la evolución demográfica de las sociedades europeas y las nuevas contrataciones afectadas por la globalización, se garanticen las pensiones y los subsidios de paro?

Los servicios sociales, referentes transformados por su carácter de derecho social, de lo que anteriormente era considerado auxilio social, pretenden paliar las contingencias adversas de ciudadanos y colectivos e insertar socialmente, a través del empleo si es posible, a los beneficiarios que lo requieran.

Los colectivos con mayor vulnerabilidad (algunos/as niños, ancianos, mujeres, personas con discapacidad) reciben apoyos para superar situaciones estructurales de desigualdad.

Las políticas activas de empleo, la superación de las dificultades estructurales de las mujeres para insertarse en igualdad en el contexto laboral, social, político, económico, cultural serán nuevas canteras de orientación del estado de bienestar.

La cohesión económica y social europea, con importantes presupuestos, a través de los fondos estructurales, actúa para minimizar la desigualdad competitiva de las distintas regiones y colectivos, centrándose en aquellos con menor renta per capita y condiciones desventajosas. Sus inversiones orientadas hacia la productividad en infraestructuras, formación, energía, investigación, pequeñas y medianas empresas suponen un complemento de redistribución de la renta vital para las regiones más desfavorecidas y los colectivos con dificultad de incorporación al sistema productivo.

La cooperación al desarrollo es un exponente de sociedades que no se refugian en su contexto socioeconómico y cierran los ojos ante la desigualdad extrema y las condiciones de pobreza y subdesarrollo de otras comunidades alejadas de sus contextos geográficos. Ineludiblemente unidas por relaciones históricas, económicas y políticas en la sociedad global que hoy conforma el mundo en que vivimos, la cooperación expresa la necesidad de superar la pobreza y la desigualdad, especialmente por aquellos contextos que más pasos y derechos han creado históricamente.

Estado de bienestar y ciudadanía | 1

ESQUEMA

Se pretende analizar los ingredientes conceptuales que laten tras la expresión "estado de bienestar": el paso histórico diferencial de la atención de los problemas sociales y de la pobreza desde la perspectiva de la caridad a la de reclamación de derechos sociales; los derechos civiles, políticos y sociales, según la aportación de Thomas Humphrey Marshall; el papel del acervo de los ideales de la revolución francesa y de las condiciones, asimetría y luchas de clases de la sociedad industrial; la universalización de los derechos sociales y el carácter promocional de los mismos, orientados a la igualdad real de oportunidades.

1.1. INTRODUCCIÓN

1.1.1. Objetivos generales y específicos

Se pretende que el alumno lea, sintetice y comprenda críticamente materiales bibliográficos de referencia.

Que conozca y distinga conceptos, marcos teóricos y modelos.

Que elabore e introduzca en sus trabajos análisis y razonamientos prospectivos de carácter global sobre los contextos sociales y la diversidad de factores influyentes en los fenómenos individuales y colectivos objeto de su estudio y sus implicaciones para la intervención profesional.

En concreto se invita a analizar con carácter crítico la realidad social dinámica y cambiante, con la finalidad de prevenir y entender los procesos sociales emergentes así como las posibles soluciones, preventivas o paliativas, ante los mismos.

Para ello es preciso entender la complejidad de la realidad social, adaptando la reflexión a cada situación, saber ordenar y diferenciar los factores y acciones más relevantes, además de interpretar y utilizar indicadores sociales.

En concreto, este capítulo aspira a que se analicen, de manera crítica, los orígenes y objetivos de las principales etapas históricas de desarrollo y consolidación del Estado de Bienestar, así como sus perspectivas futuras.

1.1.2. Palabras Clave

Beneficencia, caridad, derechos sociales, revolución francesa, revolución industrial, pacto del estado de bienestar, sistemas de bienestar (educación, sanidad, pensiones, desempleo, servicios sociales)

1.1.3. Ideas básicas

En Europa y, afortunadamente, en España existe conciencia de que nuestro sistema social es privilegiado desde el punto de vista de la cobertura que los ciudadanos tienen a la hora de acceder a múltiples servicios de garantía vital y de promoción personal.

Si esos servicios son públicos o canalizados por organismos privados no es una cuestión secundaria, pero no tan principal como disponer de ellos. Si son plenamente gratuitos o es necesario abonar una cuota para su utilización tiene importancia.

Lo mismo cabe decir de su condición universal o restringida. La universalización total se produce cuando todos los ciudadanos tienen derecho y acceso real a ellos (asistencia sanitaria) sin más requisitos, a veces, que su identificación. Otras veces, esos requisitos indican que son accesibles a todos los que cumplen, pero sólo a ellos, determinadas condiciones. En este caso, la universalidad les viene dada porque todos los que cumplen dichas condiciones pueden beneficiarse de ellos pero no toda la población puede reclamarlos (pensiones).

La cobertura de la que hablamos es, casi siempre, relacionada con necesidades importantes de los individuos o de los grupos. Se puede tratar de supervivencia (salud, trabajo, vivienda digna, pensiones, manutención, cobijo).

También pueden referirse a factores determinantes de la evolución de los individuos, aunque no parezcan estar caracterizados por la perentoriedad de la supervivencia (educación, transporte, formación, compensación por problemas estructurales).

Cuando estos servicios los garantiza el Estado estamos hablando de servicios públicos y suele gestionarlos a través de instituciones públicas. Es el caso de los hospitales, los colegios, las pensiones.

A veces esos servicios públicos se gestionan por instituciones privadas que convenian con las instituciones públicas para ofrecerlos a cambio de compensaciones económicas pactadas (colegios concertados).

Si el conjunto de los servicios que garantiza el Estado cubre las necesidades estructurales más importantes de los ciudadanos, tanto de promoción y equipamiento personal como de subsistencia, nos encontramos ante lo que denominamos el Estado de Bienestar.

En función de la cobertura se producen niveles de calidad entre unos y otros. En función de la eficiencia en la utilización de los medios económicos y organizativos que se utilizan para mantener esos servicios se pueden establecer comparaciones.

En virtud de la calidad final de lo que los ciudadanos reciben, analizada con criterios objetivos e indicadores científicos, se suelen establecer jerarquías que reciben críticas por parte de aquellos que ocupan los últimos lugares.

Un eje fundamental de todo el sistema es que la financiación del mismo depende en un 99% de los propios ciudadanos. De los que reciben y no reciben esos servicios, pero que dadas las contingencias de la vida, la economía y las relaciones sociales pueden necesitarlos y percibirlos.

El Estado de Bienestar se dirige a los individuos protegiéndoles, pero sólo es posible si existe una comunidad detrás que programa esa protección, la prioriza, la adapta a las condiciones cambiantes de las necesidades sociales y la paga. Es decir, legitima a sus representantes políticos a introducir normas de recaudación y requisitos de acceso que ordenen la demanda social de los servicios públicos.

Este es el prisma con el que los ciudadanos observan y critican la estructura de las garantías que ofrece su país a los ciudadanos, en el espacio europeo. Ni fuera de ese contexto geopolítico se da el mismo entramado institucional de oferta, ni se considera al Estado corresponsable del destino social de sus ciudadanos. Son otros modelos de estructura social, medios y prioridades que deben ser analizados en su conjunto, sin caer en el etnocentrismo que implica supervalorar lo propio. No es sólo cuestión de nivel económico.

Estados Unidos acaba de iniciar el proceso para universalizar la sanidad y dar cabida en ella a más de 30 millones de ciudadanos que no la tienen garantizada. Podían haberlo hecho antes y tenían medios suficientes.

Tampoco este Estado de Bienestar ha existido siempre, en el marco de la modernidad, ni se ha producido como efecto de una evolución lineal, pacífica y estrictamente lógica. La intrahistoria europea es un escenario de tensiones, luchas, avances y retrocesos, intereses contrapuestos y acuerdos en los que cada contendiente mira la parte que le interesa y cede obligadamente contrapartidas para hacerse con posiciones que le ofrecen suficientes garantías de futuro.

Hoy se sigue debatiendo si la alianza de conservadores y progresistas que da vida al estado de bienestar beneficia más a unos u otros.

- ¿La estabilidad del sistema económico bien vale sus gastos sociales correspondientes?

Esta podría ser la cuestión desde un prisma conservador.

¿La garantía de los ciudadanos, en sus coberturas de supervivencia y promoción cara a la igualdad de oportunidades, bien vale una limitación de reivindicaciones que dejan habilitado el sistema de mercado como fórmula incuestionada, aunque sí reglamentable?

Es el interrogante que debieron solventar los sindicatos y gobiernos de corte progresista.

Sin la historia democrática, sindical, patronal, política, religiosa, agraria de Europa no es justificable teóricamente la situación actual, porque es heredera de todas ellas, algunas cruentas, por no decir todas cruentas.

El conflicto social está en la base del Estado de Bienestar. Éste se convierte en su salida controlada, institucionalizada, al estilo europeo: negociación y consenso.

Sin conocer esa evolución se nos escapa el significado y el impacto social del Estado de Bienestar europeo como hoy lo conocemos. Sin conocer su relación con la emergencia de la ciudadanía, de los derechos como ciudadanos, se difumina la abismal diferencia entre beneficencia, caridad, corporativismo, intervencionismo social y estado de bienestar.

Nadie pierde la ciudadanía por los servicios del estado de bienestar. Se pierde, sin embargo, con la beneficencia: el individuo reconoce su anomía, la protección que recibe se cambia por sus derechos. La libertad de participación y crítica se delega en los demás. Este cambio político implica nueva perspectiva no sólo para los ciudadanos sino también para el poder político e institucional, sus representantes.

La globalización, que en gran medida cambia la autonomía económica y política de los países, rompiendo su lógica de comunidad socialmente autárquica, y los gastos del sistema de bienestar (demografía y pirámide de edad invertida), junto a las nuevas necesidades sociales y prioridades cara a la competencia económica ponen en cuestión tanto la bondad como la viabilidad del sistema de bienestar tal como lo conocemos hoy.

La dualidad de más cobertura social o más inversión empresarial con generación de empleo alcanza las connotaciones y prismas de todo lo complejo.

Los ranking de calidad de vida ponen en cabeza a los países con altas cotas de protección social que, a su vez, alcanzan niveles de población activa ocupada más altos. La desregulación, el mileurismo y la desprotección social es reclamada por otros analistas como palanca para atraer capitales y generar empleo.

Nadie contradice el alto impacto de la formación de los trabajadores y la investigación. En esta disputa sobre la posibilidad de supervivencia, en el mundo globalizado, del estado de bienestar y su modelo socioeconómico conviene conocer su surgimiento histórico, sus debilidades y alternativas o evolución.

Es la historia y la cultura de las distintas sociedades estatales la que marca en gran medida si el crecimiento económico va acompañado de más o menos empleo y de mayor o menor protección estatal.

La supervivencia fue la primera gestión del bienestar común en una sociedad en la que cada uno de sus miembros tiene obligaciones y beneficios por la convivencia. Pero la supervivencia es tarea de cada individuo, de cada familia, no de la totalidad de la comunidad, en cuanto se pasa de las sociedades transhumantes y cazadoras a asentamientos estables y agrícolas.

La diferenciación social es el trasunto de las condiciones individuales y de los roles sociales que cada uno ejerce. La forma de conseguir que ningún miembro de la comunidad desaparezca por falta de alimento y cobijo queda, inicialmente, relegada a la solidaridad y el sentimiento humanitario de sus miembros.

El surgimiento de asociaciones humanitarias, precedidas de individuos o familias que se caracterizaron por ayudas permanentes a necesitados y enfermos, es un peldaño importante en la oferta de servicios de una comunidad, por su carácter estable y continuidad de servicio.

Son esas asociaciones las que terminan consiguiendo que ciertas instituciones (religiosas, filantrópicas) se involucren de forma más consistente, con la aportación de medios, lugares, presupuesto, personas en la solución de los problemas límites de los miembros de la comunidad.

Surge así una cierta especialización (hospitales, recogida de pobres, hospicios, monasterios, albergues, comedores) que pretende soluciones operativas a la demanda creciente de atenciones básicas.

Las reclamaciones de las asociaciones en materia de edificios y presupuesto a las instancias políticas generan una incipiente institucionalización del proceso de asistencia que les conduce a integrar paulatinamente como servicios públicos lo que se inició como solidaridad individual o comunal.

1.2. GARANTIZAR LA SUPERVIVENCIA

Es difícil encontrar sociedades que compartan de manera igualitaria sus recursos. Motivaciones políticas (rangos, dirección), religiosas (castas), escasez de recursos (caza, pesca, agricultura), estructura de la propiedad (esclavista, señorío, estamentos), igualdad jurídica (patronos, obreros) han generado asimetrías sociales con consecuencias económicas que redundaron en las diferentes posibilidades de subsistencia.

Miembros individuales, familias, grupos, comunidades enteras han tenido dificultades para mantener un nivel de autonomía y capacidad para subsistir dentro de la comunidad. Individuos enfermos, familias afectadas por fallecimientos o pérdidas de cosechas, situaciones insuperables ante las exigencias prioritarias y coactivas de pagos de tasas, diezmos, exacciones, impuestos han compuesto un panorama de sociedades que conviven con miembros sin posibilidades coyunturales o estructurales de supervivencia.

La estela denominada Código de Hammurabi, en Mesopotamia (siglo XVIII a.C.), introduce el primer código de protección social, de supervivencia social más que individual, a través del derecho, en que se intenta proteger a la sociedad de los fuertes malvados y dar seguridad y bienestar a los débiles. Pero quedan fuera de la normativa atenciones para la supervivencia.

Instituciones de acogida para niños, en alguna *dinastía china,* y recomendaciones al buen comportamiento con el necesitado en el Antiguo Tes-
tamento no dejaron huella institucional suficiente que permita ser rastreada
más allá de ciertas prácticas de acogida en algunos monasterios con los
visitantes.

El mundo griego aporta una actitud positiva con el visitante necesitado y
con los hijos de los soldados muertos en batalla. En este último caso sí es el
Estado el que mira por su supervivencia y educación. Algo similar a la atención que los ancianos inválidos reciben para su subsistencia y en algunos casos
residencia.

El benefactor romano ayudaba a aquellas personas conocidas que se le acer-
caban en situación de necesidad a cambio de lazos de proximidad utilizables
en realce social. Pero la concentración de pobres en las urbes, especialmente
Roma, impone a los emperadores la obligación de distribuir comida entre las
masas más necesitadas, sin obligación jurídica pero sí como sistema de control
de orden público. La atención a los ancianos, descartados pobres y plebeyos,
tuvo su primera objetivación con la tabla de Ulpiano en el siglo III, calculando
el coste de su manutención.

Sin concreción institucional, por su carencia de estado, durante el imperio
romano, es preciso tener como referencia la actitud del cristianismo primitivo
y su amplia referencia al prójimo, a la pobreza como modelo de entrega a los
demás y a la caridad como mandato de comportamiento. A medida que las
comunidades cristianas se desarrollan y amplían, la práctica del comunismo
económico se hace insostenible y se deriva hacia recomendaciones de limosna
cristiana.

La caída del imperio romano y sus esquemas de cultura, economía, derecho,
sociedad, instituciones implica que desde los siglos IV al VIII toda la articulación social se repliega en comunidades campesinas, débilmente institucionalizadas, que luchan por la subsistencia y generan mecanismos de comunidad
y ayuda mutua.

Las invasiones, colonizaciones, incluso el imperio de Carlomagno, se
constituyen en superestructuras defensivas ajenas a los problemas internos
de las comunidades agrarias, excepto por la fiscalidad compulsiva que utilizan para mantener sus contiendas y sus ejércitos. La economía de subsistencia, como fruto del desplome de la organización y la cultura del imperio, se
impone en el territorio europeo. No obstante, dado que los nuevos pueblos
que surgen en Europa están romanizados, la lengua, la cultura y la religión
se mantuvieron.

En el 313 se produce la conversión de Constantino al cristianismo y la iglesia católica se institucionaliza. Hasta el siglo VIII con la llegada de los musulmanes (711) la reubicación social mantiene como referencia la cultura romana.

La Baja Edad Media española que ocupa los siglos VIII, IX, X, y XI alberga una dualidad de civilización, cristiana y musulmana, con expansión y contienda que culmina en el siglo once con el concepto de reconquista. Son dos culturas diferentes, lenguas diferentes y referencias religiosas distintas.

El predominio religioso entre los musulmanes y la concepción del califa como elegido de Allah impregna su forma de comprender la ayuda y la inserción en la comunidad de creyentes de las personas más necesitadas. El asentamiento del poder de la iglesia en la parte cristiana se conecta con la tradición franca y la versión española acogida por Sancho el Mayor (1004-1035) sobre la legitimidad del rey por ser el elegido de Dios, según reza el Libro de Proverbios, VIII, 15-16 "es por mí por lo que los reyes reinan y por lo que los legisladores ordenan lo que es justo", asumido por la Santa Sede.

Se necesita la intervención del Papa para entronizar al rey. La posición cristiana de dar de comer al hambriento y de beber al sediento recibirá concreciones muy dispares.

Las luchas de ocupación de territorio (en España la reconquista) llevan aparejadas la distribución del mismo entre los nobles que acompañan en las expediciones a los caudillos y a los reyes, en pago a sus servicios.

La reconquista ocupa toda la Alta Edad Media en España, siglos XII, XIII, XIV. La ausencia de administración implica, a su vez, que el señor se constituye en vértice político, administrativo, económico y de justicia de su territorio, cuya propiedad le ha sido concedida a cambio de fidelidad y colaboración en las campañas guerreras.

Los habitantes de un señorío no son esclavos del señor pero sí siervos. Ocupan sus tierras y las trabajan de forma autónoma. Pagan tributos en especie o moneda, a cambio de su propiedad, en distintos regímenes de pertenencia y se responsabilizan de su propia supervivencia. La seguridad corre a cargo del señor y los derechos de los siervos están limitados, comenzando por estar ligados al territorio, sin posibilidad de movilidad fuera del mismo sin permiso del señor.

El vasallaje es el vínculo de fidelidad que los siervos de un señorío contraen con el señor que garantiza su vida, les imparte su propio derecho señorial y sus condiciones de pertenencia y propiedad.

Apenas existen derechos civiles y no se reconocen derechos políticos más allá de ciertos derechos consuetudinarios que el señor debe contemplar. La economía de subsistencia hace difícil para muchas familias procurar la supervivencia de todos sus miembros, especialmente en épocas de malas cosechas, acontecimientos violentos, pestes o hambrunas. La solidaridad comunitaria rural actúa como red primera de provisión de necesidades últimas.

El señor, mediante la permisión de la utilización de tierras propias o comunales, puede contemplar ayudas, de las que no está excluida la posibilidad de alimentar a los siervos depauperados. La insuficiencia alimentaria se convierte en una, no la única, causa de mortalidad elevada de todo el periodo y de una esperanza de vida rayana en los 30 años, en ciertas épocas y contextos.

Mejoras de la agricultura y el comercio durante la alta edad media configuran un panorama social, económico y demográfico diferente. Surgen las ciudades. Son núcleos de población que atienden las necesidades específicas del nuevo comercio, mediante oficios que no pueden ser resueltos a escala de alquería o población rural, dada la limitación de la demanda. El éxito de su desarrollo es incompatible con las restricciones sociales y económicas de los señoríos y sus relaciones de vasallaje. La forma de evitar los intereses y la fiscalización de los señores feudales es establecer relaciones directas con el rey, cuyo territorio, capacidad política y jurídica van más acordes con sus intereses y su ámbito de operaciones.

El auge del negocio del nuevo mercado y la vitalidad de su economía cambia las prioridades de la monarquía. Todo el reino es territorio del rey pero las ciudades son sólo territorio del rey, sin feudales intermediarios.

La ciudad se convierte en polo de atracción, por su capacidad de oferta, para muchos campesinos y diversos oficios. El impacto demográfico creciente obliga a establecer un gobierno de las ciudades que resuelva esa avalancha de nuevos ciudadanos, burgueses, que se instalan en condiciones precarias en contextos urbanos desbordados, rodeados de murallas que ya no pueden albergar más edificación y con barrios extramuros por construir que no dan abasto a la demanda. Ni el papel de las parias pagadas por los taifas musulmanes, a cambio de protección, ni el de las comunidades judías, bien equipadas para el comercio están ausentes como causa de este florecimiento.

A medida que las ciudades adquieren densidad demográfica y económica se hace necesario defender su posición en el mercado y en el poder. Para ello, además de los gobiernos de los concejos municipales surgen las cortes con representación de los burgueses, además de los nobles y el clero que ya estaban presentes en la corte palaciega y en el séquito del rey.

Los representantes de las ciudades tienen como principal misión, en un primer momento, defender los privilegios concedidos a los burgos y emplean escaso afán en la defensa de derechos de ciudadanos. Pero el mecanismo de representación territorial se pone en marcha y deparará una evolución positiva para consolidar derechos civiles y abrir espacios a los derechos políticos. Estos siempre referidos a los propietarios y contribuyentes de determinada cuantía.

Las ciudades comienzan a desempeñar un rol hegemónico económico intelectual y político. La universidad, la catedral con el palacio episcopal adosado, la lonja y la audiencia, además del ayuntamiento, configuran la nueva representación social urbana.

Existen también casas nobiliarias en el contexto urbano, auténticos palacios al calor posterior del renacimiento de los siglos XV y XVI, pero la institución más versátil es la iglesia. Su adaptación a la ciudad ha supuesto el cambio de la iglesia rural y el monasterio por la catedral; de la espadaña por el campanario y del techo de madera por la bóveda de piedra y el pináculo románico y gótico.

Sobresale en el contexto urbano de León, Burgos, Toledo, Salamanca, Ávila como mensaje de poder y disposición al cambio de la nueva realidad artística, arquitectónica, cultural, científica, económica y política. Prueba de ello es que no está ausente del nuevo instrumento de futuro, netamente ciudadano, que es la universidad.

La iglesia no se queda recluida en los monasterios, centros de cultura, sino que si incorpora a la universidad ciudadana.

La fuerza emergente, la burguesía está representada por la universidad y la lonja. Aún los gremios no disponen de una imagen potente que puedan aportar con personalidad propia, aunque sin su colaboración la ciudad no sería posible. Habrá que esperar a que el aire de la ciudad sea salutífero, porque hace libres, pero irrespirable porque huele a desigualdad y pobreza, para que gremios y aprendices se reconviertan en asociaciones de trabajadores, que visualicen a los burgueses como interlocutores y oponentes principales.

Mientras tanto la burguesía acumula poder económico y reclama poder político creciente, sin asumir las tareas obligadas de todo gobierno con su comunidad.

Son las órdenes religiosas las que ofrecen servicios de supervivencia, especialmente hospitales y hospicios, además de recomendar la limosna a los fieles beneficiados por el éxito.

La Edad Media concluirá sin que los distintos ámbitos de gobierno (rey, nobles de señorío, burgueses) ofrezcan garantías de servicios a los más necesitados, aunque han demostrado que tienen iniciativa para financiar universidades, levantar barrios comerciales y diseñar los nuevos esquemas de relación política. Existe una práctica no escrita según la cual los nobles y el rey no pueden dejar morir a sus deudos y, en caso extremo proveen la subsistencia de los siervos en situación límite.

Son los gremios, en función de sus circunstancias profesionales, los únicos que establecen un sistema de provisión de imprevistos para solventar momentos de ausencia de demanda o situaciones de vejez sin medios, enfermedad etc.

Si tenemos en consideración que el siglo XIV ha soportado la primera peste negra en 1348 que, con el epicentro en Italia, se extiende a España y gran parte de Europa, generando, según datos difíciles de aceptar, hasta un 25% de mortalidad de las poblaciones por las que pasa, es fácil comprender cual era la situación de dependencia y desesperación de la población. Las sucesivas apariciones de la peste siguen destrozando las defensas del final de la edad media.

La peste bubónica de 1362, mortífera como las demás, tiene especial incidencia en los niños. El desconcierto social es total y la ruptura de la infraestructura productiva agrava aún más la situación de los desvalidos, categoría que suma una gran parte de la población.

La perplejidad social, política y religiosa es canalizada por predicadores oportunistas que además de predicar el fin del mundo canalizan la desesperación de las masas hacia colectivos significados como los judíos y, en menor medida los árabes que habitan en los territorios reconquistados.

El precedente del asalto a la judería de Estella, en Navarra, de 1329, es reiterado ahora, como continuidad de sermones apocalípticos e incendiarios en algunas catedrales. En 1391 se produce el asalto a la judería de Sevilla con más de 3.000 muertos y otros menos graves en Valencia, Barcelona y otras localidades.

El asalto a las aljamas y juderías tiene explícitas las claves religiosas, implícitas las económicas y más ocultas las claves de solidaridad orgánica que los judíos se prestaban en los momentos de dificultad entre sus miembros y que les permitía afrontar la crisis con una red de protección inexistente en la comunidad cristiana.

Años más tarde, Vicente Ferrer, inicia su predicación en el sur de Francia y norte de Italia "en valles infectados de valdenses y cátaros". Unos años después, el monje valenciano prosigue su prédica por España, incluyendo a los judíos entre sus objetivos de conversión, además de a los herejes.

Con este panorama de desolación y retroceso demográfico y económico se cierra la edad media, no sin dejar planteada la amarga y fértil perspectiva de que el hombre debe tomar en sus manos su destino sin esperar soluciones teológicas a los problemas humanos.

El siglo XV, con la unidad política de España de mano de los reyes católicos (1469) y el broche de siglo de la toma de Granada y el descubrimiento de América (1492) es el inicio de la edad moderna, monarquías absolutas, florecimiento de las letras y las ciencias, Renacimiento, Reforma, Barroco y Siglo de Las Luces.

Los siglos XV, XVI, XVII y XVIII con el humanismo, el renacimiento y las luces de la Ilustración marcan el frontispicio de las revoluciones francesas de 1789 y de la de 1848.

La inquisición religiosa (1478), como recurso para mantener la unidad de la religión y el estado contribuirá al freno y al retroceso de España, que, tras los reinados de Carlos I (1516-1556) y Felipe II (1556-1598) paulatinamente se irá aislando de las corrientes positivistas, científicas políticas y comerciales de la Europa moderna.

En España, a medida que las repoblaciones medievales se asentaron y que los últimos taifas fueron sometidos (Málaga 1487), (Almería 1489), el reino moro de Granada pacta la rendición (1492) con el compromiso de mantener a Boabdil en la reserva morisca de las Alpujarras.

Tanto la integración de la población judía como árabe se efectúa por vía de sumisión, conversión, represión, levantamientos y posterior expulsión. La historia de la convivencia de las tres culturas tiene dificultades de justificación científica histórica.

La reorganización del estado marcha en dirección a la monarquía autoritaria de los reyes Isabel y Fernando, que limita los poderes de nobles, ayuntamientos, burgueses y clero. La propiedad de la tierra estaba distribuida de tal manera que un 3% de la población poseía el 97% de las mismas, considerándose que un tercio era propiedad del rey, un tercio de la nobleza y un tercio del clero.

Tras estabilizar la propiedad de la tierra, en litigio por las confiscaciones de los Trastámaras, se permite el acceso a la propiedad de 50.000 campesinos, origen del "rico campesino", mientras que el resto permanece en la dependencia total de los propietarios de la tierra. La herencia de los reyes católicos con las campañas del mediterráneo (Italia) y del norte de África se transformarán en campañas en América, Flandes, Francia y turcos en los reinados de Carlos I y Felipe II.

El imperio, las guerras y el ejército son los factores hegemónicos de los siglos XV y XVI, dejando en segundo plano de prioridad la situación interna y la cohesión social. Imperio y pobreza son compatibles en España.

1.3. SIGLO XVI: HUMANISMO, RENACIMIENTO Y MÉTODO. JUAN LUIS VIVES

A pesar de la forma de monarquía absoluta, y patrocinada por ella en gran medida, la cultura renacentista se extiende por Europa y España. Al poder teológico de los reyes investidos por la iglesia, le sustituye el poder político de los monarcas absolutos, diplomáticamente relacionados con Roma y confesionales, pero independientes y con capacidad para proponer y conseguir los nombramientos de obispos cardenales y priores.

A cambio serán defensores de la doctrina de la iglesia católica y estarán en condiciones de entrar en batalla contra los enemigos de la fe (el turco, la Reforma) y en defensa de los Estados Vaticanos.

Dentro de esa coraza ideológica y política el Renacimiento y el Humanismo tienen espacio para presentar sus principales aportaciones en el siglo XVI: Lo humano como medida, el placer de la belleza y el dolor de la miseria y la pobreza, sin el tamiz de lo trascendente, descubriendo la realidad, la perspectiva y la solución con la razón. Está abundantemente descrita la revolución artística del siglo XVI, enraizada en el cuattrocento italiano. Está menos explícita la veta humanística que comienza a disipar la niebla medieval desde las universidades y los iniciales laboratorios científicos.

El conflicto social viene marcado por las duras condiciones de vida de los campesinos sin tierra y de los habitantes de las ciudades que no logran incorporarse a los gremios que articulan los distintos oficios. Sin la red de la solidaridad primaria agraria, la pobreza en la ciudad comienza a plantear un panorama que cobrará plenitud de efectos con la revolución industrial del siglo XIX.

Una de las características de la pobreza ciudadana del XVI es la abundancia de pobres y el factor de inseguridad social y económica que genera. Los nuevos tiempos no justifican la miseria como destino divino que ha de aceptarse sin culpabilidad social alguna.

La mendicidad puede ser la antesala del delito, del robo, del asesinato y del conflicto. Los pobres se presentan ante la ciudadanía como un fracaso personal pero también como un efecto injustificable de la organización social y de la desigualdad. La alternativa de los marginados no es la revuelta social, dada su desorganización, sino el abandono a su suerte, la pérdida de valores y de vergüenza en la forma de ganarse la vida (La Celestina 1499) el cinismo social (El Lazarillo de Tormes 1554), la delincuencia o el bandolerismo.

Juan Luis Vives (1492-1540) es un prototipo de hombre renacentista, con vocación y compromiso en la lucha contra la pobreza. Su amplia cultura en varios campos no le impide pasar de la teoría a la acción, involucrándose en sus proyectos y dimensionándolos científicamente.

Nacido en Valencia, formado en la Sorbona, profesor en Lovaina y Oxford y afincado en Brujas, afronta el tratamiento de la pobreza y la exclusión con racionalidad y datos: se acerca al problema conociéndole a través del estudio, del censo propio, de la cuantificación de la realidad sobre la que va a operar.

- ¿Cuántos pobres y de qué grado de pobreza hay en Brujas?
- ¿Cuáles son las causas directas, materiales de su estado?
- ¿Son problemas de salud, de locura, de incapacidad, de ausencia de trabajo, de formación para un oficio?
- ¿Tienen capacidad y formación para trabajar?

No existen prejuicios ideológicos o religiosos. Se valora su condición de persona, según la tradición filosófica. Toda persona tiene derecho natural a vivir. De ahí la solidaridad orgánica de la pequeña comunidad agraria, la hospitalidad, la limosna, la caridad.

Nadie debe morir por no poder procurarse el sustento, el vestido y el cobijo. Una vez censados y conocidas sus circunstancias es posible evaluar el coste de supervivencia.

A partir de dicho presupuesto se puede buscar ayudas, personas, organizaciones, instituciones que aporten diferentes elementos para su solución: locales, ropa, alimentos, dinero, empleo, etc. Se están sentando, así, las bases para convertir la percepción de problemas individuales yuxtapuestos en problema social, con solución personalizada, si es posible, pero colectiva.

Es una aproximación moderna, metódica, racional, inductiva, renacentista, antropológica al problema de la pobreza, sin argumentos de culpabilidad moral sino de causalidad necesaria y eficiente.

Tampoco existe culpabilidad social en la época, ni Vives la reclama. Sus planteamientos se basan en el humanismo filosófico. La ciudad no es responsable de la salud, de las minusvalías, de la locura, de la pobreza de los desfavorecidos. Pero es problema de la ciudad desde la perspectiva humanista y desde la eficiencia social.

La pobreza es considerada disfuncional socialmente y más si deriva en anomía y desorden cívico. Ni los campesinos ni los burgueses tienen, en el siglo
XVI, derechos cívicos que vayan más allá de vivir y respetar a los demás en
comunidad, protegidos por la justicia y los corchetes o requerido por ellos.
Cada cual afronta su destino respetando los ordenamientos y las pragmáticas
reales, así como las ordenanzas municipales, con el obligado respeto a los
dogmas de la iglesia.

Los efectos directos y colaterales de la pobreza en un contexto castigado
por guerras, epidemias, pestes, crisis económicas, movimientos demográficos, rotura fáctica del vasallaje en ambas direcciones, concentración creciente en las ciudades, campesinos sin tierra, cosechas improductivas, son
graves: vagabundos, mendigos, enfermos, desvalidos, pícaros, bandoleros.
Una masa crítica que cuestiona la tranquilidad, la seguridad, la salud y el
comercio.

En este contexto social se recibe la propuesta de Juan Luis Vives. En muchas ciudades europeas se ha procedido ya a la práctica de limpieza ciudadana
de pobres, internándolos en instalaciones insalubres, de manera forzosa, con
el fin de evitar la presión y la inseguridad que dejan sentir en los mercados, en
las iglesias, en las plazas, en las calles.

La propuesta de Vives contiene su argumentación y estrategia en una obra
de referencia universal, de impacto europeo inmediato en la época: "Del Socorro de los pobres". Aparece en 1525, cuando la experiencia carcelaria del
"recogimiento de pobres" (hacinamiento) está tan extendida como fracasada.

La actitud de pragmatismo ingenuo del renacimiento, ejemplificada por
Leonardo Da Vinci y sus múltiples experimentos, lleva a Juan Luis Vives a
alejarse del mero deductivismo escolástico y a priorizar la experimentación
y la proximidad crítica al objeto de estudio, abriendo camino al empirismo
científico.

El nuevo enfoque científico no aspira sólo a conocer mejor la realidad sino
a transformarla. Uno de los objetivos del "Socorro" consiste en la ayuda ur-
gente a los menesterosos. No menos importante y estratégico es el objetivo de
la reinserción social a través del trabajo. Lógicamente, una de las dificultades
mayores para alcanzarlo se encuentra, en aquellos pobres hábiles para el trabajo, en su nula formación para desempeñar un oficio.

La formación profesional y la instrucción moral de los niños y de los pobres son resaltadas como la condición fundamental para las oportunidades
de empleo. Así, frente a la alternativa del enclaustramiento y el hacinamiento

de pobres fuera de la ciudad, Vives propone formación, instrucción moral (cristiana) y trabajo como camino de vuelta a la sociedad y salida de la mendicidad crónica.

Las resonancias actuales de su propuesta quedan reflejadas en las demandas de algunos investigadores que reclaman la inversión educativa ya en la etapa previa a la escolarización obligatoria como instrumento eficaz para lograr la igualdad de oportunidades.

Sus tesis se convierten en referencia obligada para otros reformadores del XVI, XVII y XVIII. El francés Manuel Giginta (Tratado de remedio de pobres 1579) recoge la esencia de Vives en su proyecto de Casas de Misericordia, cuyo nombre no hace justicia a su proyecto: formación, obligación de trabajar, garantía de sustento, salario, si la rentabilidad lo permitía, y reinserción social a través del oficio adquirido.

La radicalidad de la oferta de Giginta estriba en la prohibición de la mendicidad, lo que convertía en obligatorio la incorporación a la Casa de Misericordia. Menos incisiva, pero más adaptada a la realidad de la economía española, surge la aportación de Cristóbal Pérez de Herrera (Amparo de pobres 1598) en que se da cobijo para dormir, en albergues, y se promociona la formación y el empleo fuera.

Todas estas actuaciones se costean con aportaciones de personas piadosas, económicamente solventes, aportaciones de la iglesia y complementos de los municipios en reconocimiento a su labor, aunque sin compromisos estables presupuestarios ni reconocimiento de obligación de servicio público.

1.4. SIGLO XVII: CRISIS ECONÓMICA, AUMENTO DE LA POBREZA Y "SIGLO DE ORO"

Si el siglo XVI, a pesar de la supremacía imperial de España, durante los reinados de Carlos I y Felipe II, no dio salida a masas de pobres y emigrados, el siglo XVII encierra contradicciones mayores que van a repercutir en la calidad de vida de amplias capas de población de forma negativa.

La situación reiterada en el XVII es la de crisis económica. En toda Europa, pero más madrugadora y acusada en España. La disminución drástica del oro que llega de América produce una contracción de demanda, de precios y de actividad que afecta a todo occidente. Se suceden situaciones de quiebra y deflaciones monetarias.

El primer efecto en España se sitúa entre los años 1605 y 1610; en Europa, incluida España, en 1630. Entre 1664 y 1668 el proceso de inflación agota la economía castellana.

En este ambiente negativo general, debe distinguirse en el siglo dos tendencias bien distintas:

- España pierde progresivamente su papel hegemónico y pasa a ser potencia de segundo nivel;
- Inglaterra, Francia, Holanda sustituyen progresivamente a España en el comercio con América y fortalecen sus flotas comerciales de las que sacarán provecho inmediato.

Los últimos austrias españoles FELIPE III (1598-1621), FELIPE IV (1621-1665), CARLOS II (1665-1700) consumen el siglo sin poder invertir la situación de decadencia económica, pérdida militar y pérdida de territorios.

En 1648 España reconoce la independencia a los Paises Bajos y en 1668 acepta la independencia de Portugal. La guerra de los treinta años termina con la paz de Westfalia (1648) en la que los países protestantes, aliados con Francia, salen victoriosos y los imperios católicos, representados por las Casas de Austria española y alemana, aceptan las condiciones de la derrota presentada como paz. El vuelco que supone Westfalia es rotundo. La jerarquía vertical Papado-Imperio-Reinos desaparece. Surgen los Estados con igualdad de rango y jerarquía.

Si el siglo XVI supuso el renacimiento y la posibilidad de cuestionarse todo aquello que no pudiera tener explicación con la razón, incluida la actitud de la iglesia poco sensible a la pobreza y la desigualdad social (Reforma protestante), el siglo XVII, el barroco, es, especialmente en España, una reacción de afianzamiento de los valores tradicionales puestos en cuestión (Contrarreforma).

Derrotada la contrarreforma en Westfalia, a mediados del XVII, el siguiente siglo, XVIII, volverá a continuar la línea del renacimiento con efectos políticos estratégicos, puesto que la libertad de pensamiento llevará a la práctica de la libertad política defendida por la Revolución Francesa de 1789.

El barroco como estilo artístico es definido, a veces, como si de una descripción social se tratara. El marqués de Lozoya, con una penetración intelectual encomiable sostiene que "el barroco lusohispánico es el resultado de la síntesis de dos factores contradictorios: la pobreza y el anhelo de magnificencia: las fábricas se construyen de mampostería, ladrillo o tapia de barro; pero esta pobreza constructiva desaparece bajo la abrumadora decoración".

Se disimula la crisis que golpea a España y se oculta la pobreza en la que amplias capas sociales han caído como fruto de los desastres económicos.

Es, sin embargo, el siglo de oro por excelencia de las letras y las artes españolas (MATEO ALEMAN 1547-1615 "Guzmán de Alfarache"; CERVANTES 1547-1616 "El Quijote"; GONGORA 1561-1627 "Soledades"; QUEVEDO 1580-1645 "El Buscón"; LOPE DE VEGA 1562-1635 "Fuenteovejuna"); CALDERON DE LA BARCA 1600-1681 "La vida es sueño"; TIRSO DE MOLINA 1579-1651 "El burlador de Sevilla").

El correlato en la pintura es parejo: José Rivera, Zurbarán, Valdés Leal, Murillo, Velázquez, Van Dyck, Claudio Coello.

La crisis económica vertiginosa, la expulsión de los moriscos que sume al campo en una depresión complementaria, la reafirmación dogmática de la iglesia, la inquisición, son factores concomitantes de la pobreza y la falta de recursos de las instituciones. Por ello adquiere especial relieve una nueva figura francesa que, siguiendo el camino iniciado por Luis Vives, efectúa una aproximación científica al tratamiento de los desvalidos y los enfermos: Vicente de Paul (1581-1660).

La superabundancia de necesitados requiere su clasificación minuciosa y los datos específicos de su condición. La eficiencia permitirá alcanzar a mayor número de ellos. Para ello se necesitan varios ejes de confluencia que permitan operar optimizando los resultados:

- Necesidades específicas de cada una de las personas que van a recibir la ayuda.
- Posibilidades de colaboración de las mismas a través de su trabajo y nivel de rendimiento.
- Formación para oficios de los jóvenes y los mayores hábiles.
- Coste específico de los recursos requeridos por cada necesitado.
- Dedicación vocacional de cuidadoras y creación de las Hijas de la Caridad.
- Búsqueda de financiación diversificada (personas con recursos, iglesia, instituciones).
- Demanda de recursos institucionales fijos para atender a los necesitados.
- Prioridad a los enfermos.

La obra de Vicente Paul tiene continuidad hasta nuestros días y ha recibido el Premio Príncipe de Asturias a la solidaridad, a través de las Hijas de la Caridad.

Aunque el objetivo inicial de Vicente de Paul era poner orden en el conjunto de ayudas anárquicas e ineficientes de la iglesia, su demanda de subvenciones estables a las instituciones está apuntando a la obligación de los poderes públicos en la lucha contra la pobreza. Todavía no aparecen los derechos de los pobres como ciudadanos pero sí la contradicción social inaceptable entre convivencia social y pobreza.

1.5. SIGLO XVIII: CIUDADANÍA Y DERECHOS CIVILES

En el siglo XVIII, las nuevas necesidades económicas y mercantiles se encuentran mejor representadas por las ciencias aplicadas y la razón cartesiana y kantiana que por la tradición filosófica tomista y las antiguas relaciones sociales de dependencia económica y política del antiguo régimen.

Las contradicciones producidas por la propiedad de la tierra, en manos de la nobleza, con escasa productividad, fruto de las relaciones de vasallaje y servidumbre en el campo, limitan las posibilidades de rentabilidad, mercado y cobertura económica a muchas familias y a las nuevas empresas emergentes en las ciudades. Asistiremos a los primeros intentos de reforma agraria con la enemiga de los nobles.

La actividad creciente de las ciudades se ve, a su vez, encorsetada por las condiciones de los gremios, que imponen los precios del trabajo y deciden qué mano de obra se admite o no en los tajos. Los precios políticos (al margen de la ecuación oferta-demanda), impuestos por los gremios, encarecen y dificultan el mercado creciente de los burgueses y artesanos exitosos.

La actitud aristocrática sobre la indignidad del trabajo para los nobles se convierte en posicionamiento socialmente inaceptable para los nuevos ricos burgueses que se dedican al comercio. Será necesario, pues, rectificar muchos posicionamientos sociales en España, con la mirada puesta en los éxitos europeos, que se traducen en avances económicos.

El reformismo no se limita, pues, a nuevas formas de relación social sino a nuevos sistemas de organización social e industrial con efectos evidentes en el nivel de rentabilidad.

El siglo XVIII comienza como el siglo de las reformas y acaba en siglo de la revolución (Revolución Francesa, 1789). Los reformistas españoles asumen, especialmente a partir del reinado de Carlos III (1759-1788), protagonismo. Ante la situación de decadencia del país proponen una salida racional y crítica que pone en cuestión el papel desmesurado de la nobleza reaccionaria y las relaciones sociales que conlleva. Es necesario generar riqueza a través de la transformación de las estructuras productivas y sociales de España.

La utilización de métodos prácticos, experimentales, científicos, como está haciendo la Europa del despotismo ilustrado. Los principales reformadores españoles (Feijoo, Mayans, Flórez, Campomanes) del XVIII confluyen sinérgicamente en la crítica y alternativa al antiguo régimen feudal del campo y gremial de las ciudades, con el viento a favor de la mejora económica que se genera a partir de la mitad de siglo y la alianza con la monarquía absoluta (despotismo ilustrado).

Es evidente que la alianza entre poder universal del monarca y racionalismo crítico se debía a la coyuntura. Un adversario común fuerte que era necesario desplazar: los nobles feudales que aglutinaban la mayor parte de la propiedad de la tierra y la masa social demográfica, los campesinos.

En Francia, burgueses y artesanos en el comercio, ilustrados (filósofos historiadores, literatos y políticos) y situaciones sociales insoportables de los campesinos sometidos al régimen feudal plasman las condiciones de la revolución.

La posición de los reformistas españoles, protegidos por el pacto de no agresión con la monarquía y la importación de alimento intelectual francés no plantea la ruptura.

La expresión de la revolución, "libertad, igualdad, fraternidad" para "todos" (las mujeres no adquieren muchos de esos derechos), implica la superación del pacto con la monarquía absoluta y la apropiación de la soberanía nacional por el pueblo. Burgueses, artesanos y campesinos no sólo proclaman que el sistema feudal no les interesa económicamente, sino que la forma de estado monárquica no se legitima social y políticamente. Por ello hablamos de revolución.

El nuevo pacto social es el de los ciudadanos libres, iguales en derecho y que al vivir en comunidad necesitan ser solidarios, especialmente con aquellos que tienen dificultades.

Los vertiginosos acontecimientos políticos que se producen en Francia a raíz de 1789 tienen un impacto decisivo sobre la correlación de fuerzas políticas que se estaba ventilando en España.

La imagen radical de la revolución francesa rompe la alianza del monarca con los reformadores españoles y resurgen las fuerzas políticas de la nobleza y el clero que antes estaban a la defensiva.

La planificación de las reformas acometida por el monarca absoluto, pero culto, apoyado en las aportaciones racionalistas de los reformadores había llegado demasiado lejos y era prudente detenerla antes de que tuvieran los mismos efectos que en Francia. España entra así, desde el inicio, en un proceso de alejamiento de las corrientes democráticas, que los sectores liberales intentarán contrarrestar con la Constitución de las Cortes de Cádiz de 1812.

La entrada de plata americana, que había tenido un retroceso cuantitativo importante, permite lubricar la economía e incide en el auge inflacionista que se mantendrá durante la segunda mitad del siglo. No obstante el fenómeno contribuye a descoser definitivamente la estructura feudal del campo y el régimen gremial de las ciudades.

A su vez se produce un fenómeno que tendrá influencia creciente al crearse polos de desarrollo mercantil (Cádiz) e industrial (Cataluña) con lo que se inicia el efecto periferia industrializada frente a meseta agrícola y administrativa. Cataluña, con la industrialización del hilado y tejido del algodón da los primeros pasos de la industrialización, aunque quizás sea prematuro hablar de revolución industrial (Vicens).

No conviene olvidar el cambio demográfico representado por el aumento de 4.000.000 de españoles durante el siglo, pasando de los 8.000.000 de 1700 a los 12.000.000 de 1800. Los censos nos permiten conocer la disminución creciente de nobles, clérigos y "labradores" junto al aumento de artesanos, en relación a la población total pero no solventa las categorías del referente principal, los campesinos sin tierra, los pobres y los esclavos. Porque, en el fondo, la actitud francófila de la nobleza, la aristocracia y la realeza españolas carece de los ingredientes transformadores del despotismo francés que, a través de la enciclopedia la ilustración y los movimientos campesinos irán orientándose a la extensión de los derechos civiles que implica la revolución.

La posición española, sin minusvalorar la labor de los reformadores, es de menor calado social y de tintes estéticos, sin que llegue a una transformación de rentas de los que no están en el censo, es decir de la gran mayoría de la población. La ruptura feudal y gremial no implica una participación en renta adecuada, en el momento de expansión económica, de los desposeídos y los trabajadores. Por ello reza el sainete de Ramón de la Cruz "para unos no hay pascuas y para otros no hay cuaresmas".

Las reformas habían conseguido en Inglaterra avances estratégicos hacia el concepto de ciudadanía y sus respectivos derechos, pero la especial relación de Francia y España mantenía como referencia explícita la evolución de las reformas francesas y el desenlace revolucionario.

Ya hemos comentado la transformación que se produce en España cuando se conocen los sucesos del levantamiento revolucionario y su posterior proceso, con ejecución del rey y familia incluidos.

Habrán de pasar años hasta que el intento de ocupación de Napoleón y la lucha por la independencia generen un nuevo status de soberanía nacional y de ciudadanía colectiva, plasmada en la Constitución de Cádiz.

Las bases ideológicas, filosóficas y políticas de la nueva realidad estaban ya trazadas en las leyes de algún país y en las aportaciones teóricas de muchos pensadores que hablaban de un nuevo contrato social para una nueva sociedad. Rousseau (1712-1778) defiende las nuevas bases legitimadoras de la sociedad que mediante "El Contrato Social" reconoce unas nuevas bases de sustentación del estado: el rango de los ciudadanos libres que firman vivir en sociedad.

En 1949 Thomas Humphrey Marshall dicta una conferencia, en Cambridge, que se ha convertido en un clásico insustituible para comprender la importancia del concepto de ciudadanía y su conexión con las actuales perspectivas del Estado de Bienestar. Su título es Ciudadanía y clase social.

Thomas Marshall hace referencias a Alfred Marshall que intentaba despejar la aparente contradicción entre igualdad de ciudadanía y desigualdad social: "Aceptaba como justo y apropiado un amplio margen de desigualdad cuantitativa o económica, pero condenaba la desigualdad cualitativa, o diferencia entre el hombre que era un caballero al menos por su ocupación y el hombre que no lo era".

"Postula que existe un tipo de igualdad básica asociada al concepto de la pertenencia plena a una comunidad – o como debería decir, a la ciudadanía-, algo que no es inconsistente con las desigualdades que diferencian los distintos niveles económicos en la sociedad. Con otras palabras, la desigualdad del sistema de clases sociales puede ser aceptable siempre y cuando se reconozca la igualdad de la ciudadanía."

El concepto de ciudadanía se convierte en la pieza fundamental para comprender la esencia del estado de bienestar tal *y como lo* entendemos hoy. La clave constitucional de este derecho requiere para su implementación concreta de otras aportaciones complementarias que históricamente se han producido en el contexto europeo al menos. Sigamos a Thomas H. Marshall "Pareceré un sociólogo típico si empiezo diciendo que propongo dividir la ciudadanía en tres partes. Pero el análisis, en este caso, está guiado por la historia más que por la lógica.

Llamaré a estas tres partes, o elementos, civil, político y social. El elemento civil consiste en los derechos necesarios para la libertad individual – libertad de la persona, libertad de expresión, de pensamiento y de religión, el derecho a la propiedad, a cerrar contratos válidos, y el derecho a la justicia-. Con el elemento político me refiero al derecho a participar en el ejercicio del poder político como miembro de un cuerpo investido de autoridad política, o como elector de los miembros de tal cuerpo.

Las instituciones correspondientes son el parlamento y los concejos del gobierno local. Con el elemento social me refiero a todo el espectro desde el derecho a un mínimo de bienestar económico y seguridad al derecho a participar del patrimonio social y a vivir la vida de un ser civilizado conforme a los estándares corrientes en la sociedad.

Las instituciones más estrechamente conectadas con estos derechos son el sistema educativo y los servicios sociales. Con la flexibilidad necesaria a la hora de adjudicarlos a épocas y países, parece razonable que los derechos civiles, vía legislación inglesa o revolución francesa se consolidan en el siglo XVIII.

Los derechos políticos emergen de las interminables contiendas políticas y constitucionales del siglo XIX, y los derechos sociales avanzan conceptual y prácticamente de forma asimétrica en el espacio y el tiempo en el siglo XX.

El status de ciudadanía es el sustento básico sobre el que se acumulan derechos, a medida que la sociedad va decidiendo y aportando derechos concretos y recursos económicos. De ese status de ciudadanía no gozan ya sólo los habitantes de las ciudades sino la totalidad de los miembros de la sociedad. Por el hecho de ser ciudadano se goza de una serie de garantías por las que vela la sociedad. Cubiertas esas garantías mínimas los ciudadanos se diferencian en función de su capacidad, habilidades, fortuna y capacidad para organizar su futuro y el de su familia. Nada se opone a la desigualdad que se produce a partir del mínimo vital para todos por ser ciudadanos. Cada época y sociedad marca ese mínimo (derechos civiles, políticos, comida, cobijo, educación, sanidad, pensiones, seguridad social, empleo, servicios sociales…)

Ha habido dos fallas importantes en la historia moderna en el ámbito de los derechos políticos, importantes para el asentamiento de todos los demás. La división entre propietarios y no propietarios para el derecho a elegir y ser elegido (sistema censitario) que dejaba fuera a la mayor parte de la población en el ámbito de la representación y la elección de los puestos políticos, es una de ellas.

El apartamiento de las mujeres de los derechos políticos y el retraso en la admisión del voto de las ciudadanas está en la base de la discriminación permanente a la que han sido sometidas y siguen, sin no legal, socialmente.

Si ha existido dificultad para conseguir los derechos políticos de representación y elección, mayor ha sido aún el tiempo necesario para asumir la contribución ciudadana para sufragar los derechos sociales.

La clave histórica de constatación de la pobreza, la invalidez, la incapacidad de partes importantes de la sociedad era la limosna y, en un nivel más organizado, la beneficencia. Como hemos apuntado cumplía también una función de seguridad ciudadana que evitaba la delincuencia masiva.

La universalización del derecho de ciudadanía replantea la situación de los económicamente insolventes y sus derechos civiles y políticos.

- ¿Si no son capaces de contribuir con sus obligaciones sociales, deben tener derechos correspondientes o pasar a un limbo legal mientras dure su situación?

Marshall hace referencia a la situación inglesa y a sus asimetrías a la hora de afrontar este vital asunto: "Por el Acta de 1834, la *Poor Law* renunció a toda pretensión sobre el territorio del sistema salarial, o a interferir en las fuerzas del mercado libre. Se ofrecía beneficencia sólo a quienes, por enfermedad o edad, fuesen incapaces de seguir peleando, o a todos aquellos seres indefensos que renunciaban a la lucha, reconocían su derrota y pedían clemencia.

Así, se invirtió el avance tentativo hacia el concepto de seguridad social. Pero, más aún, los derechos sociales mínimos que quedaron se desligaron por completo del status de la ciudadanía.

La Poor Law trataba los derechos de los pobres no como parte integral del derecho de los ciudadanos, sino como sustituto de ellos –como demandas que sólo se podían satisfacer a costa de renunciar a ser ciudadano en cualquier sentido auténtico de la palabra-. Porque los menesterosos perdían de hecho el derecho civil de la libertad personal al entrar en los asilos de pobres y, por ley, cualquier tipo de derechos políticos que tuviesen. Esto fue así hasta 1918, y quizás no se ha apreciado suficiente el significado de su abolición definitiva.

El estigma que acompañaba la beneficencia pública era expresión de los sentimientos profundos de unas gentes que entendían que quienes aceptaban la beneficencia debían cruzar la senda que separaba la comunidad de los ciudadanos de la compañía de los proscritos de la sociedad.

El cambio estratégico que se ha producido en la legislación, en la práctica social y en la perspectiva política en el siglo XX, viene configurado por la actitud de los ciudadanos europeos que exigen al estado servicios públicos crecientes sin que afecte negativamente a su ciudadanía disfrutarlos.

Los propulsores de la reducción del estado de bienestar se encuentran con la dificultad de que los ciudadanos disfrutan del capital social de los servicios públicos y entienden que es preciso establecer altas cotas de contribución económica obligatoria para mantenerlos. No se concibe un estado moderno sin garantías de servicios educativos, sanitarios, pensiones.

Servicios públicos que hoy parecen consustanciales a la ciudadanía tuvieron dificultades para su implementación. La historia de la educación muestra semejanzas superficiales con la de la legislación del trabajo en las fábricas. En ambos casos, el siglo XIX fue en su mayor parte un periodo en el que se asentaron las bases de los derechos sociales, pero aún entonces se negaba expresamente o no se admitía definitivamente el principio de los derechos sociales como parte esencial del status de ciudadanía.

La educación de los niños tiene implicaciones inmediatas para la ciudadanía, y cuando el Estado garantiza que todos los niños recibirán educación, tiene en mente todos los requisitos y la naturaleza de la ciudadanía. Trata de estimular el crecimiento del ciudadano en potencia. El derecho a la educación es un genuino derecho social de ciudadanía, porque el objetivo último de la educación en la infancia es crear el futuro adulto.

A medida que se entraba en el siglo XX, se tomó cada vez más conciencia de que la democracia política precisaba un electorado educado, y que la manufactura científica precisaba trabajadores y técnicos cualificados. La obligación de mejorarse y civilizarse es, por tanto, una obligación social, y no meramente personal, porque la salud social de una sociedad depende de civilización de sus miembros. Y una comunidad que refuerza esta obligación ha empezado a darse cuenta de que su cultura es una unidad orgánica, y su civilización un patrimonio nacional. De lo que se sigue que la extensión de la educación básica pública durante el siglo XIX fue el primer paso decisivo en la senda del restablecimiento de los derechos sociales de ciudadanía en el siglo XX. (T. H. Marshall).

La ciudadanía hace referencia a derechos individuales, que afectan a todos los miembros de la comunidad, pero a su vez hace referencia a la prioridad de lo público, lo que afecta a la totalidad de los miembros de la comunidad. Garantiza que lo vital, lo fundamental para todos está a cubierto, porque si no se lo proporciona el individuo por sus propios medios se lo aportará el estado de forma subsidiaria.

"La ciudadanía es un status que se otorga a los miembros de pleno derecho de una comunidad. Todos los que poseen ese status son iguales en lo que se refiere a derechos y deberes. No hay principio universal que determine cuales deben ser esos derechos y deberes, pero las sociedades donde la ciudadanía es una institución en desarrollo crean una imagen de la ciudadanía ideal en relación con la cual puede medirse el éxito y hacia la cual pueden dirigirse las aspiraciones". (Marshall)

No se debe olvidar que el concepto de ciudadanía es defendido contra el feudalismo que no reconocía derechos fundamentales a los siervos y mantenía especiales privilegios para los nobles. Esos privilegios operaban en contra de los intereses políticos y comerciales de la burguesía naciente y constituían trabas para el libre comercio. Es en las ciudades, aunque también hubo levantamientos campesinos contra los excesivos impuestos de los señores feudales, donde se combate políticamente la limitación de derechos de los siervos.

La reivindicación de la ciudadanía para todos es, pues, una demanda ciudadana. La burguesía es la clase protagonista y más beneficiada económicamente de este logro. La mano de obra disponible para sus negocios no tiene límite de vasallaje feudal, los derechos de paso para sus mercancías no estarán obligados al peaje señorial, la explotación de los recursos tendrán como límite la propiedad de los mismos pero no la sumisión a ningún derecho ancestral de propiedad y limitación feudal.

Esta es la clave para entender que el concepto de ciudadanía no desemboca en un proceso colectivizador que niegue la desigualdad económica. Se acepta que la desigualdad se produce y es consustancial al sistema competitivo de mercado libre que se logra con la desaparición de los regímenes feudales. Dotar de los mínimos servicios de ciudadanía no implica impedir el aumento de la riqueza que produce el comercio productivo, organizado científicamente, a través de empresas dimensionadas de forma racional y con un sistema de producción que atiende la demanda nacional e internacional.

La inversión en ciudadanía, contemplada tradicionalmente desde una perspectiva social como un logro de los sindicatos y gobiernos progresistas, tiene también, por no decir principalmente, una función de adecuación de la población al nivel de las necesidades de mantenimiento, preparación formativa y científica y estabilidad social que requiere el sistema de mercado competitivo.

El concepto de ciudadanía y su implementación en los distintos países a través de servicios públicos se convierte en el antídoto de las profecías marxistas sobre la evolución inexorable hacia la revolución. Derechos humanos, garantizados por derechos sociales, materializados a su vez por los servicios públicos universales, que convierten en realidad aceptable las proclamas de igualdad de los derechos civiles y políticos, suavizan las contradicciones de la desigualdad social evidente de las distintas clases sociales y evitan el estallido social.

La fuerza del estado de derecho, reforzado por el estado de bienestar (estado social de derecho), radica en la conveniencia cualitativa a medio y largo plazo para el sistema en su conjunto. El consenso, el pacto entre empresarios y sindicatos, partidos conservadores y socialdemócratas, produce sociedades estables en lo económico, conflictivas en el ámbito procedimental democrático, competitivas comercialmente y socialmente integradas.

1.6. SIGLO XIX: DERECHOS POLÍTICOS Y REVOLUCIÓN INDUSTRIAL

El siglo XIX materializa la consolidación de los regímenes parlamentarios eliminando las monarquías o reconduciéndolas hacia monarquías constitucionales parlamentarias. El derecho a voto va extendiéndose a capas cada vez más amplias de la población, aunque con la exclusión de las mujeres.

La revolución industrial que se desarrolla en al siglo XIX tiene tres factores científicos de base claves que se producen en el siglo XVIII: el coque (Abraham Darby 1735), carbón mineral calcinado; las máquinas de hilar (spinning-jenny, water frame, mule), especialmente la mule de Samuel Crompton(1779); la máquina de vapor (James Watt 1769).

La mayor capacidad de calor de la hulla o coque genera cambios importantes. La madera deja de ser la materia prima para las fundiciones y las instalaciones siderúrgicas se trasladan de los bosques a los yacimientos mineros de hulla. La mina y la siderurgia compondrán un ecosistema económico y social de gran trascendencia.

La rentabilidad de la siderurgia aumenta y la elaboración de hierro y otros metales fundamentales para afrontar nuevos retos de construcción tienen efecto sobre la composición urbana de las ciudades. Las grandes torres, los grandes edificios, los grandes puentes, las grandes lonjas o empresas y las líneas ferroviarias transformarán el espacio urbano, industrial, viario y mercantil proyectando todos los elementos en función del mercado.

Las máquinas de hilar, de tracción animal o por la fuerza del agua, suponen, paso a paso un aumento de la productividad y de la calidad tal que transforma la organización del trabajo existente en el sector. El trabajo distribuido en las familias de los entornos en que se generaba la materia prima, principalmente, se concentrará alrededor de las máquinas instaladas, dejando a muchas familias sin un aporte sustancial para su supervivencia. La producción se extiende y los contextos propiamente fabriles surgirán en el XIX y XX.

La máquina de vapor (el siglo XIX es denominado en su honor "el siglo del vapor"), aplicada a aquellas actividades que precisan una fuerza energética continua y abundante supone un ahorro de más del 60% en relación con los combustibles alternativos de la época.

En 1825 se da un paso de gigante tecnológico, con impacto mundial, al aplicar los conocimientos de la máquina de vapor al transporte de ferrocarril. Dos raíles de hierro paralelos, producidos por siderurgias alimentadas por coque, recorridos por una máquina movida por vapor van a revolucionar la historia del transporte. En Inglaterra, entre Stockton y Darlington, se produce la primera exhibición para una mercancía estratégica: el carbón. En 1830 se abre la primera línea de tren para pasajeros entre Manchester y Liverpool.

Estas innovaciones tecnológicas de la primera revolución industrial generan transformaciones y, en cierta medida, dislocamientos del sistema social y productivo. El aumento de las ciudades es, en algunos casos exponencial, y el abandono del campo genera un flujo no ordenado a los contextos industriales, sin equipamientos físicos, urbanos, colectivos, ni condiciones contractuales, jurídicas, salariales, organizativas o laborales equilibradas.

Las jornadas de las nuevas instalaciones fabriles eran el doble que las actuales, las condiciones de salubridad de los contextos fabriles eran inexistentes o mínimas, las exigencias de productividad, para una población no adaptada al nuevo tipo de hábitos laborales, difíciles de alcanzar y generadoras de despidos automáticos sin compensación alguna.

Con este panorama de migraciones, novedades productivas, imprevisión de acomodo vital para las masas que accedían, ausencia de servicios públicos, desentendimiento de los poderes institucionales, la denominada cuestión social adquiere el protagonismo conflictivo creciente que pone a prueba la capacidad del sistema para mantenerse y legitimarse.

El conflicto social que puede generar la pobreza y la situación de las personas mayores que tras años de trabajo se ven abandonados a su suerte sin ingresos, comienza a producir alternativas sobre sistemas de jubilación e invalidez, así como propuestas incipientes de cobertura de seguridad social en algunos países europeos. En Francia se asienta por ley la enseñanza obligatoria para los niños en edad escolar, con el laicismo y la gratuidad como referentes de los ideales de la ilustración.

Los movimientos sociales y políticos del siglo XIX evolucionan desde planteamientos teórico-filosóficos a sistemas organizativos con base ideológica proveniente no sólo de los ingredientes de la ilustración sino de aportaciones marxistas. Del socialismo utópico, convencido de que la reforma del hombre producirá una reforma del sistema, al socialismo anarquismo y comunismo que consideran que el cambio del sistema, al que hay que vencer mediante la confrontación de clases, producirá el cambio del hombre y de la sociedad.

La base social a los diseños teóricos de los partidos la aportan los sindicatos, que esgrimen la cuestión social como factor de movilización.

Los conflictos bélicos y las crisis económicas que jalonan la segunda mitad del siglo XIX y primera mitad del XX concentran tal tensión e inseguridad social que la política, la economía y las instituciones están en cuestión. El auge de modelos alternativos y revolucionarios amenaza con hacer saltar el modelo de sociedad de mercado y revolución industrial incipiente.

El mensaje revolucionario aumenta la audiencia entre las capas de obreros y artesanos, generando el ambiente propicio para la constitución de los partidos políticos socialistas, que critican las limitaciones de los liberales, precisamente porque los derechos civiles y políticos no se pueden plasmar en la realidad sin materializar sus bondades a través de derechos sociales concretos que mejoren las condiciones de vida de los trabajadores.

Por la presión de los sindicatos y los partidos de base obrera, a la vez que por la necesidad de mantener el apoyo electoral por parte de los partidos liberales y conservadores, surgen las primeras reglamentaciones estatales sobre el trabajo, sus condiciones de salubridad y duración de jornada, limitaciones al trabajo infantil en las fábricas y primeras pensiones de jubilación.

Las crisis económicas van dejando en evidencia a los representantes teóricos de la corriente liberal a ultranza que garantizaba que el sistema respondía a las crisis con alternativas y escenarios alternativos que mejorarían el anterior, como efecto de la supervivencia de los más adaptados y desarrollados.

No sólo la legislación laboral y social aparece como corrección del laissez faire sino que el efecto anárquico de la evolución de los mercados no regulados irá exigiendo la intervención también en el sancta sanctorum del sistema: la economía. El liberalismo económico de Adam Smith (La riqueza de las naciones 1723-1790) basado en el apriorismo de que la búsqueda del propio interés de cada ciudadano es el mejor ligamento social no lograría superar el nivel de desigualdad de la revolución industrial.

El conflicto social del XIX, catalizado por el número de focos bélicos incontrolados, por la pugna de hegemonía comercial, especialmente atlántica en relación con las colonias americanas, y el protagonismo de los estados-nación como órgano soberano que garantiza en un ámbito geográfico determinado la coherencia económica a los proyectos comerciales, tiene muchos de los ingredientes necesarios para la implosión social o la revolución.

El conflicto social, la desigualdad y la pobreza alimentan muy rápidamente tanto las demandas sociales como las demandas nacionales en el seno de los imperios y de todos los ámbitos políticos que no se encuentran en un alto nivel de cohesión social.

La situación de dependencia de las colonias americanas españolas y portuguesas es propicia para la sublevación, teniendo en cuenta, además, que la confrontación bélica de los países europeos (España-Francia-Inglaterra) ha desestabilizado el comercio marítimo y la metrópoli tiene dificultades crecientes para coordinar sus actuaciones y para sacar un beneficio que supere los gastos militares que le supone su defensa del contexto colonial.

Algo similar ocurre en Europa. Las anexiones militares de pueblos que tienen otra cultura, otra lengua, otra historia muestran ahora su cara problemática y en muchos contextos plurinacionales surgen y se logran independencias o producen unificaciones de estados nación, que componen lo que constituye la Europa actual (Alemania, Italia, Hungría, Rumanía, Austria, Chequia).

La revolución de 1848 en París era una manifestación del malestar social y de la inoperancia de las instituciones monárquicas para dar salida a las demandas de mejoras sociales y derechos de la nueva clase social, los obreros. No se encontraban representados por el liberalismo incapaz de regular derechos laborales políticos y sociales. Libertades tan primarias y necesarias para defender su derechos como la de reunión, manifestación, expresión en órganos propios, representación a través de un sufragio no censitario sino universal (excluidas las mujeres), legislación sobre horarios de trabajo, trabajo infantil, salubridad estaban en el ideario de los revolucionarios republicanos del 48, sin olvidar el derecho de autodeterminación de los pueblos y la creación de empresas nacionales costeadas por el estado.

1.7. SIGLO XX: 1914, 1929, 1932, 1939, 1950. ROOSEVELT, KEYNES, FORD, BEVERIDGE,

El siglo XX abre, en Europa, el modelo de Estado de Bienestar a base de consolidar derechos sociales. Según la mayoría de los analistas, es después de la segunda guerra mundial, con los cambios políticos, económicos y geoestratégicos, cuando objetivamente se llega al consenso, país por país, de los acuerdos que componen el Estado de Bienestar.

Se han producido, en la primera mitad del siglo XX acontecimientos necesarios para que el consenso del estado de bienestar de los años 50 se pueda materializar.

En los años 1900, 1906 y 1913 se sufren crisis económicas sucesivas de las que se sale mecánicamente y que dejan secuelas sociales graves. Son crisis de superproducción, de desequilibrio entre oferta y demanda que eran desconocidas excepto por la entrada de dinero, en su momento, proveniente de las colonias americanas. Cuando aún no se ha superado la crisis de 1913 comienza, en 1914 la Primera Guerra Mundial que se prolonga hasta 1918, fruto de la lucha por la expansión y la conquista de materias primas.

La denominada Gran Guerra se cerrará con 10 millones de personas muertas y daños incalculables a las ciudades y tejido productivo. Los Aliados (Francia, Reino Unido, Rusia, Servia y posteriormente Estados Unidos) ganan la contienda a las Potencias Centrales (Alemania, Austria-Hungría, Turquía) y se firma el Tratado de Versalles que se limita a cargar con fuertes condiciones económicas y políticas a los perdedores, sin arbitrar ningún mecanismo que permita recuperar las relaciones políticas y económicas más allá de la dialéctica vencedores-vencidos.

El retroceso económico y de condiciones sociales que supuso la guerra no comienza a corregirse hasta 1922 y siguientes. Los efectos de los avances tecnológicos del XIX y los nuevos del XX, especialmente la aplicación industrial de la electricidad (a nivel industrial, urbano y doméstico) del motor de explosión, del automóvil y el petróleo acompañan a la recuperación económica y psicológica de los desastres de la guerra.

El fordismo (Henry Ford 1863-1947) con la producción de coches en masa, en cadena, organizada científicamente, con precios accesibles para la clase media y los trabajadores, con salarios (five dolars day) suficientes para producir la demanda, introduce una nueva dimensión social que pone en valor no sólo el acceso al consumo sino la prioridad de fomentar la demanda como forma de superar las crisis. Ante la protesta de los empresarios, por lo desproporcionado de los salarios pagados a sus trabajadores, responde que necesita consumidores que puedan comprar sus coches.

Junto a estas aportaciones tecnológicas y organizativas, un tabú ha saltado por los aires. La dimensión e intensidad de la guerra del 14 ha llevado a la totalidad de los gobiernos implicados a efectuar incursiones importantes en el ámbito económico de cada país.

El "estado policía" liberal se ha visto obligado a ejercer funciones económicas fundamentales en distintos sectores de la producción, para garantizar el abastecimiento y dar prioridad a las inversiones necesarias para el estado de guerra. Esta experiencia marcará social y políticamente. La intervención estatal ha generado coherencia en la consecución de los fines y objetivos vitales para la nación. Ha evitado caos y dilaciones innecesarias, Ha operado con lógica comercial y ordenado la competencia para que de ella no se deriven perjuicios para el buen desarrollo económico y comercial.

Lo que es aún más importante, la población ha recibido una muestra experimental de que la intervención del estado, correctamente implementada, atiende eficazmente las demandas urgentes y las necesidades urgentes de la población sin esperar a la aleatoria intervención del capital descomprometido.

El ambiente de bonanza económica de los años 20 hace que la intervención pública en la economía se repliegue de nuevo y los negocios particulares atiendan las demandas de la población. Pero en 1929 se produce, en Estados Unidos, el desplome económico, la gran depresión, que afecta a todo el sistema y que por tanto supera el carácter local de las crisis económicas anteriores (el crack del 29). América y Europa se ven brutalmente afectadas y el primer efecto de la ruptura económica es el de la desvertebración social. Los trabajadores pierden su empleo, las empresas quiebran ante la pérdida de valor de sus productos y sus acciones, el dinero se convierte en papel y la pobreza se extiende por todo el mundo capitalista.

En este contexto de crisis global existe una referencia alternativa preocupante para los gobiernos y los empresarios occidentales. En 1917 se había iniciado la revolución comunista rusa (denominada despectivamente por el sociólogo Máx Weber "la revolución de los cabos") y en 1922 estaba consolidada e internacionalmente admitida diplomáticamente. Su economía centralista y socializada no estaba teóricamente condicionada por las crisis del sistema capitalista.

El impacto propagandístico que ejercía en los movimientos obreros de la época y sobre los partidos de izquierda era preocupante para la paz social y política de no pocos países europeos, según sus gobiernos y empresarios.

Así pues, entre los precedentes próximos conflictivos del estado de bienestar, además de la primera guerra mundial (1914-17) adquiere calidad de primer referente la crisis de 1929. El disloque económico que produce y la gravísima secuela social rompe el espejismo de crecimiento sostenido y garantía económica en el que estaba instalada la población de los países más avanzados. El caos, la tensión política, el conflicto social, la depauperación de inmensas capas de la población, la ausencia de cobertura vital, especialmente alimenticia y sanitaria (entre 30 y 50 millones de estadounidenses no tenían asistencia sanitaria) y el impacto mundial de la crisis abogan a favor de crear un sistema y un acuerdo que provea y asista ante futuras circunstancias similares.

El Nuevo Contrato (New Deal) de Franklin Delano Roosevelt (1882-1945) del partido Demócrata, es el corazón del programa electoral con el que gana las elecciones de 1932 al republicano Hoover. Es la respuesta al crack del 29. El Estado no puede limitarse a funciones de gendarmería y orden público sino que debe intervenir, para preservar, en política económica y social. Los ciudadanos aprueban ese compromiso y las garantías que ofrece el nuevo contrato, llevándole a la presidencia y reeligiéndole hasta su muerte en 1945.

El círculo virtuoso de la economía implica mayores prestaciones, mejores salarios y más demanda de servicios que garantiza una bonanza empresarial.

La Segunda Guerra Mundial (1939-1945) prueba que las sanciones a los perdedores de la primera no han impedido su rearme, especialmente en Alemania, productora de carbón, acero (clave para el equipamiento del ejército) y con un alto nivel de investigación militar. Pasada la belle èpoque de los años veinte y el respiro económico correspondiente, las crisis económicas y la tensión social se reproducen ante los escenarios de desigualdad.

La contestación social de los sindicatos y partidos obreros, con organizaciones más potentes, libertades de expresión y reunión que les facilitan la difusión de sus mensajes y la alternativa ideológica anticapitalista, no recibe el mismo tipo de encauzamiento del conflicto.

Con la revolución rusa al fondo, el estado liberal hace concesiones mínimas en la provisión de fondos que atiendan las necesidades materiales de la población más desfavorecida y de los trabajadores que, por edad, debenabandonar su trabajo (seguros, pensiones, oferta educativa y sanitaria, asistencia social, beneficencia).

La otra salida a la crisis es la protagonizada por los sistemas políticos que evolucionan hacia el paternalismo autoritario y posteriormente hacia el nazismo y el fascismo.

Las grandes inversiones públicas en infraestructuras encuadran las demandas de empleo, el éxito electoral y la seguridad pública a través de un recorte de libertades y una drástica represión, anestesiada por la dinámica expansionista económica y políticomilitar.

La salida autoritaria a la crisis europea genera la guerra de efectos devastadores y atrocidades pretendidamente justificadas por una ideología.

La victoria de los aliados sobre las dictaduras no solventa los problemas extremos de los desastres bélicos y la conflictividad social por sí misma, pero surgen las reacciones con impacto que marcarán el devenir europeo: el Plan Marshall, la Comunidad Europea del Carbón y del Acero (CECA) (posteriormente convertida en Comunidad Económica Europea, antecedente de la actual Unión Europea) y el pacto del Estado de Bienestar (Welfare Estate).

La crítica sobre la miopía del Tratado de Versalles, que se limitaba a gravar económica y políticamente a los perdedores de la primera guerra mundial, es una aportación principal de un economista inglés que será decisivo para la implementación económica del estado de bienestar.

La teoría de John Maynard Keynes (1833-1946), economista formado en Eton y en el King´s College de Cambridge, reclamando, entre otras reformas, la intervención pública del Estado, mediante el aumento del gasto público y el incentivo de la demanda y el consumo correspondiente, configura la base originaria del nuevo Estado de Bienestar comprometido económica y socialmente. Su General Theory of Employment, Interest and Money" rompe con la ortodoxia económica neoclásica y se convierte en un clásico, inspirador de la política económica y social de la socialdemocracia (aumentar la demanda de consumo y orientarse hacia el pleno empleo, evitando las crisis económicas mediante grandes inversiones estatales en momentos críticos), que recibirá los principales embates con la globalización actual y la internacionalización económica, inasible e incontrolable para el nivel estatal.

A diferencia de la salida autoritaria a la crisis, que también implicaba inversiones estratégicas estatales, la propuesta de Keynes no se hace a cambio de limitar las libertades sino de aumentarlas por la vía de los derechos sociales y, paralelamente, la extensión del sufragio a las mujeres.

Algunas tesis sostienen que el trabajo de las mujeres durante las dos guerras, garantizando la producción y el suministro influyó en el reconocimiento social tardío pero definitivo a su derecho al voto. Se conseguía, así, iniciar la superación de la exclusión política de la mujer, aunque no la exclusión social y económica.

Las condiciones políticas necesarias para llegar al pacto político que subyace al estado de bienestar requería, al parecer, que llegaran al gobierno, por vía democrática, partidos políticos representantes de los trabajadores y con altas conexiones con los sindicatos.

El fin de la segunda guerra mundial y el ascenso al gobierno, en algunos países del norte de Europa, de los partidos socialdemócratas facilita el gran pacto político y social que denominamos Estado de Bienestar. William Henry Beveridge (1879-1963) (Social Insurance and Allied Services (Beveridge Report1942)) lo definió como aquel sistema que cubre las necesidades del ciudadano "desde la cuna a la tumba" y diseñó, para el gobierno laborista del Reino Unido las instituciones fundamentales a través de las cuales se concreta.

Curiosamente, tal acontecimiento histórico no viene definido por ningún acto político conmemorativo del momento, sino como la plasmación normal de acuerdos consensuados que pasan a ser parte del programa de gobierno y que se respetan por parte de la alternativa política cuando llega al gobierno. La mutación histórica que se estaba produciendo trasciende, sin embargo, otras decisiones históricas para las que hubo firmas protocolarias y actos de visualización política explícitos.

Las grandes inversiones estatales necesarias para la recuperación económica e industrial europea facilitaron la implementación de las políticas de corte keynesiano que facilitaban la iniciativa por parte del estado, generaban trabajo en las canteras públicas de empleo, propiciaban el sistema de pacto y cobertura social para la que era necesaria la contratación de una gran cantidad de empleados públicos y, mejorando las condiciones sociales de la población trabajadora, frenaban el avance de los sectores políticos y sindicales más radicales, un frente importante de la guerra fría.

1.8. MODELOS DE ESTADO DE BIENESTAR

Una vez que algunos países del norte de Europa arrancan la plasmación, con compromiso político consensuado de permanencia, de los grandes servicios públicos y la provisión de fondos para sostener cada uno de ellos, ocurren dos fenómenos simultáneos: la experiencia se extiende progresivamente por la Europa occidental, con ritmo diferente en función de los regímenes políticos que practican (España, Portugal y Grecia, con regímenes dictatoriales se retrasan) y las fórmulas de cobertura o requisitos para acceder a las prestaciones se diferencian.

De estos modelos se reconoce su carácter de "estado de bienestar", lo que significa que cumplen, aunque sea con nivel mínimo, las condiciones para ser definidos como tales. La evolución y racionalización de las experiencias en los distintos países ha llevado a una hibridación de los modelos que convierten los intentos de categorización de los mismos en síntesis teóricas útiles pero no en descripciones exactas de características nítidamente diferenciadas.

Los modelos generalmente aceptados son:

- Modelo nórdico (Suecia, Dinamarca, Finlandia, Holanda) Se caracteriza por los altos niveles de fiscalidad y las amplias prestaciones en servicios públicos y prestaciones (educación, sanidad, pensiones, ayudas sociales, mínimo vital). Importantes políticas activas de empleo.
- Modelo anglosajón (Reino Unido, Irlanda). Comporta una garantía de mínimo vital alta, subsidios por cotizaciones, subvenciones incondicio-

nadas limitadas y escaso peso sindical, a pesar de la afiliación y la fuerza política de los sindicatos.

- Modelo continental (Alemania, Francia, Bélgica, Austria, Luxemburgo). Gran predominio del peso de las pensiones. Presencia sindical fuerte en la programación de los objetivos.
- Modelo mediterráneo (Italia, España, Grecia, Portugal). Gran peso del sistema de pensiones, escasa inversión en promoción de políticas activas de empleo y deficientes subvenciones a personas con dificultades de integración o en la exclusión social.

Todos los modelos de estado de bienestar europeo beben de las fuentes históricas de la ciudadanía europea, en el sentido de que las prestaciones tienen como referente al ciudadano como tal, es decir, a toda la población. Esa universalidad en los servicios fundamentales públicos no está reñida con prestaciones, contraprestaciones y provisiones para las que se exige requisitos de cotización. Algunos de los servicios que comenzaron siendo contraprestaciones a regímenes de cotización de los trabajadores con empleo, como el sanitario, fueron, en la práctica, universalizándose hasta afectar a toda la población, sin requisito alguno.

El empleo, o como algunos proyectan, el pleno empleo, es uno de los objetivos y garantías de mantenimiento del estado de bienestar. Por ello está contemplado con una base presupuestaria importante en cualquiera de los modelos: seguros de desempleo e inversiones sustanciales en formación y promoción de empleo.

Los sindicatos y organizaciones patronales tienen una gran presencia en el diseño y aplicación de todos los modelos. No existe uniformidad, no obstante, entre los distintos países. Un ejemplo es el reconocimiento de la negociación colectiva. La posibilidad de que los sindicatos participen en los convenios a nivel de empresa, región o estatal marca diferencias, con efectos tangibles en los niveles de desigualdad. Las posibilidades de negociación de los salarios en una empresa pequeña o grande, en un ámbito limitado o estatal redunda en diferencias económicas en las familias que se traducen estadísticamente en los niveles de desigualdad de la renta.

La fiscalidad es el elemento sustanciador de las posibilidades del Estado en general y del estado de bienestar en particular. Los países con altas prestaciones de servicios públicos y ayudas sociales tienen unas cuotas de fiscalidad alta tanto para las rentas del trabajo como para las del capital. Los impuestos, directos e indirectos, tan susceptibles para ser utilizados como arma electoral en las campañas, articulan las posibilidades de actuación pública y afectan principalmente a los servicios que obligatoriamente son utilizados por las personas con rentas medias y bajas.

A pesar de la polémica sobre si los impuestos altos afectan a la inversión y a las empresas, que compensarían la menor cotización con una mayor aportación por la productividad, lo cierto es que los países con altas tasas de fiscalidad son los que ofrecen mayores prestaciones en servicios y subvenciones de todo tipo a los ciudadanos en general y con dificultades de inserción.

La fiscalidad en el ámbito de la Unión Europea es un motivo de preocupación. Los países consideran que es competencia exclusiva de cada estado, sin que las instituciones europeas puedan intervenir, excepto en los controles de las variables macroeconómicas que se vean afectadas por ella. De otra parte, el mercado unificado europeo se ve afectado por los desniveles de coste social que la actividad económica implica, comenzando por la asimetría en los salarios y coberturas sociales, lo que incide en el nivel de competitividad y atractivo para la inversión empresarial.

La distribución de la renta a través de la fiscalidad es una de las variables que definen el tipo de estado de bienestar. Los sistemas universalistas o socialdemócratas, en terminología de Esping-Ándersen (G.Esping-Andersen, Los tres mundos del Estado de bienestar, Ed. Alfonso el Magnánimo, Valencia 1993) tienden a fiscalidades altas, los corporativos o conservadores, que benefician fundamentalmente a los que tienen trabajo y contribuyen mediante cotizaciones, redistribuyen en menor proporción y los liberales, cuyo principio es el adelgazamiento máximo del estado y su sustitución por el mercado en todas las funciones posibles, hacen gala de la fiscalidad más limitada posible.

1.9. EL CAMINO HACIA EL ESTADO DE BIENESTAR EN ESPAÑA

La situación del Estado de Bienestar en España, en el momento actual, es perfectamente homologable con la de los países de Europa. La evolución de las principales coberturas y servicios ha sido rápida en cuanto a la universalización de los mismos (sanidad, educación, pensiones, servicios sociales) y ha estado jalonada de pactos y consensos, desde los Pactos de la Moncloa (1977) hasta el Pacto de Toledo.

El gasto social aumentó exponencialmente con la llegada de la democracia (1977), la racionalización de la fiscalidad, iniciada en los primeros gobiernos de UCD, y la llegada de los socialistas al gobierno (1982).

El gasto social y el estado de bienestar alcanzado (Luis Moreno, ed., Reformas de las políticas de bienestar en España, Siglo XXI, Madrid 2009. Gregorio Rodríguez Cabrero, "Estado de bienestar y políticas sociales en España (1977-2007)", en M.Jiménez de Parga y F. Vallespín, eds., La Política (vol.2 de España Siglo XXI), Biblioteca Nueva, Madrid 2008. Álvaro Espina, Modernización y Estado de Bienestar en España, Siglo XXI, Madrid 2007. Vicenç Navarro, coord., El Estado de Bienestar en España, Tecnos, Madrid 2004.) admite consideraciones diferentes y comparaciones con nuestro entorno europeo que requieren matizaciones importantes.

Si hablamos del sistema educativo, la gratuidad desde los primeros años, la cobertura obligatoria y gratuita o la enseñanza universitaria ofrecen cifras competitivas desde el prisma cuantitativo. España está a la cabeza de alumnos universitarios de Europa, pero las Universidades españolas tienen dificultades para acceder en los rankings más acreditados a los primeros lugares en calidad. La falta proporcional de medios económicos, inferiores salarios a los profesores, superior número de alumnos por aula, menor nivel presupuestario dedicado a la investigación, inciden en la calidad de los servicios públicos.

Esta misma reflexión podría aplicarse a la asistencia sanitaria. Podría afirmarse que la calidad de los servicios y el aumento del gasto presupuestario son esferas de crítica general razonables. La crisis económica iniciada en el 2008 está poniendo en cuestión el cumplimiento de ese objetivo y no pocas llamadas a la contención del gasto tienen como diana la reducción del gasto social, formulada en términos de ahorro y austeridad.

La trayectoria histórica de España en relación con las coberturas sociales que hoy incluimos en los servicios del Estado de Bienestar viene determinada por la Guerra Civil y la larga dictadura posterior (1936-1975). La desconexión política de España de las democracias europeas, además de la económica e institucional, supuso también una desconexión social que le impidió beneficiarse de los avances estratégicos en la incorporación de los derechos sociales que se estaban efectuando en el Reino Unido, Suecia, Holanda, Dinamarca, Francia etc.

La intrahistoria española, caracterizada por el endemismo conflictivo del siglo XIX y el papel relevante de la Iglesia Católica y la nobleza terrateniente, imprime una actitud conservadora a la alternativa a la "cuestión social", es decir al problema del conflicto social y la exclusión social.

Si exceptuamos a las Cortes de Cádiz (1812) y sus pretensiones liberales de favorecer la extensión de la cobertura educativa y sanitaria, las instituciones públicas no afrontan como responsabilidad propia, presupuestariamente contemplada, la función de asistencia educativa, sanitaria, de subsistencia de los pobres y recaudo de enfermos mentales. La carencia de una fiscalidad suficiente para abordar estos menesteres deja en manos de la limosna o el trabajo de alguna corporación la tarea.

La iglesia, con sus infraestructuras en constante auge, por la propia evolución de su patrimonio o por las donaciones de sus fieles, se erige en la única institución con posibilidades de atender las demandas sociales en sanidad y educación, sin olvidar la atención a los pobres en su supervivencia elemental.

No se debe minimizar el aspecto humanitario que cumple la iglesia, acorde con sus presupuestos religiosos de ayuda a los hermanos más necesitados. Una parte importante de su ascendiente social proviene de haber sido, durante largas épocas, casi la única referencia de amparo para los excluidos.

No debe obviarse el control social que a través de la iglesia y sus instituciones se ejercía sobre la población y su comportamiento político. Las capas de población asistidas por las instituciones de la iglesia sabían que a cambio se exigía de ellas adaptación a los principios conservadores y aceptación no conflictiva de su situación.

La ayuda estaba destinada a superar las incidencias vitales de los atendidos, pero no a poner en cuestión las estructuras sociales (propiedad, salario, acceso a la cultura,condiciones y horas de trabajo)

Aunque la jerarquía de la iglesia, cooptada en sus distintos ámbitos y por tanto seleccionada meticulosamente, hacía gala de conservadurismo e identificación con el poder económico y político, corrientes humanistas entre las órdenes, el clero e intelectuales católicos propugnaban avanzar, con cautela, en la dirección que marcaría la encíclica Rerum novarum de León XIII (1891).

La propiedad privada, especialmente el capital destinado a la tierra o la industria no estaban exentos de obligaciones morales y sociales. El rico, el propietario tenía un deber social a la hora de administrar sus bienes, beneficiando a la comunidad y a los desfavorecidos. No sólo la limosna cabía como manifestación de buen cristiano de los poderosos. Las reformas sociales en beneficio de las clases humildes eran un camino ya demandado por movimientos sociales independientes de la iglesia. La propiedad no era intocable e incondicionada: el bien común exigía una determinada forma de administrar la riqueza. Si no se actuaba con sentido de la justicia social, sería difícil sostener que cada uno debía conformarse con su estado, aceptando la voluntad de Dios.

Ante comportamientos asociales del capital cabía la expropiación, Además de la actitud de inhibición de los poderes públicos y de la preponderancia conservadora de la iglesia en educación, sanidad y asistencia social, una variable importante que frena el ritmo de las necesarias reformas sociales es la división del movimiento obrero de finales del XIX y principios del XX. Mientras los socialistas se integran en el Instituto de Reformas Sociales (1903), el potente movimiento anarquista se desentiende y subestima las posibilidades operativas del mismo, por considerarlas meramente reformistas.

Es clásico el análisis de la debilidad de las clases medias urbanas en España, comparadas con las de otros países europeos. La alianza con obreros y campesinos no fue suficiente para generar una base social que apostara con firmeza por servicios públicos estatales que solventaran las principales necesidades y limitaran la desproporcionada presencia de la iglesia en su gestión.

Mientras, el clima político va tensándose hasta la constitución de la Segunda República (1931) sin que ninguna de las partes aporte soluciones ante la crisis económica y el auge de los movimientos revolucionarios, alentados por la experiencia rusa de 1917.

La reforma agraria y la introducción del seguro obligatorio, con modestas prestaciones y sin seguro de desempleo, son dos exponentes del deseo de los republicanos de dar un salto cualitativo en el avance de los derechos sociales.

La promoción de la educación y la cultura, las mejoras salariales y la potenciación de la beneficencia pública, sin lograr un sistema sanitario adecuado, son otros ámbitos de actuación de los escasos años republicanos hasta el levantamiento de Franco en el 36.

Si la situación española había estado rezagada en relación con la evolución de otros países europeos, que aprovecharon la revolución industrial y las transformaciones democráticas para producir avances sociales, con la victoria de Franco el aislamiento se convierte en una seña de identidad. El mismo año que concluye la guerra civil española comienza la Segunda Guerra Mundial (1939-1945).

Por imposibilidad material tras el desastre económico, industrial y social, España no entra en la guerra apoyando al bando de los regímenes totalitarios de Alemania, Italia y Japón. Hasta 1945 la dictadura espera el triunfo y la legitimación internacional de ellos. Pero la victoria de los aliados, países democráticos europeos más Estados Unidos, sella por muchos años la frontera española y se abre una etapa de autarquía en lo económico y en lo político.

Todas las correlaciones de fuerza entre las clases sociales habían desaparecido. Los vencedores imponían y los vencidos aceptaban. Prohibidos los sindicatos y los partidos políticos mediante las nuevas leyes dictatoriales, la represión extrema y el terror complementaban la disuasión.

El retroceso en los derechos políticos y sociales convertía a España en un barco a la deriva en materia de bienestar social. Es, precisamente, el momento en que se materializa el pacto del Estado de Bienestar en distintos países de Europa, mediante el acuerdo entre partidos socialdemócratas, democratacristianos, gobierno, sindicatos y patronales.

Los largos años de postguerra, que alcanzan hasta los sesenta, son de un dramatismo social y económico sin parangón. Destruido en gran parte el país, su industria y comunicaciones, internacionalmente aislado y sin participación en el Plan Marshall de ayuda americana a la Europa de postguerra, sin posibilidades de exportar o importar productos, España vive años de hambre de desigualdad y de ausencia de ciudadanía, sin posibilidad alguna de reclamarla.

Desde la ideología católica más conservadora se vuelve a la limosna, la caridad graciable y la beneficencia socialmente controladoras como único arma de supervivencia para incontables ciudadanos. El cabeza de familia es el referente único de las instituciones y de la legalidad, retrocediendo el rol de la mujer hasta reducirlo al de madre y esposa.

El analfabetismo, especialmente en las zonas rurales queda al margen de la atención pública para los que han superado la edad escolar, deteniéndose los esfuerzos que la república había iniciado.

Una enseñanza primaria, descabezada de los maestros vocacionales republicanos por la represión, de mínimos, y una enseñanza universitaria para élites políticas, que no intelectuales, configura el panorama yermo del férreo control ideológico.

La sanidad se diversifica entre el seguro de enfermedad para los cotizantes activos (1942) las igualas particulares que los médicos establecen con los vecinos y la beneficencia para insolventes económicos que atiende en último y escaso nivel el municipio.

Las pensiones no existen, si exceptuamos el seguro obligatorio de vejez e invalidez (SOVI) (1939) que sólo y en pequeña cuantía atiende a cotizantes. Lógicamente quedaban al margen de él toda la población campesina, lo que hoy denominamos autónomos y empresarios.

Esta situación de ausencia de proporción en la correlación trabajadores-empresarios, supervisada por el gobierno autoritario y el ministerio falangista, genera, a medida que el final de la guerra se ha distanciado casi veinte años, un estallido de huelgas prohibidas que, desde el 55 al 60, evidencian que la sociedad civil existe, se rebela y combate por sus derechos económicos y políticos (huelgas políticas) aunque la presentación de la protesta sea meramente salarial. La violencia, la sorpresa y el coste económico y político de las huelgas, genera el antídoto de la ley de Convenios Colectivos Sindicales, en los que los patronos y los trabajadores encuadrados en los sindicatos verticales, llegan a acuerdos para evitar las huelgas y dar legitimación a la política laboral del régimen.

Aunque reprimidas policialmente con dureza y legalmente con despidos, las movilizaciones obreras y universitarias concomitantes (Tierno Galván, Aranguren, García Calvo fueron expulsados de sus cátedras en 1965 por solidaridad con el movimiento estudiantil), demostraron tener una fertilidad indudable, pues en cascada se producen, además de la citada ley de Convenios Colectivos, la del Seguro Obligatorio de Desempleo en el 61 y las de Salario Mínimo Interprofesional en el 63, el mismo año que la de Bases de la Seguridad Social.

El desarrollo económico de los años 60 llevó consigo un auge del movimiento sindical y político clandestinos evidentes. Enterrada la etapa del aislamiento como fórmula de supervivencia del régimen, se imponía otra alternativa de legitimación: reformas sociales por ley y acercamiento institucional a Europa.

Con cierta arrogancia política, el régimen solicita el Tratado Preferencial con la Comunidad Económica Europea. Además de facilitar ciertos acuerdos económico-comerciales, la firma pretendía ganar una batalla de imagen que implicaba un cambio de estrategia adaptada a los tiempos.

Desde 1970 en que se firma este tratado hasta 1985 en que España entra en la CEE, pasarán quince años en los que las reformas exigidas por los socios europeos comenzaban por efectuar un cambio metabólico completo desde la dictadura a la democracia. El único signo, un año antes, en 1969, había sido confirmar como sucesor, en la jefatura del estado, al príncipe Juan Carlos, tras la renuncia a los derechos sucesorios de su padre, el Conde de Barcelona, Juan de Borbón y Barttemberg.

El franquismo cierra sus últimos años, antes de la muerte del dictador (1975) con una ley de Educación (1970, siendo ministro Villar Palasí) que aumenta las posibilidades de acceso a la docencia en todos los niveles, especialmente el universitario a través de becas, pero que lleva en su interior la ausencia de participación de los sectores educativos afectados y la reclamación social creciente de cambios democráticos sin aditamentos autoritarios.

La ley de Seguridad Social (1972) pretende ampliar coberturas y universalidad, completando un esfuerzo por aumentar el gasto social, dando márgenes complementarios a colectivos y población, ante la demanda social de ruptura con el régimen.

1.10. DEMOCRACIA Y ESTADO DE BIENESTAR 1977-2010

La evidencia de la insuficiencia de la actividad política del régimen, buscando subterfugios para aparentar cambios sin mudar su estructura autoritaria, queda en evidencia por la muerte de Franco (1975), el nombramiento de Adolfo Suárez (entonces Ministro Secretario General del Movimiento) como presidente del gobierno y la convocatoria del Referéndum de Reforma Política, primero, en 1976, y de las primeras elecciones democráticas después (1977), que normalizaron la situación política en los parámetros democráticos europeos.

Quedaba por delante, en época de crisis económica y desorientación política, efectuar una aportación presupuestaria ingente en gasto social, si se quería que las transformaciones políticas fueran acompañadas de un reconocimiento social cualitativo. Este era el reto de la transición.

La situación de mínimos de la administración autoritaria se transforma rápidamente, con la llegada de la democracia en un aumento del gasto público. Del 23.1% del PIB de 1974 la administración pasa a consumir el 42% en 1987. Las necesidades de infraestructuras, desempleo e intereses de la deuda absorben buena parte del incremento.

Mientras, los gastos de educación, sanidad o vivienda no mejoran en términos porcentuales del PIB, aunque sí en términos absolutos de inversión.

La inversión social en los trece años del gobierno de Felipe González sirve para consolidar el modelo de Estado de Bienestar en España, considerado "mediterráneo" por la mayoría de los analistas y tercera vía por otros, al concentrar experiencias que han sido exitosas en otros modelos europeos de bienestar.

Si, como hemos dicho, en términos porcentuales de PIB las comparaciones no son muy elocuentes, en términos absolutos las inversiones son sustanciales, dado que el PIB español presenta muchos años de aumento sostenido, aunque no sostenible. Las inversiones en educación, sanidad, vivienda, atención social, pensiones, permiten la universalización del sistema sin destruir la calidad de los servicios.

La construcción de viviendas protegidas crece de forma exponencial. Las infraestructuras educativas, guarderías, colegios, institutos, universidades se expanden por todas las provincias y acogen a los nuevos demandantes, de forma gratuita o con tasas simbólicas que no cubren ni el 20% del coste. Como efecto de ello, la escolarización obligatoria se universaliza, la preescolar aumenta rápidamente, la enseñanza media se expande a poblaciones cabeceras comarcales de escaso nivel demográfico, y España arroja datos de estudiantes universitarios que le ponen proporcionalmente a la cabeza de Europa.

Los bajos salarios del profesorado y la escasa inversión en investigación se mantendrán, no obstante, como las dos rémoras principales de la enseñanza española, afectando a la calidad, si se le compara con la media europea.

En todo este proceso ha existido un protagonismo indiscutible, aunque variable de un sistema de corporaciones que han sido los auténticos interlocutores del proceso de acreditación, primero y consolidación después, del Estado de Bienestar en España.

Estas corporaciones han sido, junto con el gobierno de turno, las centrales sindicales, las asociaciones patronales y los partidos políticos mayoritarios afines (CCOO, UGT, CEOE, UCD, PSOE, PP, IU). El éxito de la transición y el asentamiento del estado de bienestar se deben, en gran medida, a su capacidad de diálogo, consenso y actitud propositiva.

La Constitución Española de 1978 abre un marco institucional que progresivamente se convertirá en un referente insustituible tanto presupuestaria como jurídicamente para la conformación del Estado de Bienestar: las Comunidades Autónomas.

Introducen un factor de descentralización, proximidad y burocracia propia que las convierte en intermediadoras principales de los ciudadanos.

La descentralización de la sanidad, la educación, la vivienda, la cultura y la gestión de servicios públicos referidos a la promoción del empleo suponen una masa presupuestaria, jurídica y política consistente y mayoritaria, aunque se mantengan competencias estatales en estos ámbitos y otros como las pensiones y la economía que dan iniciativa política al gobierno central. Los partidos nacionalistas y regionalistas, así como los sindicatos de ámbito de Comunidad Autónoma han constituido también soporte principal para el consenso regional.

Es evidente que han existido fases diferentes en este proceso de tantos años, aunque acelerados de aproximación al estado de bienestar de corte europeo.

Las características principales del Estado del Bienestar pasan por conseguir una plena ocupación, seguridad social para la totalidad de la población, garantías de un nivel mínimo para los menos favorecidos socialmente y un elevado nivel de consumo generalizado. Estas condiciones son posibles por el crecimiento del Estado, el cual se produce, por un lado como respuesta a las demandas sociales y, por otro, el Estado crece por la necesidad de control burocrático de sus instituciones y áreas de influencia". (Fernández García, T. 2001).

El análisis y la comprensión de los cambios recientes el Estado de Bienestar en los últimos treinta años deben ser enmarcados en la perspectiva de la historia social reciente del Estado de Bienestar entre 1977 y 1993 (fase de expansión y consolidación), entre 1993 y 2004 (fase de estabilización y contención) y, finalmente entre 2004 y 2007 (fase de adaptación de las políticas sociales a la estructura social y laboral emergente). (Rodríguez Cabrero, 2008).

La perspectiva que nos da los años largos de crisis económica 2008-2011, nos obliga a introducir una nueva etapa de observación, no sólo en España sino también europea y mundial, en relación con el Estado de Bienestar. Hasta tal punto es profunda la huella de la crisis que textos próximos de análisis y acercamiento a la realidad, con tan sólo algún año de publicación, se han convertido en literatura histórica, más que en instrumentos prospectivos.

Se puede aceptar que el modelo español ha presentado tres aspectos sustanciales: prioridad en la universalización de los servicios, baja intensidad protectora como fruto de tal universalización y del control económico de las variables macroeconómicas impuestas por la UE, y limitada capacidad para reducir la pobreza relativa (Rodríguez Cabrero 2010). Esta perspectiva que puede parecer crítica, aunque analíticamente es difícilmente reprochable, puede no hacer justicia a la valoración global de carácter positivo que encierra la universalización en un sistema en que millones de españoles estaban privados de servicios sociales fundamentales.

La incorporación a la Unión Europea de los doce países del centro y este, denominada la ampliación, ha beneficiado estadísticamente la posición de España en materia de gasto social. Si mantenemos, no obstante, la comparación a 12 o 15 estados miembros, anterior a la ampliación, mientras la media europea era de más de un cuarto del PIB destinado a gasto social, España dedicaba aproximadamente un quinto.

Siempre se ha criticado la dificultad que encierra las comparaciones de las variables con el PIB, para captar la realidad. Es cierto, por ejemplo, que si el paro desciende, desciende el porcentaje de gasto público dedicado al pago de los subsidios de desempleo, lo que no debe interpretarse como algo negativo. Pero al margen de factores parciales, es posiblemente una de las variables que mejor refleja, y de manera más sintética la relación analizada.

Es preciso, para evitar simplificaciones, tener en cuenta la evolución en términos absolutos de las variables presupuestarias dedicadas a gasto social. Si atravesamos una época de grandes aumentos del PIB, puede que, porcentualmente, no se reflejen con todo su valor los aumentos de inversión globales absolutos. Esto ha ocurrido en España en determinadas épocas en que su aumento de PIB ha sido superior a la media europea, minusvalorándose los sustanciales incrementos en educación, sanidad, pensiones o investigación.

Junto a los tradicionales ámbitos de inversión social, pensiones, sanidad, educación, desempleo, actuales y nuevos retos se presentan al estado de bienestar en nuestro país. La dependencia supone aportación presupuestaria, organizativa y profesional para atender una demanda invisible hasta hace pocos años a la administración.

La integración de los inmigrantes, que alcanzan ya el 10% de la población y camina hacia los seis millones de personas, es un reto político, cultural y social que requiere base presupuestaria de gasto social.

La renta mínima personal, la promoción para el empleo de los parados, especialmente de los de larga duración, la eliminación de obstáculos estructurales que permitan el acceso de la mujer al trabajo, rompiendo condicionamientos culturales, los colectivos excluidos por problemas de salud, adiciones o delincuenciales son ámbitos que reclaman políticas sociales y gasto.

La crisis económica 2008-11 gravita negativamente sobre los colectivos que no están positivamente garantizados por ley. Incluso sobre estos. El déficit de ingresos del estado, como fruto de la ralentización de la producción y del consumo dispara el reflejo condicionado de recortar derechos sociales y aplazar nuevas prestaciones.

En este contexto, la formación académica y profesional, la competitividad y la capacitación personal, serán elementos clave para la promoción social y económica de las familias, dentro de un mercado laboral con dificultades y una crisis económica que esta dejando a miles de familias en situaciones dramáticas. La sociedad define los objetivos sociales y personales, así como los medios considerados legítimos para conseguirlos, y que no están en la misma medida al alcance de todos. Las creencias y valores trasmitidos por la sociedad, como la cultura del consumo y el triunfo económico y personal, con poca tolerancia al fracaso y a los que considera fracasados. La misma definición lleva consigo el desequilibrio entre las oportunidades y las grandes desigualdades sociales, que penaliza a las clases de bajo nivel económico que no pueden competir socialmente, iniciándose así una cadena que generara desmotivación y frustración en los grupos afectados. (Fernández García, T y Ponce de León Romero, L. 2011).

No existen, sin embargo, mecanismos automáticos que obliguen necesariamente a tomar decisiones en una determinada dirección. Así como existen sociedades muy sensibles a las personas en situación de desempleo y convierten en prioridad superar en el menor tiempo posible tal situación, existen distintas actitudes ante la situación de crisis económica. Sin pretender negar las necesarias adecuaciones económicas, sociales, laborales y presupuestarias, el valor dado a la solidaridad por los gobiernos, las instituciones, los interlocutores sociales y la cultura social pueden plasmar diferentes salidas a la crisis, con o sin conflicto social.

Pasar del 8.5% de paro al 20% en tres años implica que la crisis económica de la globalización no es suave ni de coyuntura pasajera. Los efectos para el Estado de Bienestar pueden ser letales, especialmente si se le identifica como responsable de ella o como atajo para superarla

Según el profesor Tomás Fernández García, el escenario contemporáneo implica la necesidad de una reafirmación ideológica adaptada de las opciones políticas progresistas al cambio social continuo: *La socialdemocracia debe seguir manteniendo la batalla ideológica en torno a los valores tradicionales de libertad, justicia, progreso y solidaridad frente a los valores del neoliberalismo (individualismo, desigualdad, insolidaridad y beneficio máximo), no puede ignorar que desde nuestros valores también estamos obligados a actuar con eficacia y firmeza sobre la realidad más inmediata y a demostrar ideológicamente y programática que frente a la teoría del Estado mínimo, es viable y más eficaz el Estado del Bienestar, porque garantiza la universalidad de las políticas sociales y los programas de discriminación positiva dirigidos a los grupos más vulnerables de la sociedad, defensa que también es posible a través del valor estratégico de la legitimidad social"* (Fernández García, T 2004).

1.11. RESUMEN

El Estado de Bienestar es el fruto de un consenso político y social, cuya raíz política se encuentra en los valores de la Revolución Francesa y en el nuevo estatus de ciudadanía. La proyección social política e institucional de sus derechos conforma al ciudadano moderno con sus obligaciones democráticas, propias de un individuo libre que vive en sociedad y sus derechos a una vida digna. Sus derechos civiles (libertad), frente al feudalismo que se los vetaba; sus derechos políticos (igualdad) frente al absolutismo que se los negaba, frente a las clases acomodadas que se los limitaba (voto censitario), o frente a la cultura patriarcal que excluía (exclusión de las mujeres); sus derechos sociales (fraternidad-solidaridad) como superación del carácter meramente semántico de la igualdad social.

Las crisis económicas modernas, desde la revolución industrial, el conflicto social inherente, el excedente productivo, la necesidad de programación a largo plazo para la industria, la paz social necesaria, la pandemia de la guerra y los valores histórico-culturales que definen la dignidad humana se concitan para alumbrar el acuerdo de proteger a los ciudadanos, "desde la cuna a la tumba", mediante sistemas de previsión, seguros sociales y sistemas de seguridad social que garantizan las pensiones, la sanidad, el seguro de desempleo o accidentalidad, además de servicios públicos de educación, vivienda, solidaridad, cultura, ocio, etc.

En la vida real estamos inmersos en sistemas de bienestar: los niños nacen en hospitales, en su inmensa mayoría públicos; los pensionistas adaptan su vida a sus pensiones; los estudiantes de cualquier nivel tienen a disposición el entramado complejo del sistema educativo, sus infraestructuras, becas y títulos; vamos al médico o al hospital si nos encontramos enfermos; algunos estudiantes tienen becas y matrícula con precio político; si nos quedamos en paro cobramos el desempleo, si hemos cotizado, y podemos acudir a cursos de promoción de empleo; existen promociones de vivienda para las rentas bajas.

Todo esto nos parece natural. Pero, de hecho, es fruto reciente de acuerdos sociales, políticos y económicos entre las distintas clases sociales y los diferentes intereses de tipo económico que han sabido armonizarse, proyectarse y encontrar un cauce de interés complementario. Los grandes agentes de estos acuerdos han sido los gobiernos, los sindicatos, la patronal y los partidos políticos.

Estamos hablando de unos acuerdos que garantizan la supervivencia digna de todos los miembros de una sociedad, a cambio del respeto y el cumplimiento de una serie de principios y leyes que permiten la convivencia y la programación a largo plazo de los proyectos empresariales. Propiamente hablando, el Estado de Bienestar es el fruto de un pacto social entre empresarios y sindicatos y de un pacto político entre democristianos y socialdemócratas que se fragua tras la segunda guerra mundial (1939-45) en los países del norte de Europa, (Gran Bretaña, Suecia, Dinamarca, Holanda…) y que se extiende, con variantes de implementación a otros países.

Ese carácter reciente del Estado de Bienestar no se contradice con el hecho de que existen precedentes teóricos y prácticos y de que determinadas causas obligaron a su concreción legal e institucional. Casi siempre en la historia existe un conflicto previo que obliga a llegar a acuerdos para evitar la repetición de grandes males. El conflicto es un ingrediente permanente de las reformas.

Entre los precedentes destaca, con luz propia, Juan Luís Vives (1492-1540), un prototipo de hombre renacentista, con vocación y compromiso en la lucha contra la pobreza. Su amplia cultura en varios campos no le impide pasar de la teoría a la acción, involucrándose en sus proyectos sociales y dimensionándolos científicamente en su obra "El socorro de los pobres".

Las "leyes de pobres" inglesas (Poor Law 1834) pretenden dar cobertura vital a aquellas personas que no pueden o renuncian a incorporarse al sistema productivo. Su carácter de precedente viene dado porque esa cobertura se concede a cambio de perder sus derechos políticos. Esta es la gran diferencia: el Estado de Bienestar moderno no condiciona los derechos políticos a ningún apoyo del estado. Al contrario, son los derechos de ciudadanía los que obligan al Estado a prestar los servicios de supervivencia y formación, sin que los ciudadanos que los reciben se vean degradados por el hecho de recurrir a ellos cuando los necesitan, ni tengan que perder su condición de ciudadanos en plenitud de derechos civiles, políticos y sociales. En los siglos XVI, XVII, XVIII y XIX encontramos precedentes que se guían por el humanismo, pero no acometen el salto cualitativo económico, social y político que implica el Estado de Bienestar moderno.

Entre los precedentes próximos conflictivos, además de la primera guerra mundial (1914-17), adquiere calidad de primer referente la crisis de 1929, iniciada en los Estados Unidos. El disloque económico que produce y la gravísima secuela social rompe el espejismo de crecimiento sostenido y garantía económica en el que estaba instalada la población de los países más avanzados. El caos, la tensión política, el conflicto social, la depauperación de inmensas capas de la población, la ausencia de cobertura vital, especialmente alimenticia y sanitaria (entre 30 y 50 millones de estadounidenses no tenían asistencia sanitaria) y el impacto mundial de la crisis abogan a favor de crear un sistema y un acuerdo que provea y asista ante futuras circunstancias similares.

El Nuevo Contrato (New Deal) de Franklin Delano Roosevelt (1882-1945), del partido Demócrata, es el corazón del programa electoral con el que gana las elecciones de 1932 al republicano Hoover. Es la respuesta al crack del 29. El Estado no puede limitarse a funciones de gendarmería y orden público sino que debe intervenir, para preservar, en política económica y social. Los ciudadanos estadounidenses aprueban ese compromiso y las garantías que ofrece el nuevo contrato, llevándole a la presidencia y reeligiéndole hasta su muerte en 1945.

La teoría de John Maynard Keynes (1833-1946), economista formado en Eton y en el King´s College de Cambridge, reclamando, entre otras reformas, la intervención pública del Estado, mediante el aumento del gasto público y el incentivo de la demanda y el consumo correspondiente, configura la base originaria del nuevo Estado de Bienestar comprometido económica y socialmente. Su General Theory of Employment, Interest and Money" rompe con la ortodoxia económica neoclásica y se convierte en un clásico, inspirador de la política económica y social de la socialdemocracia (aumentar la demanda de consumo y orientarse hacia el pleno empleo), que recibirá los principales embates con la globalización e internacionalización económica, inabarcable para el nivel estatal.

El fin de la segunda guerra mundial y el ascenso al gobierno, en algunos países del norte de Europa, de los partidos socialdemócratas facilita el gran pacto político y social que denominamos Estado de Bienestar. William Henry Beveridge (1879-1963) (Social Insurance and Allied Services (Beveridge Report 1942)) lo definió como aquel sistema que cubre las necesidades del ciudadano "desde la cuna a la tumba" y diseñó, para el gobierno laborista, las instituciones fundamentales a través de las cuales se concreta.

Se pueden enumerar una serie de ámbitos en los que todos los modelos con mayor o menor intensidad coninciden:

- La Seguridad Social: a) Las pensiones de: jubilación, incapacidad, viudedad, orfandad, no contributivas, desempleo-subsidio; b) los seguros de: accidentes de trabajo, fallecimiento, maternidad, enfermedad…
- Los Grandes Servicios del Estado: a) La Educación (pública o concertada) preescolar, obligatoria, media, universitaria; b) La Sanidad (preventiva, ambulatoria, hospitalaria, farmacéutica); c) La Vivienda: de protección oficial, ayudas para residencia, ayudas para alquiler.
- Política económica, social, empleo: regulación del Derecho Laboral: contrato, negociación colectiva, huelga, despido, concertación, promoción de empleo, etc.
- Redistribución contra la pobreza y la desigualdad: erradicación de la pobreza y disminución de la desigualdad; salario de integración; igualdad de oportunidades; fiscalidad de impuestos progresivos.
- Asistencia Social: ayudas, residencias de ancianos, casas de día…
- Atención a la Dependencia (Cuarto Pilar del E.B.): compensación a los familiares que tienen a su cargo a la persona dependiente; contratación de una persona para la atención del dependiente.

Estas áreas se pueden estructurar en otras disposiciones teóricas de cara a una mejor comprensión u organización:

Las dos grandes áreas de servicios universales:

- Las políticas educativas.
- Las políticas sanitarias.

Las dos grandes áreas de inclusión social:

- Las políticas activas de empleo.
- Las políticas de vivienda.

Las dos grandes áreas de acción contra la pobreza y la exclusión:

- Las políticas de servicios sociales.
- Las políticas de rentas mínimas de inserción." (Raquel Gallego, Ricardo Gomá, Joan Subirats. 2010)

La involucración del Estado en la economía y en la sociedad arroja factores de importancia:

- El 50% del PIB del país, aproximadamente, lo utiliza el Estado
- El 50% del presupuesto del Estado, aproximadamente, es gasto social
- El Estado de Bienestar implica una "desmovilización revolucionaria" de la clase obrera
- El Estado de Bienestar ha centrado a la clase obrera y a la economía capitalista.
- Aunque cada día se reclama más la concertación con empresas privadas, la protección social ha estado demercantilizada "de la cuna a la tumba", a través de servicios públicos estatales.
- Las pensiones del Estado de Bienestar son compatibles con la contratación de Fondos de Pensiones privados o institucionales
- Conviene advertir que el sistema no es independiente de la voluntad de pacto defendida por la sociedad.

La teoría del consumo generalizado (Keynes) tiene como complemento la organización científica del trabajo (F. W. Taylor (1856-1915) que se orienta al aumento del rendimiento de las máquinas mediante una nueva organización del trabajo y la experiencia fordista (producción en masa del fordismo (Henri Ford) y su famoso "five dolars day", que duplica los salarios de la época.

Ante la protesta de los demás empresarios, la respuesta de Ford es lacónica: "alguien tendrá que comprar mis coches".

Existen muchas reflexiones y teorías sobre las crisis del Estado de Bienestar:

- Crisis del propio Estado por ser considerado a la vez demasiado grande para poder dar respuesta a sus problemas y demasiado pequeño para ser autónomo en un mundo globalizado.

– La Ideología Neoliberal, enemiga del Estado de Bienestar (Reagan, Thacher), que pretende desmontarlo. Fracasan en el intento, aunque logran adelgazarlo. Dada la demanda de servicios al Estado por parte de los ciudadanos, la tesis de la desaparición progresiva del Estado de Bienestar es, hoy por hoy, indemostrable. Se abre un debate sobre nuevo pacto social.

Factores de gran incidencia afectan al Estado de Bienestar:

- Transformaciones demográficas en la pirámide de población con aumento de los +65 y disminución de la natalidad, que genera una crisis de financiación del sistema de pensiones al ser menor el número de cotizantes y mayor el de pensionistas.
- Las pensiones se pagan de las cotizaciones, no de los impuestos. ¿Hasta cuando el Fondo de Garantía de las Pensiones podrá soportar el coste sin recurrir a impuestos?
- El proceso de globalización favorece a los estados con menor gasto social y menores salarios.
- Los cambios en el mercado de trabajo son de gran impacto, además de producir adelantos o retrasos en la edad de jubilación
- La inmigración genera cambios en el Estado de Bienestar y su financiación. De una parte aporta cotizantes, de otra gasto social hacia las familias en educación, sanidad, y atención social
- No se da una necesidad de ambivalencia entre atención social estatal o privada concertada. Cada día se practica más el sistema mixto de Estado de Bienestar con complemento privado en fondo de pensiones, educación, sanidad.
- El Estado de Bienestar implica más seguridad social, más redistribución y más consumo, para todo lo cual es necesaria una fiscalidad fuerte.
- Son señas de identidad del Estado de Bienestar, también, además de la producción en cadena y el consumo de masas, como fórmula de mantenimiento, una regulación laboral desconflictualizadora y una institucionalización del conflicto que permita la buena marcha del negocio.
- El Estado Social y Democrático de Derecho implica una democracia liberal y una democracia social, con salarios de los trabajadores negociados colectivamente; búsqueda del pleno empleo con trabajo estable y aceptación de los servicios estatales por los trabajadores.
- Un 18% de la población asalariada está en la pobreza si utilizamos el baremo que indica que un 60% menos de la mediana implica situación de pobreza.

- El mercado de trabajo no es único: el panorama de las sociedades actuales dista mucho de la dicotomía simplificadora entre patronos y asalariados. Es preciso contemplar la diversidad para adoptar políticas realistas (autónomos, fijos indefinidos, temporales, precarizados...).

En España, con 46.000.000 de habitantes, hay 5.600.000 inmigrantes (10%), 4.000.000 de parados, aproximadamente, de los que 600.000 son inmigrantes y, alrededor de 1.200.000 personas trabajando en la economía sumergida, que no pagan impuestos pero consumen servicios estatales. Cobran subsidio unas 2.200.000 personas.

Las dificultades por las que atraviesa el Estado de Bienestar genera opiniones que demandan:

- un nuevo pacto social con un nuevo modelo de Estado de Bienestar,
- ese nuevo Estado de Bienestar debe estar regulado a escala supranacional, con el fin de protegerse ante los peligros de la globalización económica.

Según las tesis neoliberales, el Estado de Bienestar detrae recursos productivos e implica un despilfarro en la gestión. La familia se presenta como el auténtico colchón social contra la exclusión, la sociedad compasiva y el tercer sector son las fórmulas de integración social sustitutorias del Estado de Bienestar.

Es Estado de Bienestar es la forma del Estado Social y Democrático de Derecho que, a pesar de sus dificultades, afronta la inserción social como problema colectivo e institucional, fruto de la concepción de los individuos como ciudadanos con derechos civiles, políticos y sociales.

1.12. LECTURAS, ACTIVIDADES, GLOSARIO, BIBLIOGRAFÍA

LECTURAS RECOMENDADAS

Declaración de Derechos del Hombre y del Ciudadano 1789
Declaración Universal de Derechos Humanos 1948

ACTIVIDADES, EJERCICIOS:

Trabajo optativo sobre Derechos Civiles y Revolución Francesa
Trabajo optativo sobre Derechos Políticos
Trabajo optativo sobre Derechos Sociales
Índice de Desarrollo Humano y desarrollo económico. Comparación.

GLOSARIO

GINER S. LAMO E. TORRES C. "Diccionario de Sociología". Alianza 2006

BIBLIOGRAFÍA OBLIGATORIA

IZQUIERDO J, TORRES R. "Estado de Bienestar y Trabajo Social" Edit. Académica. Madrid 2011.

BIBLIOGRAFÍA RECOMENDADA

MARSHALL Thomas H. "Ciudadanía y clase social" Reis y Alianza 1998.

OCHANDO Carlos "El Estado de Bienestar" Ediciones Académicas. 2009.

OFFE Claus "Contradicciones del Estado de Bienestar" Madrid. Alianza 2007.

BECK Ulric "Presente y futuro del Estado del Bienestar".

Luís Moreno, ed., *Reformas de las políticas de bienestar en España*, Siglo XXI, Madrid 2009.

Gregorio Rodríguez Cabrero, "Estado de bienestar y políticas sociales en España (1977-2007)", en M. Jiménez de Parga y F. Vallespín, eds., *La Política* (vol.2 de *España Siglo XXI*), Biblioteca Nueva, Madrid 2008.

Bibliografía Complementaria y de referencia a partir de la propuesta del profesor Miguel Beltrán

1. Ciudadanía y derechos sociales.- Fundamentos políticos y sociales del Estado de bienestar.- El Estado Social y Democrático de Derecho.

Lecturas básicas:

T. H. Marshall (y T. Bottomore), *Ciudadanía y clase social*, Alianza, Madrid 1998. Hay otra traducción del texto de Marshall en el nº 79 de la *Revista Española de Investigaciones Sociológicas*, de 1997, con una presentación de F. J. Noya.

W. Abendroth, E. Forsthoff y K. Doehring, *El Estado Social*, Centro de Estudios Constitucionales, Madrid 1986 (ver los artículos de Abendroth y Fortshoff).

Lecturas complementarias:

Luis E. Alonso, *La crisis de la ciudadanía laboral*, Anthropos, Barcelona 2007 (ver capítulo 4).

Luis Moreno, "Ciudadanía, desigualdad social y Estado de bienestar", en S.Giner, coord., *Teoría Sociológica Moderna*, Ariel, Barcelona 2003 (Capítulo 18).

2. Precedentes y evolución histórica del Estado de bienestar.- Los tipos de Estado de bienestar.

Lecturas básicas:

R. Montoro, "El Estado de Bienestar moderno", en S.Muñoz Machado et al., *Las estructuras del bienestar en Europa*, Cívitas, Madrid 2000.

G.Esping-Andersen, *Los tres mundos del Estado de bienestar*, Ed.Alfonso el Magnánimo, Valencia 1993.

Lecturas complementarias:

R. Muñoz del Bustillo, "Retos y restricciones del Estado de Bienestar en el cambio de siglo", en R. Muñoz del Bustillo, coord., *El Estado de bienestar en el cambio de siglo*, Alianza, Madrid 2000.

Theda Skocpol, *Los orígenes de la política social en los Estados Unidos*, Ministerio de Trabajo y Asuntos Sociales, Madrid 1996.

C. Ochando, *El Estado del bienestar*, Ariel, Barcelona 1999: ver la primera parte, "La constitución del Estado del bienestar".

M. Ferrera, "Los Estados de bienestar del sur en la Europa social", en S. Sarasa y L. Moreno, comps., *El Estado de bienestar en la Europa del sur*, CSIC, Madrid 1995.

3. Economía del Estado de bienestar.- Las políticas keynesianas y la norma fordista de producción y consumo.- Bienestar y desarrollo económico.

Lecturas básicas:

I. Gough, *Economía política del Estado del bienestar*, Blume, Madrid 1982.

L. E. Alonso, *La era del consumo*, Siglo XXI, Madrid 2005 (para la norma fordista, ver págs. 29 a 81).

E. Bandrés y J. L. García Delgado, "Estado de Bienestar y crecimiento económico", en S. Muñoz Machado et al., *Las estructuras del bienestar en Europa*, Cívitas, Madrid 2000.

Lecturas complementarias:

L. Cachón, "Estado de bienestar y capitalismo avanzado", en J. Benedicto y Mª L. Morán, eds., *Sociedad y política*, Alianza, Madrid 1995.

M. Pérez Yruela, "Corporatismo y Estado del bienestar", en S.Giner y S. Sarasa, eds., *Buen gobierno y política social*, Ariel, Barcelona 1997.

4. Teorías sobre el Estado de bienestar.

Lecturas básicas:

J. Picó, *Teorías sobre el Estado del Bienestar*, Siglo XXI, Madrid 1987.

C. Ochando, *El Estado del bienestar*, Ariel, Barcelona 1999: ver la segunda parte, "Teorías explicativas del desarrollo del Estado del bienestar".

Lecturas complementarias:

Anthony Giddens, *La tercera vía. La renovación de la socialdemocracia*, Taurus, Madrid 1999.

Anthony Giddens, *La tercera vía y sus críticos*, Taurus, Madrid 2001.

5. Contenidos del Estado de bienestar (1): La Seguridad Social y las pensiones.- La prevención de riesgos laborales.- El pleno empleo.- La propuesta de la renta básica.

Lecturas:

Nicholas Barr, "La reforma de las pensiones: análisis económico y algunas opciones de política", y Richard Layard, "La reforma de la protección al desempleo", ambos en S.Muñoz Machado et al., *Las estructuras del bienestar en Europa*, Cívitas, Madrid 2000.

M. L. Martín Hernández, *El derecho de los trabajadores a la seguridad y salud en el trabajo*, CES, Madrid 2006.

"La renta básica", nº 19, monográfico, de la *Revista Internacional de Filosofía Política*, Madrid, julio 2002.

A. Antón, *Rentas básicas y nuevo contrato social*, Fundación Sindical de Estudios, Madrid 2003. www.redrentabasica.org

6. Contenidos del Estado de bienestar (2): Los grandes servicios: Sanidad, educación, vivienda.- La asistencia a personas dependientes.

Lecturas sobre sanidad:

G.López, "Las estructuras de bienestar en el sector de cuidados de la salud", en S. Muñoz Machado et al., *Las estructuras del bienestar en Europa*, Cívitas, Madrid 2000.

Sobre educación:

F. Mayor, "La educación para todos durante toda la vida: un reto para el siglo XXI", en S. Muñoz Machado et al., *Las estructuras del bienestar en Europa*, Cívitas, Madrid 2000.

Randall Collins, *La sociedad credencialista. Sociología histórica de la educación y de la estratificación*, Akal, Madrid 1995.

Sobre vivienda:

L. Cortés, *La cuestión residencial. Bases para una sociología del habitar*, Fundamentos, Madrid 1995

Sobre dependencia:

Luis Garrido, "La familia estatal", en L. Garrido y E. Gil Calvo, eds., *Estrategias familiares*, Alianza, Madrid 1994.

Hidalgo Lavié, A. (Coord) *Trabajo Social en el ámbito de la Ley de Dependencia* Edit Netbiblo, La Coruña 2010.

Gálvez Muñoz, L: *El derecho de voto de los discapacitados y otras personas vulnerables. Teoría, crítica y práctica*, Tirant lo Blanch, Valencia, 2009.

Gálvez Muñoz, L y Pedro A. Rubio Lara: "El régimen de votación de las personas especialmente vulnerables y sus garantías, en particular la penal", en *Anales de Derecho. Revista de la Facultad de Derecho de la Universidad de Murcia*, núm. 25, 2007, págs. 97-131.

Gálvez Muñoz, L "Sufragio y discapacidad. Notas sobre el régimen de votación de las personas discapacitadas", *Revista de Estudios Políticos*, núm. 142, 2008, págs. 201-230.

Gálvez Muñoz, L y Pedro A. Rubio Lara: "Normas, abusos y garantías en el voto de las personas especialmente vulnerables", *Cuadernos de Política Criminal*, núm. 94, 2008, págs. 159-195.

López Peláez, A., Segado Sánchez Cabezudo, S. (2010): "Liberalization policies or degradation policies? The spanish railway case", en Revista Internacional de Sociología (RIS), vol. 68, nº 3, pp. 757-773.

López Peláez, A., Díaz Martínez, J.A. (2007): "Science, Technology and De-
mocracy: perspectives about the complex relation between the scientific
community, the scientific journalist and public opinion", in Social Episte-
mology, vol. 21, nº 1,pp. 55-68.

López Peláez, A. (2007): "Ciudadanía, igualdad y servicios sociales: los límites del discurso neoliberal", Revista del Ministerio de Trabajo y Asuntos
Sociales, número extraordinario, pp. 251-272.

López Peláez, A. (2006): "Democracia, discapacidad y dependencia: ¿qué papel juega la noción de ciudadanía en las declaraciones y recomendaciones internacionales?", en Revista del Ministerio de Trabajo y Asuntos Sociales, nº 65, pp. 13-24.

7. Contenidos del Estado de bienestar (3): Redistribución de la renta, erradicación de la pobreza y reducción de la desigualdad.- Las políticas de asistencia social.

Lecturas:

Fernández García, T y Ponce de León Romero, L. (2011). Trabajo Social con
familias. Ediciones Académicas. Madrid

Fernández García, T. (2004) "Las Políticas sociales y de bienestar" en Temas
para el Debate, nº 121, Ed, Fundación Sistema. Pg, 72-76

Fernández García, T. (2001). Educación, Universidad y Estado del Bienestar, en
"Estado de Bienestar y Socialdemocracia: Ideas para el debate". Coor, Fernández
García, T y Marín Sánchez, M (2001). Alianza Editorial. Madrid. Pg 247-261

Fernández García, T y Ponce de León Romero, L. (2011). Trabajo Social con
familias. Ediciones Académicas. Madrid

J. F. Tezanos, "La libertad de los iguales", en Sistema, nº 173, marzo 2003.

J. F. Tezanos, ed., Tendencias en desigualdad y exclusión social, Ed.Sistema,
Madrid 1998, y Clase, estatus y poder en las sociedades emergentes, Ed.
Sistema, Madrid 2002.

F. J. Goerlich y A. Villar, Desigualdad y bienestar social, Fundación BBVA,
Bilbao 2009.

Harold L. Wilensky, The Welfare State and Equality, University of California
Press, Berkeley 1975.

8. La crisis del Estado del bienestar.- Crisis económica y globalización.- Críticas teóricas e ideológicas.

Lecturas:

Assar Lindbeck, *Perspectivas del Estado de Bienestar*, Fundación Carolina, Madrid 2008.

R. Mishra, *El Estado de bienestar en crisis*, Ministerio de Trabajo y Seguridad Social, Madrid 1992.

Hidalgo Lavié, A Finlandia, Cien años de libertad. Netbiblo-UNED. ISBN: 978-84-362-5886-8. La Coruña, 2009. 189 páginas.

Hidalgo Lavié, A Partido, elecciones, minorías. Finlandia: cien años de elecciones libres: 1907/2007". Sistema, n°212, 2009. pp.57-85

Hidalgo Lavié, A La Presidencia de la República de Finlandia. Revista Política y Sociedad, Universidad Complutense. n° 24. 1997. pp.45-59

Ignacio Sotelo, "La crisis del Estado social", en E. Bericat, coord., *El cambio social en España*, Centro de Estudios Andaluces, Sevilla 2006.

G. Rodríguez Cabrero, "Estado de Bienestar y sociedad de bienestar. Realidad e ideología", en G. Rodríguez Cabrero, comp., *Estado, privatización y bienestar*, Icaria, Madrid 1991.

C. Offe, *Contradicciones en el Estado del bienestar*, Alianza, Madrid 1990.

R. Muñoz del Bustillo, comp., *Crisis y futuro del Estado de Bienestar*, Alianza, Madrid 1995 (1ª ed. 1989).

V. Pérez Díaz y P. J. López Novo, *El Tercer Sector Social en España*, Ministerio de Trabajo y Asuntos Sociales, Madrid 2003.

I. de la Torre, *Tercer Sector y participación ciudadana en España*, Centro de Investigaciones Sociológicas, Madrid 2005.

9. El Estado de Bienestar en España: origen, evolución y situación actual.

Lecturas:

Economía, trabajo y sociedad. Memoria sobre la situación socioeconómica y laboral. España 2008, Consejo Económico y Social, Madrid 2009. Vid. sobre todo el Capítulo III.

Luis Moreno, ed., *Reformas de las políticas de bienestar en España*, Siglo XXI, Madrid 2009.

Gregorio Rodríguez Cabrero, "Estado de bienestar y políticas sociales en España (1977-2007)", en M. Jiménez de Parga y F. Vallespín, eds., *La Política* (vol.2 de *España Siglo XXI*), Biblioteca Nueva, Madrid 2008.

Álvaro Espina, *Modernización y Estado de Bienestar en España*, Siglo XXI, Madrid 2007.

Vicenç Navarro, coord., *El Estado de Bienestar en España*, Tecnos, Madrid 2004.

Vicenç Navarro, dir., *La situación social en España* (I), Biblioteca Nueva, Madrid 2005, y *La situación social en España* (II), Biblioteca Nueva, Madrid 2007.

M. D. de la Calle, "La política social I: de la beneficencia a la institucionalización de la reforma social", y J. I. Palacio, "La política social II: del Estado legislativo al administrativo: el alcance de la Política Social", ambos en A. Morales Moya, coord., *El Estado y los ciudadanos*, Ed. España Nuevo Milenio, Madrid 2001.

G. Rodríguez Cabrero, "Conflicto, gobernabilidad y política social", en S. Giner y S. Sarasa, eds., *Buen gobierno y política social*, Ariel, Barcelona 1997.

M. Sánchez de Dios, "Estudio comparado de *path dependence* del Estado de bienestar en los casos de USA, Suecia y España", en la *Revista de Estudios Políticos*, nº 124, abril-junio 2004.

Véanse los artículos de X. Bonal, A. Guillén y L. Cabiedes, J. Adelantado et al., y E. García y M. Tatjer sobre las políticas educativa, sanitaria, de protección social y de vivienda en R. Gallego, R. Gomá y J. Subirats, eds., *Estado de Bienestar y Comunidades Autónomas*, Tecnos, Madrid 2003.

C. Ochando, *El Estado del bienestar*, Ariel, Barcelona 1999: ver la tercera parte, "Un modelo de interpretación de la expansión del Estado de bienestar español".

J. L. García Delgado, dir., *Las cuentas de la economía social. El tercer sector en España*, Cívitas, Madrid 2004.

Javier Noya, *Ciudadanos ambivalentes. Actitudes ante la igualdad y el Estado de Bienestar en España*, Centro de Investigaciones Sociológicas, Madrid 2004.

José Adelantado, coord., *Cambios en el Estado del Bienestar. Políticas sociales y desigualdades en España*, Icaria, Barcelona 2000.

Alfonso Alba Ramírez, *Instituciones, igualdad de oportunidades y bienestar económico en España*, Fundación BBVA, Bilbao 2005.

Luis Gálvez Muñoz: Comentarios a los artículos 11 (nacionalidad), 12 (mayoría de edad), 13 (derechos de los extranjeros), 14 (principio de igualdad) 15 (derecho a la vida y a la integridad física) de la Constitución y a la Disposición Adicional Segunda (mayoría de edad en los derechos forales), en *El Portal de la Constitución*, página web del Congreso de los Diputados (http://www.congreso.es/). Edición original 2005. CL

Luis Gálvez Muñoz, "Ciudadanía y derechos", en Luis Gálvez Muñoz y José A. López Pellicer (coordinadores), *Derecho Autonómico de la Región de Murcia*, Editum, Murcia, 2008, capítulo III, págs. 73-100.

Luis Gálvez Muñoz: "Los permisos laborales para votar. El artículo 13.1 del Real Decreto 605/1999, de 16 de abril, de regulación complementaria de los procesos electorales", en Estudios sobre l*a Constitución española. Homenaje al profesor Jordi Solé Tura*, Cortes Generales, 2009, págs. 1203-1219.

Luis Gálvez Muñoz: "La cláusula general de igualdad", en *Anales de Derecho de la Facultad de Derecho de la Universidad de Murcia*, núm. 21, 2003, págs. 195-206.

Luis Gálvez Muñoz: "Trabajo y elecciones. El régimen jurídico de los permisos laborales para ejercer el derecho fundamental de sufragio", en *Revista Española de Derecho del Trabajo*, núm. 137, 2008, págs. 159-180.

Luis Gálvez Muñoz: "Opinión pública libre y régimen electoral", en *Sufragio. Revista Especializada en Derecho Electoral*, núm. 4, diciembre 2009-mayo 2010, págs. 36-41.

Luis Gálvez Muñoz y José Gabriel Ruiz González: "El régimen jurídico básico de las asociaciones de consumidores: delimitación y reflexiones sobre su constitucionalidad", *Revista General de Derecho Constitucional*, núm. 11, marzo 2011 (en www.iustel.com).

Luis Gálvez Muñoz y José Gabriel Ruiz González: "Constitución y régimen jurídico básico de las asociaciones de consumidores", *Cuadernos Constitucionales de la Cátedra Fadrique Furió Ceriol*, núm. 66, 2009.

10. El ámbito transnacional del bienestar: la Unión Europea como futuro marco de políticas de bienestar.

Lecturas:

Álvaro Espina, coord., *Estado de Bienestar y competitividad. La experiencia europea*, Siglo XXI, Madrid 2007.

Patrick Diamond et al., *Un modelo social para Europa*, Universidad de Valencia, Valencia 2008.

S. Muñoz Machado, J. F. Mestre y V. Alvarez, "La europeización de las garantías de los derechos y la universalización en Europa de algunas políticas de bienestar", en S. Muñoz Machado et al., *Las estructuras del bienestar en Europa*, Cívitas, Madrid 2000.

J. C. Monedero, "Consideraciones sobre el Estado social y democrático de Derecho en Europa", en E. Alvarado, coord., *Retos del Estado de Bienestar en España a finales de los noventa*, Tecnos, Madrid 1998.

R. Gallego, R. Gomá, J. Subirats (Edit) *Estado de Bienestar y Comunidades Autónomas*. Tecnos, Madrid 2003

N. McEwen y L. Moreno, eds., *The Territorial Politics of Welfare*, Routledge, Londres 2005.

P. Abrahamson, "¿Estado de Bienestar nacional o europeo?", y J-

P. Costa, "La Carta Social Europea revisada", en S. Muñoz Machado et al., *Las estructuras del bienestar en Europa*, Cívitas, Madrid 2000.

J. Subirats y R. Gomá, "Gobierno y política social: potencial y límites de la Unión Europea", en S.Giner y S.Sarasa, eds., *Buen gobierno y política social*, Ariel, Barcelona 1997.

R. Muñoz del Bustillo, ed., *El Estado de Bienestar en el cambio de siglo*, Alianza, Madrid 2000. Pueden verse los capítulos sobre los casos británico, alemán y holandés.

Mauricio Rojas, *Reinventar el Estado de Bienestar. La experiencia de Suecia*, FAES, Madrid 2008.

SELECCIÓN DE LECTURAS BÁSICAS SOBRE ESTADO DE BIENESTAR

1. TEXTOS CLÁSICOS

T. H. Marshall, *Ciudadanía y clase social*, con un estudio previo de Bottomore, en Alianza, Madrid 1998. Otra traducción en el nº 79 de la *Revista Española de Investigaciones Sociológicas*, de 1997, con presentación de F. J. Noya.

I. Gough, *Economía política del Estado de bienestar*, Blume, Madrid 1982.

R. Mishra, *El Estado de bienestar en crisis*, Ministerio de Trabajo y Seguridad Social, Madrid 1992.

C. Offe, *Contradicciones en el Estado del bienestar*, Alianza, Madrid 1990.

2. VISIONES DE CONJUNTO

M. Navarro López, "Protección Social", en S.del Campo y J. F. Tezanos,eds., *La Sociedad* (vol. 1 de *España Siglo XXI*), Biblioteca Nueva, Madrid 2008.

R. Montoro, "El Estado de Bienestar moderno", en S.Muñoz Machado et al., *Las estructuras del bienestar en Europa*, Civitas, Madrid 2000.

G. Esping-Andersen, *Los tres mundos del Estado de bienestar*, Ed. Alfonso el Magnánimo, Valencia 1993.

J. Picó, *Teorías sobre el Estado del Bienestar*, Siglo XXI, Madrid 1987.

G. Rodríguez Cabrero, "Estado de Bienestar y sociedad de bienestar. Realidad e ideología", en G.Rodríguez Cabrero, comp., *Estado, privatización y bienestar*, Icaria, Madrid 1991.

3. ESPAÑA Y EUROPA

Luis Moreno, ed., *Reformas de las políticas de bienestar en España*, Siglo XXI, Madrid 2009.

G. Rodríguez Cabrero, *El Estado del bienestar en España: debates, desarrollo y retos*, Fundamentos, Madrid 2004.

P. Abrahamson, "¿Estado de Bienestar nacional o europeo?", en S. Muñoz Machado et al., *Las estructuras del bienestar en Europa*, Civitas, Madrid 2000.

A. Espina, coord., *Estado de Bienestar y competitividad. La experiencia europea*, Siglo XXI, Madrid 2007.

El sistema educativo | 2

ESQUEMA

Se identifican las dimensiones constitutivas del Sistema Educativo considerado como un pilar básico del Estado del Bienestar. El análisis aborda la cuestión desde tres perspectivas congruentes e interrelacionadas, la internacional, la europea y la española.

Se aborda el análisis de los componentes y funcionamiento del sistema, los principios de la política que lo originan e inciden en su evolución histórica, poniendo énfasis en la distribución de competencias al amparo de la Constitución de 1978, en el entramado institucional y administrativo que lo articula.

El capítulo concluye con un análisis del Sistema Educativo en relación a su contribución a la sostenibilidad del modelo social europeo y del Estado del Bienestar en el siglo XXI, y al proceso de reforma y de adaptación a las transformaciones impuestas por las realidades sociales, sobre todo las consecuencias sociales derivadas de la demografía y las nuevas tecnologías.

2.1. INTRODUCCIÓN

2.1.1. Objetivos generales y específicos. Palabras Clave. Ideas básicas

Objetivos generales y específicos

Se pretende que el alumno lea, sintetice y comprenda críticamente las dimensiones constitutivas y el funcionamiento del Sistema Educativo y sus reformas de adaptación a las exigencias sociales presentes y futuras.

Que conozca y distinga conceptos, marcos teóricos y modelos.

Que elabore e introduzca, en sus trabajos, análisis y razonamientos prospectivos de carácter global sobre los contextos de la educación, la diversidad de factores influyentes en el sistema educativo y sus implicaciones para la intervención profesional.

En concreto, se invita a analizar, con carácter crítico, las relaciones y la influencia mutuas entre el sistema educativo y la realidad social dinámica y cambiante de pertenencia, con la finalidad de prevenir y entender los procesos sociales emergentes así como las posibles soluciones, preventivas o paliativas, ante los mismos. Para ello es preciso entender la complejidad del sistema educativo como instrumento que incide en la capacidad de inclusión socioeconómica de una sociedad.

En definitiva, se aspira a que se analicen, de manera crítica, los orígenes y evolución del sistema educativo como pilar del Estado de Bienestar, así como sus perspectivas futuras.

Palabras Clave

Educación, Formación Profesional, política educativa, derechos sociales, Estado del Bienestar, Oficina Regional de Educación de UNESCO, UNICEF, Programa de aprendizaje permanente 2007-2013, *Programas sectoriales*, Constitución de 1978, *Ley Orgánica 2/2006, de 3 de mayo, de Educación*

Ideas básicas

Podemos definir el Sistema Educativo como un subsistema social, integrado, junto con otros subsistemas tales como el familiar, el sanitario, de ocio y consumo, en el sistema social general.

La función socializadora desempeñada por el Sistema Educativo consiste en que el proceso de enseñanza y aprendizaje sea significativo y efectivo, al transmitir el conjunto de conocimientos y valores cuya asimilación fortalece la vida democrática en sus manifestaciones cotidianas.

La consolidación del Estado Moderno corre paralela a la concentración del poder en la figura del monarca, al establecimiento de un aparato administrativo jerárquico y centralizado.

El ideario ilustrado propugnaba la educación estatal. Diderot o Rousseau defendieron la idea de una educación concebida en función de las necesidades de la sociedad y no de los intereses de la iglesia.

La ilustración manifiesta la aspiración del hombre a gobernarse a sí mismo. La Revolución Francesa implicó una intervención expansiva del Estado en la educación.

La internacionalización de la protección de la educación se impulsó con la "Declaración Universal de los Derechos Humanos" de París de 1948.

La política educativa derivada del Estado del Bienestar supuso, a partir de la segunda mitad del siglo XX, una ampliación de sus poderes en el campo educativo.

En España, la política educativa y el sistema educativo están concebidos conforme a los principios y valores que inspiran la Constitución española de 1978.

El Sistema Educativo cumple una función socializadora, creadora y constructora de ciudadanos. Los principios y valores, que expresan los artículos 14 y 27 de la Constitución, no podrían traducirse a la realidad social sin el concurso de una política educativa integradora, cuyo objetivo es garantizar la vigencia de una ciudadanía activa y democrática en sus manifestaciones cotidianas.

El marco competencial del Estado y de las Comunidades Autónomas se precisan en la LOE. La norma establece los mecanismos de coordinación y cooperación entre las administraciones educativas a fin de concretar y consensuar las políticas educativas y establecer los criterios y objetivos comunes.

El modelo descentralizado de administración del sistema educativo español distribuye las competencias entre el Estado, las Comunidades Autónomas, las Administraciones Locales y los centros docentes, con sus respectivas asociaciones.

2.2. TRANSFORMACIÓN HISTÓRICA DE LA EDUCACIÓN PÚBLICA

La persistencia del modelo educativo medieval durante el Renacimiento y el Estado Moderno

En el periodo histórico conocido como Renacimiento (siglos XVI, XVII), se inicia el proceso de formación del Estado Moderno orientado a la búsqueda de una independencia del poder del papado y de los poderes políticos estamentales de la edad media. Paulatinamente, la nueva forma estatal se impone en el escenario europeo como una unidad de organización política estable.

La consolidación del Estado Moderno corre paralela a la concentración del poder en la figura del monarca, al establecimiento de un aparato administrativo jerárquico y centralizado, a la creación de la hacienda pública y a la reconversión del ejército medieval en un ejército permanente y remunerado.

El Estado Moderno asume la herencia de la educación en su concepción medieval, por tanto, como un casi monopolio de la iglesia. La educación elemental es impartida por las organizaciones religiosas y el papel del estado se limita a regulaciones muy generales.

El monopolio de la iglesia en la educación puede presentarse como una tendencia política general que se materializa de forma diferente en cada una de las monarquías europeas. Los modos de intervención del Estado Moderno en la esfera educativa tuvieron rasgos singulares y diferenciadores en cada país.

En el caso de Suecia, el Estado y la Iglesia Reformada (Reforma Protestante) adoptan un modelo de cooperación. El Estado sueco desempeña un papel activo centrado exclusivamente en la lectura y no en la escritura. El objetivo político compartido era dotar a la población de la capacidad de lectura para acceder a la Biblia.

En los Países Bajos coexisten católicos y protestantes y la intervención estatal se orienta a la prevención y minimización conflictos confesionales.

En el siglo XVIII la intervención estatal en la educación se torna más decidida, coincidiendo con las necesidades impuestas por la transformación de las monarquías autoritarias en monarquías absolutas.

Las luces de la ilustración

Las luces de la ilustración aspiran a lograr una racionalidad moralizante del Estado que cuestiona su naturaleza divina. En la concepción ilustrada del poder, los derechos del hombre son naturales, inalienables, y anteriores al mismo nacimiento del propio Estado.

El ideario ilustrado propugnaba la educación estatal. Diderot o Rousseau defendieron la idea de una educación concebida en función de las necesidades de la sociedad y no de los intereses de la iglesia.

Los valores ilustrados entendidos como libertad de imprenta, libertad de conciencia, libertad de culto, libertad de expresión constituyen la esencia del futuro Estado Liberal y exigían una intervención educativa proclive a su propagación.

La ilustración manifiesta la aspiración del hombre a gobernarse a sí mismo. El súbdito aspira a convertirse en ciudadano, pieza clave del estado liberal y del régimen representativo, y cuya mejor expresión es el derecho al sufragio.

Las consecuencias de la Revolución Francesa en el cambio de modelo educativo

La Revolución Francesa implicó una intervención expansiva del Estado en la educación. La materialización política de la ilustración debía suponer el declive de la hegemonía eclesiástica en la esfera educativa, y la implantación paulatina de una política educativa secularizada y estatal. Sin embargo, el proceso de secularización de la educación fue paulatino hasta bien entrado el siglo XX, y las inercias del debate y las controversias sobre la intervención de las instituciones religiosas en la educación persisten hasta la actualidad, como sugiere el caso de España en el siglo XXI.

La Constitución francesa de 1791, contiene el ideario revolucionario en lo relativo a la educación:

- *"una instrucción pública, común a todos los ciudadanos, gratuita respecto de aquellas partes indispensables para todos los hombres".*

La educación como sustento del Estado liberal y del nacionalismo

El Estado liberal del siglo XIX y buena parte del XX hizo suyo el principio de la educación como factor de integración política y de control social. La educación pasó a convertirse en un foco de conflictos entre quienes la concebían como un poderoso instrumento de control social y aquellos que la consideraban como un factor de emancipación y de cambio social.

En Europa durante el siglo XIX se crearon sistemas educativos nacionales que cumplieron importantes funciones políticas. En Francia, el sistema educativo fue un poderoso factor de consolidación nacional mediante la extensión de la lengua nacional.

En Alemania e Italia la educación se convirtió en un soporte de la unificación política nacional.

El Sistema Educativo se convirtió en una canal de transmisión de los valores de la burguesía liberal coherente con sus intereses. El desplazamiento del monopolio educativo eclesiástico por el Estado Liberal fue un proceso dilatado. La educación no se constituyó en sentido estricto como un derecho del individuo sino como una atribución del estado.

El sufragio censitario que impedía a las masas sin bienes ni instrucción poder votar, no es un factor político inocente y ajeno a la incapacidad material del Estado Liberal para universalizar la enseñanza elemental.

La paradoja radica en que la predicación ideológica abstencionista liberal se tradujo materialmente en un Sistema Educativo estatal que pretendió fallidamente garantizar el acceso a la enseñanza elemental, sin conexión ni relación con el resto de los niveles de la educación.

La traducción material de las contradicciones del liberalismo tuvo, como consecuencia social, qué sólo pequeñas proporciones de población pudieron transitar por los niveles de la enseñanza secundaria y universitaria.

Las revoluciones industriales y los movimientos obreros

En el mismo periodo histórico, las dos revoluciones industriales consecutivas impusieron al Sistema Educativo la necesidad de responder a las demandas de los conocimientos exigidos por los nuevos sistemas productivo y económico. Paralelamente al desarrollo industrial, nace y se desarrollan los movimientos obreros y el ideario socialista, que vieron en la educación una vía de emancipación del proletariado industrial y del campesinado, a la vez que una herramienta de construcción de la conciencia de clase.

Las demandas de inclusión social y económica de las clases desfavorecidas situaron a los derechos sociales en el centro de los escenarios políticos europeos. La problemática de la exclusión social se manifestó en el contexto de grandes convulsiones políticas y conflictos bélicos de alcance mundial y con un poder de destrucción masiva sin precedentes.

La fractura educativa fue una dimensión principal del fenómeno de exclusión social en Europa durante el siglo XX, al tiempo que la política educativa siguió siendo concebida como un instrumento de control social del estado.

Las mutaciones ideológicas padecidas por las políticas educativas se correlacionan con las consecuencias de la Gran Guerra de 1914; de la Revolución rusa de 1917; de la II República española, la posterior Guerra Civil y la toma del poder del Régimen Franquista; Los regímenes nazi de Alemania y fascista de Italia; la política de apaciguamiento británica y francesa; la Segunda Guerra Mundial; y el posterior enfrentamiento bipolar entre el URSS y los Estados Unidos.

En este periodo las políticas educativas refuerzan su posición como instrumento de adoctrinamiento, propaganda y de dominación ideológica de los individuos.

El análisis realizado por Norberto Bobbio nos induce a concluir que la evolución de la política educativa fue una variable dependiente de los procesos históricos políticos generales:

- *"....en el régimen político anterior al Renacimiento los hombres sólo tenían deberes, no derechos. En el Estado Absoluto los individuos seguían teniendo deberes pero en todos los países europeos el derecho a la propiedad se constituyó como un derecho privado que defendía al individuo de las arbitrariedades del poder del rey. En el Estado Liberal o Estado de Derecho el individuo tenía frente al Leviatán no sólo derechos privados como la propiedad, sino también derechos públicos: el Estado Liberal es el Estado de los ciudadanos, poseedores de derechos políticos y de derechos de libertad. Finalmente, en el Estado de Bienestar o Estado Social de Derecho el hombre ve reconocidos sus derechos sociales, culminado así un largo proceso de autonomía y de emancipación".*

Educación y Estado del Bienestar

El Estado de Bienestar asume el diseño de un Sistema Educativo basado en el derecho a la educación, concebido como un derecho a la prestación educativa, dotada de financiación pública suficiente para producir una transformación socialmente inclusiva.

La política educativa derivada del Estado del Bienestar supuso una ampliación de sus poderes en el campo educativo. El individuo se convierte en un ciudadano protegido por derechos fundamentales en su vertiente material, y dispone de la posibilidad objetiva de acceder y transitar por todos los niveles educativos, una opción que hasta entonces sólo estaba al alcance de los segmentos de población minoritarios con poder adquisitivo.

Los derechos sociales, por tanto, el derecho a la educación, constituyen una nueva cognición política del hombre que descarta la obsoleta visión de la persona como un ente abstracto. La política educativa del Estado del Bienestar tiene como principio y fin ineludibles al ser humano, según su especificidad y su posición material objetiva dentro de su realidad social de referencia.

La educación considerada como pilar del bienestar pasó a ser una realidad social extendida, normalizada y arraigada. Los condicionamientos socioeconómicos considerados como un obstáculo al acceso y transito por todos los niveles educativos dejaron de ser, o aminoraron su capacidad de incidencia social excluyente.

Las prestaciones sociales, incluyendo las prestaciones educativas, modulan su capacidad material conforme a las situaciones objetivas en las que el ciudadano se encuentra. El derecho a la educación concebido como una prestación pública de bienestar se tradujo en la expansión definitiva de la educación elemental, del acceso generalizado a la enseñanza secundaria y a la enseñanza universitaria o superior.

En las últimas décadas del siglo XX y en los inicios del Siglo XXI, la política educativa del Estado del Bienestar se enfrenta a nuevas necesidades sociales y dificultades, tales como la masificación en todos los niveles educativos, el incremento del gasto público, la diversidad cultural y lingüística en las aulas, la demanda de capital humano dotado de habilidades y competencias acordes al cambio tecnológico y a un mercado de trabajo que trascienden las fronteras nacionales para convertirse en globales.

En el Estado del Bienestar el derecho a la educación tiene un significado democratizador vinculado a las relaciones sociales, económicas y culturales.

2.3. LA PROTECCIÓN INTERNACIONAL DE LA EDUCACIÓN

La internacionalización de la protección de la educación se impulsó con la Declaración Universal de los Derechos Humanos de París de 1948, cuyo artículo 26 proclamó el derecho de toda persona a la educación, y las Naciones Unidas a través del Pacto internacional de los derechos económicos, sociales y culturales.

El Pacto Internacional de Derechos Económicos, Sociales y Culturales de 1966, en su artículo 13 estableció en el ámbito educativo:

- *El reconocimiento del derecho de toda persona a la educación.*
- *Los fines de la educación se orientan al pleno desarrollo de la personalidad humana y al fortalecimiento y respeto de los derechos humanos y libertades fundamentales.*
- *La enseñanza primaria es reconocida como un nivel obligatorio asequible a todos los hombres gratuitamente.*
- *La enseñanza secundaria, en sus diferentes formas, incluso la enseñanza secundaria técnica, debe ser generalizada y hacerse accesible a todos, por cuantos medios sean apropiados, y, en particular, por la implantación progresiva de la enseñanza gratuita.*
- *La enseñanza superior debe hacerse igualmente accesible a todos, sobre la base de la capacidad de cada uno, por cuantos medios sean apropiados, y en particular por la implantación progresiva de la enseñanza gratuita.*
- *Se reconoce la libertad de los padres de escoger para sus hijos escuelas distintas de las creadas por las autoridades públicas, así como el derecho*

que les asiste para que sus hijos reciban la educación religiosa o moral que esté de acuerdo con sus propias convicciones.
- *Se reconoce la libertad de los particulares y entidades para establecer y dirigir instituciones de enseñanza, a condición de que respeten los fines de la educación señalados en el pacto y de que se ajusten a las normas mínimas que prescriba el Estado."*

LA UNESCO

La UNESCO es el organismo rector del ámbito educativo dentro del Sistema de la Naciones Unidas (ONU) y desempeña las siguientes funciones:

- Realiza estudios prospectivos relativos a las formas de educación, ciencia, cultura y comunicación.
- Propicia la transferencia y el intercambio de los conocimientos basados primordialmente en la investigación, la capacitación y la enseñanza.
- Desarrolla una actividad normativa, tal como la preparación y aprobación de instrumentos internacionales y recomendaciones estatutarias.
- Promueve la difusión de conocimientos especializados, transmitidos por medio de mecanismos de cooperación técnica, dirigidos a los Estados Miembros, con la finalidad de que puedan elaborar y ejecutar sus proyectos y políticas de desarrollo.
- Impulsa el intercambio de información especializada.

2.4. LA PROTECCIÓN IBEROAMERICANA DE LA EDUCACIÓN

La correlación entre desarrollo y educación es un eje central en las agendas de los gobiernos, alrededor del cual se han articulado las políticas y los mecanismos de cooperación establecidos y que se están llevando a cabo con diversos grados de efectividad. Todos los eventos iberoamericanos relacionados con la esfera educativa apuntan en esta dirección.

La Declaración de Guadalajara

La Primera Cumbre de Guadalajara de 1991, concluyó con una Declaración que asumió las estrategias internacionales de Naciones Unidas para el desarrollo y manifestó la voluntad de proporcionar, a los pueblos de los países iberoamericanos, el acceso general a unos servicios mínimos en las áreas de salud, nutrición, vivienda, educación y seguridad social, con el fin de contribuir al fortalecimiento de la democracia en la región.

La Declaración de Salvador de Bahía

La Declaración de Salvador de Bahía, al finalizar la Cumbre de Brasil, dedicada monográficamente al desarrollo, comenzó rechazando la existencia de estrategias de desarrollo uniformes o universales, para apostar por estrategias capaces de reconocer la herencia cultural y las fuerzas dinámicas de cada sociedad.

En la Cumbre de Brasil se autorizó a crear un grupo de trabajo destinado a armonizar los sistemas educativos iberoamericanos, y la Declaración de Salvador de Bahía asumió el objetivo político de fijar la finalidad del desarrollo.

Para la materialización de este fin se consideró que la intervención estatal se debía dirigir a:

- La inversión en recursos humanos.
- La participación de todos los agentes sociales.
- La promoción de las tecnologías más adecuadas para potenciar el desarrollo económico y social.
- La estructuración del gasto social en función de las necesidades básicas en salud, educación y seguridad social, especialmente en relación con los grupos más vulnerables.

La Declaración de Cartagena de Indias

La Comunidad Iberoamericana reforzó las conclusiones de la Cumbre de Brasil, en la Declaración de Cartagena de Indias, documento que destacó el papel de la educación, tanto en los términos consagrados al progreso científico y tecnológico, como en los aspectos relativos a la integración y al desarrollo:

- Apostar por las ventajas competitivas, apoyadas en los recursos humanos, y el compromiso con estrategias de organización y financiación de la investigación y el desarrollo tecnológico, frente a las comparativas, derivadas de la existencia de recursos naturales.
- Impulsar la articulación de una comunidad científica iberoamericana, tanto en la formación como en la movilidad de los recursos humanos.
- Formar al ser humano desde la infancia, como sujeto central del desarrollo, para potenciar sus capacidades creativas y para permitirle llevar una vida profesional eficiente.

La CEPAL y la Oficina Regional de Educación de UNESCO

La Comisión Económica para América Latina (CEPAL), en su propuesta para la década de los noventa, sostuvo como idea central que la incorporación y difusión deliberada y sistemática del progreso técnico constituye el pivote de la transformación productiva y de su compatibilización con la democratización política y con una creciente equidad social.

La estrategia propuesta por la CEPAL y la Oficina Regional de Educación de UNESCO para América Latina y el Caribe (OREALC), se articuló en torno a dos objetivos centrales:

• La formación de la moderna ciudadanía
• La mejora de la competitividad internacional de los países de la región.

La materialización de la estrategia contempló políticas capaces de responder a dos tipos de criterios:

• Equidad, relacionado con la igualdad de oportunidades, la compensación de las diferencias, el desarrollo equilibrado y la cohesión del grupo social en su conjunto.
• Desempeño, que se dirige hacia el logro de la eficacia por el conjunto del país, mediante el cumplimiento de las metas establecidas y la asignación de los recursos y medios necesarios para hacerlo.

2.5. LA PROTECCIÓN DE LA UNIÓN EUROPEA A LA EDUCACIÓN

En la Unión Europea las políticas y los sistemas educativos se enfrentan a la prioridad de poder dar respuesta a los cambios sociales, culturales, económicos, y tecnológicos que se están produciendo a un ritmo histórico y a una escala geográfica sin precedentes en la historia de la humanidad.

La acción, en el ámbito de la educación de la UE, asume en su acervo original y derivado (Los tratados y demás actos normativos que integran el Derecho Comunitario), los valores simbolizados por la Declaración Universal de los Derechos Humanos de París, el Pacto internacional de los derechos económicos, sociales y culturales, y la dilatada trayectoria de la UNESCO.

La Unión Europea despliega un abanico amplio de iniciativas propias en el campo de educación, tales como la financiación de numerosos programas dirigidos a dar respuesta a las demandas de la sociedad del conocimiento.

La aplicación de la cooperación educativa y formativa europea se basa en el método abierto de coordinación y en el desarrollo de sinergias entre los distintos sectores implicados.

Algunas de las iniciativas y acciones de la cooperación europea en educación y formación son:

- Educación y Formación 2020 (ET 2020).
- Fijar la política de educación y de formación en la dirección del aprendizaje permanente.
- Reforzar los vínculos entre las políticas de innovación, de investigación y de empleo.
- Reforzar el vínculo entre las *directrices de Lisboa* y el programa de trabajo Educación y Formación 2010.
- Supervisar e informar de la evolución de las políticas nacionales.

Educación y Formación 2020 (ET 2020)

Educación y Formación 2020 (ET 2020) constituye el marco estratégico para la cooperación europea en el ámbito de la educación y la formación basado en su antecesor, el programa de trabajo Educación y Formación 2010 (ET 2010).

El marco estratégico Educación y Formación 2020 (ET 2020) se caracteriza por:

- Mantener el objetivo de apoyar el desarrollo de los sistemas de educación y formación en los Estados miembros.
- Abarcar la totalidad de los sistemas de educación y de formación dentro de la concepción del aprendizaje permanente.

Educación y Formación 2020 (ET 2020) fija cuatro *objetivos:*

- Desarrollar los marcos de cualificaciones nacionales vinculados al Marco Europeo de Cualificaciones.
- Mejorar la calidad y la eficacia de la educación y la formación a través de un procesos de enseñanza y aprendizaje de competencias clave.
- Promover la equidad, la cohesión social y la participación ciudadana.
- Incrementar la creatividad y la innovación, incluido el espíritu empresarial, en todos los niveles de la educación y la formación.

El Programa de aprendizaje permanente 2007-2013

El Programa de aprendizaje permanente 2007-2013 apoya y complementa la acción de los Estados Miembros de la UE. El *objetivo* del programa es desarrollar y reforzar los intercambios, la cooperación y la movilidad, para que los sistemas de educación y formación se conviertan en una referencia de calidad mundial, con arreglo a la estrategia de Lisboa.

La aplicación del programa es coherente y complementaria respecto al programa de trabajo *Educación y formación 2010*, las *directrices integradas para el empleo* en el marco de la asociación para el crecimiento y el empleo, y otras políticas, como las de cultura, juventud o empresa

El Programa de aprendizaje permanente 2007-2013 persigue objetivos específicos relativos al aprendizaje permanente en la Unión Europea (UE) entre los cuales destacamos:

- Contribuir al desarrollo de una educación y una formación de calidad y promover unos elevados niveles de calidad, la innovación y la dimensión europea en los sistemas y las prácticas vigentes;
- Apoyar la realización de un *espacio europeo del aprendizaje permanente.*
- Ayudar a mejorar la calidad, el atractivo y la accesibilidad de las oportunidades de educación y formación.
- Reforzar su contribución a la cohesión social, la ciudadanía activa, el diálogo intercultural, la igualdad entre hombres y mujeres y la realización personal.
- Ayudar a promover la creatividad, la competitividad, la empleabilidad y el crecimiento del espíritu empresarial.
- Favorecer una mayor participación de personas de todas las edades, incluidas las que tienen necesidades especiales y las pertenecientes a grupos desfavorecidos.
- Promover el aprendizaje de las lenguas y la diversidad lingüística.
- Apoyar el desarrollo de los medios que ofrecen las tecnologías de la información y la comunicación (TIC).
- Reforzar su papel para crear un sentimiento de ciudadanía europea, basado en el respeto de los valores europeos, así como la tolerancia y el respeto hacia los pueblos y las culturas.
- Promover la cooperación en materia de garantía de la calidad en todos los sectores de la educación y la formación.
- Contribuir a la calidad estimulando el mejor aprovechamiento de los resultados, productos y procesos innovadores, así como intercambiar buenas prácticas.

2.6. LA PROTECCIÓN A LA EDUCACIÓN EN ESPAÑA

La educación y la Constitución

La política educativa está concebida conforme a los principios y valores que inspiran la Constitución española de 1978. Los Capítulos II y III, dedicados respectivamente a los Derechos y Libertades, y a los Principios Rectores de la Política Social Y Económica establecen los preceptos normativos que revelan que la educación es un pilar fundamental del Estado Social de Derecho o Estado del Bienestar.

Sistema Educativo

Definición

Podemos definir el Sistema Educativo como un subsistema social, integrado, junto con otros subsistemas tales como el familiar, ocio y consumo, en el sistema social general.

La función socializadora desempeñada por el sistema educativo consiste en que el proceso de enseñanza y aprendizaje sea significativo y efectivo, al transmitir el conjunto de conocimientos y valores cuya asimilación fortalece la vida democrática en sus manifestaciones cotidianas.

La sociedad democrática exige una ciudadanía crítica, reflexiva y participativa. El sistema educativo del Estado del Bienestar tiene asignado el objetivo de hacer factible el principio constitucional de la igualdad de oportunidades, ello comporta la oportunidad objetiva de movilidad ascendente dentro de la estructura social de pertenencia del ciudadano. En este contexto interpretativo el sistema educativo es un factor proclive al cambio social inclusivo.

Principios y fines del Sistema Educativo Español

La Ley Orgánica de Educación (LOE), de 2006, regula la estructura y organización del sistema educativo en sus niveles no universitarios. En ella se reiteran los principios y derechos reconocidos en la Constitución. La norma insiste en el carácter inclusivo de la educación, en igualdad de trato y en la no discriminación de las personas bajo, ninguna circunstancia.

La educación como Servicio Público

La LOE reafirma el carácter de servicio público de la educación, considerando la educación como un servicio esencial de la comunidad, que debe hacer que la educación escolar sea asequible a todos, sin distinción de ninguna clase, en condiciones de igualdad de oportunidades, con garantía de regularidad, continuidad y adaptada progresivamente a los cambios sociales.

El servicio público de la educación puede ser prestado por los poderes públicos y por la iniciativa social.

Objetivos del Sistema Educativo

Los principales objetivos del Sistema Educativo son:

- Mejorar la educación y los resultados escolares.
- Conseguir el éxito de todos en la educación obligatoria.
- Aumentar la escolarización en infantil, en bachillerato y en ciclos formativos.
- Aumentar las titulaciones en bachillerato y en formación profesional.
- Educar para la ciudadanía democrática.
- Fomentar el aprendizaje a lo largo de la vida.
- Reforzar la equidad del sistema educativo y converger con los países de la UE.

Principios fundamentales la inclusión educativa

La comunidad educativa colabora en el Estado del Bienestar para ofrecer una educación de calidad y garantizar la igualdad de oportunidades, participando en un proceso de enseñanza y aprendizaje permanente. La inclusión educativa se guía por los siguientes principios fundamentales:

- La escuela debe educar en el respeto de los Derechos Humanos y, para hacerlo, organizarse y funcionar de acuerdo con los valores y principios democráticos.
- Todos los miembros de la comunidad colaboran para facilitar el crecimiento y desarrollo personal y profesional individual, a la vez que el desarrollo y la cohesión entre los iguales y con los otros miembros de la comunidad.
- La diversidad de las personas que componen la comunidad educativa se considera un hecho valioso que contribuye a enriquecer a todo el grupo y favorecer la interdependencia y la cohesión social.
- Se busca la equidad y la excelencia para todos los alumnos y se reconoce su derecho a compartir un entorno educativo común en el que cada persona sea valorada por igual.

- La atención educativa va dirigida a la mejora del aprendizaje de todo el alumnado, por lo que ha de estar adaptada a las características individuales.
- La necesidad educativa se produce cuando la oferta educativa no satisface las necesidades individuales. Consecuentemente, la inclusión implica identificar y minimizar las dificultades de aprendizaje y participación y maximizar los recursos de atención educativa en ambos procesos.

La Ley Orgánica de Educación, con el fin de hacer efectivo el principio de igualdad en el ejercicio del derecho a la educación, establece que las Administraciones públicas desarrollarán acciones de carácter compensatorio en relación con las personas, grupos y ámbitos territoriales que se encuentren en situaciones desfavorables y proveerán los recursos y apoyos precisos para ello.

Las acciones del Ministerio de Educación

Aunque cada administración autonómica adopta las medidas que considera necesarias en la intervención educativa compensatoria, el Ministerio de Educación realiza acciones reforzadoras tales como:

- Subvenciones de ámbito estatal a entidades privadas sin fines de lucro.
- Subvenciones del ámbito del Ministerio de Educación, en Ceuta y Melilla, a entidades privadas sin fines de lucro.
- Premios a centros docentes sostenidos con fondos públicos.
- Programas.
- El desarrollo de las capacidades de los beneficiarios
- Organización del Sistema Educativo

Desde la aprobación de la Constitución Española de 1978, el sistema educativo español ha experimentado un proceso de transformación por el que, paulatinamente, la Administración del Estado ha transferido funciones, servicios y recursos a las diferentes Comunidades Autónomas.

En el periodo comprendido entre el 1 de enero de 1981, fecha en que Cataluña y el País Vasco recibieron los medios y recursos para ejercer sus competencias en educación, hasta el 1 de enero de 2000, en que lo hicieron Asturias, Castilla-La Mancha, Castilla y León, Extremadura y Murcia, todas las Comunidades han asumido las funciones, servicios y recursos tanto en materia de educación no universitaria como universitaria.

El modelo descentralizado de administración del sistema educativo español distribuye las competencias entre el Estado, las Comunidades Autónomas, las Administraciones Locales y los centros docentes.

El Estado tiene reservado el ejercicio en exclusiva de las competencias que velan por la homogeneidad y la unidad sustancial del sistema educativo y que garantizan las condiciones de igualdad básica de todos los españoles en el ejercicio de sus derechos educativos fundamentales, determinados por la Constitución.

Las competencias estatales son, en su mayor parte, competencias normativas para la regulación de los elementos o aspectos básicos del sistema, aunque también cuenta con otras de carácter ejecutivo.

Las Comunidades Autónomas ejercen competencias normativas de desarrollo de las normas estatales y de regulación de los elementos o aspectos no básicos del sistema educativo, así como las competencias ejecutivo-administrativas de gestión del sistema en su propio territorio, con la excepción de las que están reservadas al Estado.

Los cometidos que la legislación encomienda a las corporaciones locales no les confieren la condición de administración educativa, pero reconocen su capacidad para cooperar con las administraciones estatal y autonómica en el desarrollo de la política educativa.

En cada Comunidad Autónoma, la administración estatal cuenta con un órgano con capacidad ejecutiva para llevar a cabo las competencias educativas exclusivamente estatales, se trata de la Alta Inspección.

El Ministerio actúa como Administración Educativa en las ciudades autónomas de Ceuta y Melilla. Cada Comunidad Autónoma ha configurado su propio modelo de Administración Educativa, en unos casos como Consejería y en otros como Departamento, en respuesta a las funciones que han asumido y según los servicios que han recibido sus respectivos estatutos.

Estructura del Sistema Educativo

La Ley Orgánica de Educación (LOE) establece la estructura básica del sistema educativo español, organizándolo a través de etapas, ciclos, grados, cursos y niveles de enseñanzas no universitarias.

Según la LOE las enseñanzas que ofrece el sistema educativo son: educación infantil, educación primaria, educación secundaria que comprende la educación secundaria obligatoria y la educación secundaria postobligatoria, el bachillerato, la formación profesional de grado medio, las enseñanzas profesionales de artes plásticas y diseño de grado medio y las enseñanzas deportivas de grado medio.

La enseñanza universitaria, las enseñanzas artísticas superiores, la formación profesional de grado superior, las enseñanzas profesionales de artes plásticas y diseño de grado superior y las enseñanzas deportivas de grado superior constituyen la educación superior.

Las enseñanzas de idiomas, las enseñanzas artísticas y las deportivas tienen la consideración de enseñanzas de régimen especial.

La Ley prevé que las enseñanzas del sistema educativo de los niveles no universitarios se adapten al alumnado con necesidad específica de apoyo educativo, de tal manera que se garantice el acceso, la permanencia y la progresión de este alumnado en el sistema educativo.

2.7. LA PARTICIPACIÓN ESPAÑOLA EN LA COOPERACIÓN EDUCATIVA INTERNACIONAL

El Ministerio de Educación a partir del apoyo realizado hasta ahora en los Programas de Alfabetización y Educación Básica de Jóvenes y Adultos en Iberoamérica (PAEBA), en colaboración con la Agencia Española de Cooperación Internacional para el Desarrollo (AECID) y otros organismos internacionales, desarrolla una línea de trabajo cuyo objetivo es apoyar proyectos educativos para el desarrollo.

Sectores prioritarios

Alfabetización y educación básica de jóvenes y adultos
Capacitación laboral y formación técnico profesional
Tecnologías de la Información y la Comunicación Educativa (TIC)

2.8. LECTURAS, ACTIVIDADES, GLOSARIO, BIBLIOGRAFÍA

LECTURAS RECOMENDADAS

Informe OCDE 2009 sobre la educación en España.

ACTIVIDADES, EJERCICIOS

- Trabajo optativo sobre el Programa de aprendizaje permanente 2007-2013 y los documentos Europass (Unión Europea).

- Trabajo optativo sobre la CEPAL y la Oficina Regional de Educación de UNESCO. (América Latina).
- Trabajo optativo sobre Alumnado con necesidades específicas de apoyo educativo y el desarrollo de las capacidades de los beneficiarios. (España)

GLOSARIO

GINER S. LAMO E. TORRES C. "Diccionario de Sociología". Alianza 2006

BIBLIOGRAFÍA OBLIGATORIA

IZQUIERDO J, TORRES R. "Estado Bienestar y Trabajo Social" Edit. Académica. Madrid, 2011.

BIBLIOGRAFÍA RECOMENDADA

Gallego R, Goma R, Subirats J. "Estado del Bienestar y Comunidades Autónomas". (Capítulo 3: La política educativa). Madrid, 2003.

BIBLIOGRAFÍA

Alfonso Alba Ramírez, Instituciones, igualdad de oportunidades y bienestar económico en España, Fundación BBVA, Bilbao 2005.

Álvaro Espina, coord., Estado de Bienestar y competitividad. La experiencia europea, Siglo XXI, Madrid 2007.

Bertely, María (coord.) (2003). *Educación, derechos sociales y equidad*, México: COMIE.

Delors, Jacques (coord.) (1992). *La educación encierra un tesoro*, París: UNESCO.

Declaración Mundial sobre la Educación superior en el siglo XXI. Revista Educación Médica Superior 2000.

R. Muñoz del Bustillo, "Retos y restricciones del Estado de Bienestar en el cambio de siglo", en R. Muñoz del Bustillo, coord., El Estado de bienestar en el cambio de siglo, Alianza, Madrid 2000.

Anthony Giddens, La tercera vía. La renovación de la socialdemocracia, Taurus, Madrid 1999.

Anthony Giddens, La tercera vía y sus críticos, Taurus, Madrid 2001.

F. Mayor, "La educación para todos durante toda la vida: un reto para el siglo XXI", en S. Muñoz Machado et al., Las estructuras del bienestar en Europa, Cívitas, Madrid 2000.

Javier Noya, Ciudadanos ambivalentes. Actitudes ante la igualdad y el Estado de Bienestar en España, Centro de Investigaciones Sociológicas, Madrid 2004.

José Adelantado, coord., Cambios en el Estado del Bienestar. Políticas sociales y desigualdades en España, Icaria, Barcelona 2000.

T. H. Marshall (y T.Bottomore), Ciudadanía y clase social, Alianza, Madrid 1998. Hay otra traducción del texto de Marshall en el nº 79 de la Revista Española de Investigaciones Sociológicas, de 1997, con una presentación de F.J.Noya.

W. Abendroth, E. Forsthoff y K. Doehring, El Estado Social, Centro de Estudios Constitucionales, Madrid 1986 (ver los artículos de Abendroth y Fortshoff).

Wuest Silva, M. T. (1995). *Educación, cultura y procesos sociales*, México: COMIE.

WEBS

http://www.unesco.org/new/es/unesco/

http://europa.eu/index_es.htm

http://www.eclac.org/

http://www.oecd.org/home/0,2987,en_2649_201185_1_1_1_1_1,00.

http://www.educacion.es/portada.html

El sistema sanitario | 3

ESQUEMA

Se identifican las dimensiones constitutivas del Sistema Sanitario considerado como un pilar básico del Estado del Bienestar. El análisis aborda la cuestión desde tres perspectivas congruentes e interrelacionadas, la internacional, la europea y la española.

Desde esta última perspectiva se aborda el análisis de los componentes y funcionamiento del Sistema Nacional de Salud (SNS), la política sanitaria que lo origina, la distribución de competencias al amparo de la Constitución de 1978, el entramado institucional y administrativo que lo articula. El capítulo concluye con un análisis del Sistema Sanitario en relación a la sostenibilidad del modelo social europeo y del Estado del Bienestar en el siglo XXI, a través de sus reformas y sus adaptaciones dirigidas a responder a las transformaciones impuestas por las realidades demográfica y tecnológica.

3.1. INTRODUCCIÓN

3.1.1. Objetivos generales y específicos. Palabras Clave. Ideas básicas

Se pretende que el alumno lea, sintetice y comprenda críticamente las dimensiones constitutivas y el funcionamiento del Sistema Sanitario y sus reformas de adaptación a las exigencias sociales presentes y futuras. Que conozca y distinga conceptos, marcos teóricos y modelos. Que elabore e introduzca en sus trabajos análisis y razonamientos prospectivos de carácter global sobre los contextos de la salud pública y la diversidad de factores influyentes en el Sistema Sanitario y sus implicaciones para la intervención profesional.

En concreto se invita a analizar con carácter crítico las relaciones y las influencias mutuas entre el Sistema Sanitario y la realidad social dinámica y cambiante de pertenencia, con la finalidad de prevenir y entender los procesos sociales emergentes así como las posibles soluciones, preventivas o paliativas, ante los mismos. Para ello es preciso entender la complejidad del Sistema Sanitario como instrumento que incide en la capacidad de inclusión socioeconómica de una sociedad.

En concreto, este capítulo aspira a que se analicen, de manera crítica, los orígenes y evolución del sistema educativo como pilar del Estado de Bienestar, así como sus perspectivas futuras.

Palabras Clave

Sanidad, política sanitaria, derechos sociales, Estado del Bienestar, OMS, Atención Primaria, Atención Especializada, Cartera de Servicios, Políticas, estrategias de salud, gasto sanitario público y privado, gasto farmacéutico,

Ideas básicas

La doctrina no intervencionista del Estado Liberal nunca demostró las capacidades sociales inclusivas del mercado en los servicios y prestaciones de bienestar, incluyendo la sanidad. El estatus socioeconómico de los ciudadanos determinaba el acceso a las escasas prestaciones de la beneficencia sanitaria, o a los servicios médicos privados, inaccesibles para las mayorías sociales, cuyas prestaciones médicas eran un producto selectivo, por un precio accesible para proporciones pequeñas de población con rentas medias y altas.

En el ámbito de la salud pública, el Estado del Bienestar propulsó el ejercicio efectivo del derecho a la vida, desarrollando las capacidades financieras, institucionales, administrativas, estratégicas y operativas dirigidas al logro de un nivel de cobertura sanitaria total de la población, con una calidad elevada de los servicios y prestaciones de los sistemas sanitarios públicos.

La protección internacional de la salud se encuentra vinculada en su naturaleza y significado a La Declaración Universal de los Derechos Humanos de París, del 10 de diciembre de 1948.

La institucionalización internacional de la protección de la salud se formalizó en la Organización Mundial de la Salud, auspiciada por la ONU, el 22 de junio de 1946 en la Primera Conferencia Sanitaria Internacional.

La protección a la salud europea desarrolló una tendencia política y social inspirada en la protección internacional de los Derechos Humanos, a través de Declaraciones y actos. El Convenio Europeo para la Protección de los Derechos Humanos y las Libertades Fundamentales de 1950, la Carta Social Europea y el acervo comunitario original y derivado, incluyendo el Tratado de Lisboa, están dotados de abundantes referencias que implican directamente o indirectamente al derecho a una sanidad pública inclusiva de la ciudadanía.

La protección española a la salud se consolida y expande en el contexto del tardío nacimiento del Estado Social y Democrático de Derecho, surgido tras la superación del régimen autoritario franquista.

La Constitución Española de 1978 establece, en su artículo 43, el derecho a la protección de la salud y a la atención sanitaria de todos los ciudadanos.

Los principios y criterios de protección a la salud en España son coherentes y se orientan según las recomendaciones y estrategias formuladas por la Organización Mundial de la Salud (OMS) y la Unión Europea.

3.2. HISTORIA DE LA SANIDAD

De la beneficencia a la sanidad universal del Estado del Bienestar

La inclusión social en el ámbito sanitario, definida como la restauración de la salud, es históricamente reciente y asociada al nacimiento del Estado y de los Sistemas de Bienestar. La evolución histórica estuvo considerablemente condicionada por la influencia religiosa y su concepción de la beneficencia, una visión obstaculizadora, o al menos insuficiente para garantizar el derecho a la salud, como un derecho fundamental y universal vigente y efectivamente ejercido.

Desde el prisma epistemológico podemos sostener que la evolución histórica de la sanidad es una dimensión de la historia social general, y no sólo sanitaria.

Los factores sociales, políticos y económicos incidentes en la evolución histórica de la sanidad, son los mismos que influyen en la trayectoria histórica que protagonizan los tejidos sociales en sus ámbitos territoriales y culturales de pertenencia, un rasgo común de la historia social europea.

La beneficencia dispensó atenciones sanitarias, educativas y asistenciales, dirigidas a sectores de población marginados, con carácter graciable, inexistente como derecho y dotado de intervenciones reparadoras insuficientes para atender las demandas socio sanitarias de la época.

Desde la concepción sanitaria de la beneficencia, se ha llegado, a partir de la segunda mitad del siglo XX, a una concepción global de la salud exclusiva del Estado del Bienestar, que en sus intervenciones aborda los casos, asumiendo las variables económicas, sociales y familiares.

La antigüedad

Las repercusiones sociales vinculadas al ámbito sanitario constituyen una preocupación frecuente en las sociedades y en las políticas de la Antigüedad.

Herodoto, describe a los egipcios como el pueblo más higiénico. Los usos, costumbres y hábitos de los antiguos egipcios estaban basados en la higiene personal, en la utilización de fórmulas farmacéuticas; en la construcción de depósitos para las aguas potables, y en la construcción de redes de saneamiento, articuladas por canales de desagüe, destinados a las aguas residuales.

Los indostaníes fueron los primeros planificadores de una política de promoción comunitaria de la salud, con el establecimiento de auténticos programas e intervenciones dirigidas a una socialización sanitaria fundamentada en modelos de alimentación, de sexualidad, de descanso, y de trabajo, promocionados para ser incorporados como actitudes, hábitos y comportamientos sociales saludables y preventivos.

Otro ejemplo significativo de una política comunitaria de promoción de la salud es el pueblo hebreo, sobre todo en la difusión y aceptación social de las prácticas higiénicas.

Los expertos consideran a la ley mosaica, como el primer código de higiene escrito. El código *Levítico* vigente desde el 1500 antes de JC, brinda pautas de actuación relativas a como debe acometerse el aseo personal, la limpieza de las letrinas, la higiene durante la maternidad, la higiene vinculada a la preparación y almacenamiento de los alimentos, la protección del agua, etc.

La prioridades sanitarias en Grecia y Roma

Los griegos promocionaron prácticas, actitudes y hábitos saludables en los ámbitos relativos a la higiene individual, el cuidado del cuerpo, la práctica del ejercicio físico y la alimentación.

Durante el imperio romano la política sanitaria se fundamentó en la promoción de hábitos saludables y en la construcción de infraestructuras incidentes en la preservación de la salud pública, tales como los acueductos y las infraestructuras de saneamiento.

La Edad Media y el retroceso sanitario

La Edad Media, impregnada de la hegemonía católica, se caracterizó por el rechazo al legado sanitario griego y romano y por la adopción de una explicación teológica de la enfermedad considerada como castigo divino.

La convicción colectiva en el pecado, el castigo divino y la mortificación de la carne constituyeron un modelo social de comportamiento insalubre. Esta visión de la cuestión sanitaria afectada por el argumento teológico, tuvo como consecuencias la vigencia de hábitos y conductas sociales antagónicas con una salud pública sostenible con respecto al periodo histórico anterior, y la obsolescencia y el abandono de las infraestructuras de saneamiento, de conducción y de almacenamiento de agua destinada al consumo humano, todo ello herencia de la cultura romana.

Los movimientos poblacionales derivados de los conflictos bélicos medievales y la fragmentación de la autoridad y de las instituciones políticas, tuvieron como efectos sanitarios la propagación de grandes epidemias que diezmaron la población europea.

En este periodo la marginación, el aislamiento y el exterminio fueron los instrumentos de la política sanitaria medieval. Un ejemplo significativo de esta afirmación tan categórica es el caso de la epidemia de lepra combatida con una intervención basada en la marginación y el exterminio de las personas que sufrían esta patología. Como ejemplos de aislamiento y marginación social podemos citar la epidemia de peste bubónica, cuya consecuencia fue la adopción de cuarentenas en los puertos marítimos y en cordones sanitarios en tierra.

Sin embargo, no nos encontramos ante un periodo histórico lineal y excluyente de las actividades científicas y sanitarias. En este sentido, cabe destacar que hasta el siglo XII, durante la vigencia de la medicina monástica se contribuyó al desarrollo de las ciencias médicas, a pesar de los condicionantes religiosos.

Los monasterios fueron centros de traducción y difusión del conocimiento médico grecorromano y antiguo. Las boticas monásticas se convirtieron en laboratorios de investigación de las propiedades de las drogas y sus usos terapéuticos. El monasterio también fue centro hospitalario para los pobres y peregrinos.

Desde el siglo XII hasta las primeras tres décadas del siglo XIV se impuso la medicina escolástica, posteriormente se fueron abriendo paso las fundaciones hospitalarias y una visión más racionalista de la práctica médica. Paulatinamente, el modelo hospitalario del monasterio dio paso a un modelo más diverso sustentado por el poder real, la nobleza u otras instancias eclesiásticas.

Los nuevos centros fueron dirigidos por órdenes no estrictamente monásticas y estaban regulados por los estatutos hospitalarios que establecían la organización y el funcionamiento.

La cuestión sanitaria durante el Estado Moderno y la ilustración

En los siglos XV, XVI, XVII y XVIII, coincidiendo con el auge y expansión del Estado Moderno, y luego del ideario ilustrado, se inicia un proceso de superación del modelo oscurantista sanitario medieval.

El caudal de conocimientos acumulados, dispersos y perdidos durante la Edad Media, fue un obstáculo a los cambios pretendidos, y en no pocas ocasiones se confundía o se dictaminaba el estado de epidemia, con métodos de diagnóstico imprecisos y evidencias empíricas insuficientes e interpretadas erróneamente.

El desconocimiento sobre los agentes causales y las vías de transmisión de las epidemias tuvo como consecuencia la aparición de una tendencia social proclive a hábitos y comportamiento profiláctico. La experiencia colectiva compensaba el desconocimiento científico sobre los agentes patógenos y las vías de propagación de las enfermedades.

Las medidas de tipo general adoptadas tras el periodo tardo medieval, y vinculadas a las epidemias fueron decisiones que afectaban al conjunto de la comunidad. La finalidad perseguida por estas medidas era evitar el contagio masivo de la población.

El contenido de esas decisiones tuvo un impacto social excluyente derivado de la práctica del aislamiento y de la marginación social, a través de la ruptura con el entorno exterior de las poblaciones afectadas.

La acreditación de proceder de un lugar libre de epidemias a través de un salvoconducto, el cierre y la vigilancia de las puertas y de las murallas que circundaban las ciudades, y la prohibición de tráfico de mercancías fueron otras de la medidas coercitivas orientadas a impedir la propagación.

Otro tipo de medidas fueron aquellas que afectaban individualmente a la población, tales como la obligatoriedad de declarar cualquier caso de enfermedad, o la prohibición de dar alojamiento a personas procedentes de poblaciones apestadas con la imposición de penas pecunarias.

La práctica del aislamiento limitado por medio de cuarentena, fue una medida supervisada por vez primera en 1476 y dirigida a verificar durante cuarenta días la ausencia de la enfermedad.

Entre finales del siglo XV y principios del XVI, los lazaretos cumplieron la función de aislamiento y confinamiento para los enfermos de peste.

No todas las medidas fueron de carácter coercitivo, se establecieron otro tipo de acciones orientadas a interrumpir el ciclo biológico del agente patógeno o transmisor de la enfermedad. En esta clase de intervenciones de carácter más sanitario, la experiencia colectiva compensó el poco conocimiento disponible, y en este contexto se deben considerar las tareas destinadas a la limpieza de acequias, de marjales, de aguas estancadas, a la quema de enseres y ropas de las personas procedentes de zonas afectadas, a la prohibición de enterrar en la ciudad, etc.

Las disposiciones dictadas para garantizar el cumplimiento se basó en la imposición de multas, en la pérdida del oficio y en el castigo físico en caso de insolvencia.

Las instituciones hospitalarias medievales sufrieron un proceso evolutivo que implicó cambios de objetivos asistenciales y de funciones.

La influencia de la revolución industrial

En el *siglo XIX* hubo un desarrollo considerable de la salud pública en Europa y en los Estados Unidos. En Inglaterra, las Leyes de Salud Pública supusieron el establecimiento de medidas concebidas principalmente para las ciudades afectadas por la revolución industrial. La finalidad era reducir la mortandad que afectaba a los trabajadores industriales, cuya existencia se desarrollaba en entornos caracterizados por condiciones sociales desfavorables e insalubres, riesgos incrementados por el exceso y la inseguridad en el trabajo y la mala alimentación, resultado de los bajos salarios.

En Alemania a mediados del siglo XIX, en un contexto político influenciado por los acontecimientos revolucionarios de 1848, el científico, Rudolf Virchow, resaltaba que:

- ... *la política es medicina en gran escala, revelando que los cambios sociales y políticos pueden contribuir a la mejora de las condiciones de vida de los trabajadores y la consecuente mejora de la salud pública.*

En ese periodo el conocimiento médico vinculó la propagación de las enfermedades a las condiciones sociales propensas a la suciedad.

La sanidad en el declive del Imperio español

El siglo XIX y gran parte XX en España fue un periodo difícil para la sanidad pública. El país estaba empobrecido, rezagado económica e industrialmente, lo que llevó de forma inevitable a la pérdida de las colonias. La medicina, la sanidad y la salud en este periodo de la historia española están insertas en el declive definitivo de un imperio que se contempla a sí mismo moribundo, aislado, enfrascado en conflictos políticos, económicos y sociales causantes de conflictos bélicos internos, cambio de autoridades, pronunciamientos militares, cambios de regímenes políticos. El sistema estaba agotado, no tenía capacidad de reacción.

Los higienistas consideraban el atraso sanitario español, con respecto a los países del entorno desarrollado, como la manifestación palapable de una necesidad de regeneración que debía afectar a todo el país, incluyendo a la sanidad.

El regeneracionismo sanitario español estuvo alentado por el positivismo científico como metodología hegemónica. Por tanto, se consideraban las posibilidades de incidir directamente desde la salud pública en la mejora de las condiciones de vida de las clases menos favorecidas, incluyendo la dimensión educativa de la nueva cultura sanitaria.

El anhelo reformista del siglo XX

El anhelo reformista derivado de las influencias regeneracionistas puede visualizarse en la visión de algunos actores de la época, como Ángel Pulido, quien al frente de la Dirección General de Sanidad entre 1901 y 1902, diagnosticó el estado de la salud pública española de modo fidedigno, estableciendo los factores causantes de su distancia con el entorno europeo y de su semejanza a la sanidad de los países africanos.

Para Pulido, algunas ciudades españolas se caracterizaban por ser cuadros de miseria, de suciedad, de ignorancia y de enfermedades, muy semejantes a las kábilas marroquíes, donde atraso y desolación eran el paisaje natural.

Para los higienistas españoles, la lucha contra la enfermedad era la lucha contra la infección a través de políticas sanitarias dirigidas a mejorar las condiciones sanitarias de la población. Las aportaciones técnico sanitarias debían contribuir a que las transformaciones derivadas de la urbanización industrial, la migración y la concentración demográfica no afectaran negativamente.

Desde la perspectiva higienista los brotes de cólera, disentería, tifus, tuberculosis, pueden ser erradicados o reducidos en su progresión y en sus efectos a partir de una intervención sanitaria basada en el tratamiento de los residuos, el saneamiento de las aguas residuales y el abastecimiento de agua potable. Al amparo de la visión higienista se establecen las primeras normativas.

La innovación tecnológica y terapéutica entró en la nueva concepción de la salud pública, a través de hitos tales como el descubrimiento en 1895 de los rayos X, la comprobación del aumento de la esperanza de vida de la población, y el acceso de la población a las prestaciones de anestesia en las intervenciones quirúrgicas.

El desarrollo normativo de inspiración higienista se basó en la objetivación regulada del desempeño profesional y corporativo del médico.

La ley de 1855 determinó la colegiación obligatoria y el establecimiento de colegios médicos en todo el país, órganos dotados con plenas competencias disciplinares y deontológicas. En 1898 se estableció el decreto que desarrollaba la primera de las tres leyes de sanidad españolas.

La atención a la población que pagaba la asistencia médica procedía de una diversidad de ámbitos tales como el servicio médico privado en el marco del ejercicio liberal de la profesión, los regímenes de garantías a través de los seguros de la mutuas.

A principios del siglo XX, España adopta medidas legislativas, vigentes desde hacía un tiempo considerable en los países del entorno europeo desarrollado. La Ley de Accidentes de Trabajo de 1900. o el Seguro Maternal establecido en 1931 son ejemplos del retraso español.

Las cajas de enfermedad deben esperar hasta el año 1942, con más de 50 años de retraso con respecto a la vigencia en Alemania.

Otra evidencia comprobable del atraso sanitario español en el periodo es la existencia de una previsión carente del grado de coherencia unitaria necesaria del sistema. La consecuencia es la segregación de la población en el acceso al servicio sanitario.

Las entidades mutuales desarrollaron el filtro de selección principal de los beneficiarios del fragmentado y discriminatorio sistema sanitario.

La Seguridad Social en España evoluciona desde principios del siglo XX mediatizada por los grupos gremiales, con un desarrollo desigual e incoherente como totalidad, carente de uniformidad y con ritmos de evolución muy diversos.

El Instituto Nacional de Previsión en el año 1908 puede ser considerado como el embrión de la Seguridad Social en España. Inicialmente, el INP se concibe y se organiza con el propósito de actuar en el establecimiento de cajas especiales autónomas. A esta idea originaria, responde el Real Decreto de 5 de marzo de 1910, por el que se establecieron la creación de seguros populares, organizados como parte de una misma estructura formada por el INP las cajas y los beneficiarios. La regulación del INP estableció un organismo destinado a compilar los distintos sistemas de seguro vigentes. De este modo se pretendía sustituir el voluntarismo hacia la obligatoriedad de la cotización en régimen igualitario.

En el 1919, el INP inició la elaboración de un plan de seguros sociales y se puso en vigencia el Seguro de Retiro Obligatorio Obrero. Otros hitos significativos con incidencia social y sanitaria fueron el seguro de Accidentes de Trabajo a principio del siglo XX y el Seguro de Maternidad en1931.

La II República

La política sanitaria de la II República se dirigió a la unificación y coordinación de los distintos regímenes. El estallido de la guerra civil coincidió con una iniciativa legislativa por la que las Cortes preparaban un proyecto de ley para introducir el Seguro Obligatorio de Enfermedad, y el nacimiento de la Ley del Seguro de Enfermedades Profesionales.

La Dictadura de Franco

El Fuero del Trabajo (*1938*) elaborado antes del fin de la *Guerra Civil*, surge cuando Franco creó el Gobierno de la Nación.

Este texto, de ideología *falangista*, dictamina sobre temas como la regulación de la jornada laboral y del descanso, el establecimiento de la Magistratura del Trabajo, la creación de los *sindicatos verticales*, que integraban forzosamente a empresario y trabajadores, para celebrar acuerdos que en última instancia estaban previamente impuestos por el *Estado*.

Pedro González-Bueno y Bocos Ministro de Acción y Organización Sindical del Régimen de Franco, expresa sin ambigüedad la ideología dominante:

- *... En el momento de su promulgación, el Fuero del Trabajo dio a nuestro Movimiento, tanto para el pueblo español como para la opinión en el extranjero, un contenido social y económico adaptado a la nueva ideología política que se trataba de implantar, poniéndose así de manifiesto con toda claridad que el levantamiento en armas no sólo se había producido para superar el caos, la anarquía, el imperio del crimen y la falta total de autoridad del gobierno de la República, sino que aspiraba a reemplazar al sistema de democracia liberal, cuya aplicación tan nefastos resultados ha dado siempre a nuestra Patria.*

En el ámbito sanitario, el Fuero del Trabajo, de 9 de marzo de 1938, pretendía, mediante un mecanismo de cobertura sanitaria instada desde la organización del Estado, proporcionar al trabajador, en teoría, la seguridad del amparo ante su infortunio, para lo cual se incrementarían los seguros sociales de vejez, invalidez, maternidad, accidentes de trabajo, enfermedades profesionales, tuberculosis y paro forzoso, muy lejos aún de la posterior concepción de la sanidad del Estado del Bienestar.

El compromiso literario y limitado materialmente del texto legal queda en evidencia con la primacía del principio de tendencia sobre el principio del ejercicio efectivo del derecho a la salud, concebido este último como un derecho fundamental dentro de la visión asumida por el posterior Estado del Bienestar:

- *De modo primordial se tenderá a dotar a los trabajadores ancianos de un retiro suficiente.*

La ley del Seguro Obligatorio consagraba un concepto del beneficiario diferente al concepto laboral de la cobertura del riesgo, lo cual hace visible una influencia bismarckiana, adoptada y desarrollada partir de la financiación proporcionada por los trabajadores y los empresarios.

La Ley de Bases de la Seguridad Social de 1963

La Ley de Seguridad Social de 1963 se puede considerar como el esfuerzo destinado a facilitar el paso de un sistema basado en el conjunto de seguros sociales a un sistema de Seguridad Social, vigente desde hace décadas en los países del entorno desarrollado europeo.

La reordenación organizativa es paralela a la previsión de consignación permanente en los presupuestos generales del Estado y de las subvenciones a la Seguridad Social. El cambio de sistema implicó el reconocimiento de la imposibilidad de financiarla completamente a través de las aportaciones de los empresarios y los trabajadores.

La democracia

La aprobación de la Constitución de 1978, incorpora la política social vigente de los países europeos avanzados, reconoce como derechos de todos los ciudadanos la Salud y la Educación, entre otros, y obliga a los poderes públicos a hacerlos efectivos. Con la democracia nace un auténtico Sistema Público de Salud,

La definición de derechos que suponen las respectivas leyes sectoriales concretando los enunciados genéricos del texto constitucional, tales como la Ley General de Sanidad y la Ley Orgánica del Derecho a la Educación, constituyen la ruptura definitiva del sistema sanitario y educativo con la visión franquista del bienestar.

El Estado del Bienestar Social español tiene su primera traducción a la realidad social en el nacimiento de los Sistemas Públicos de Salud y de Educación superadores del asistencialismo franquista, para acometer otras funciones tales como las preventiva y la promoción de hábitos saludables.

El nacimiento del Estado del Bienestar en España se traduce materialmente en un proceso de modernización de los sistemas sanitarios, educativos, de protección al empleo, a la renta, a la vivienda, a los servicios sociales y a las pensiones.

El nuevo concepto de salud del bienestar transformó el ámbito sanitario español, creando infraestructuras hospitalarias, redes de centros de atención primaria y especializada, ampliación de los servicios y de las coberturas, satisfacción de la demanda de atención sanitaria para las enfermedades crónicas y el gasto farmacéutico derivado.

El sistema sanitario y el trabajo social conexo se adaptan paulatinamente, a través de la adopción de reformas y de prácticas recomendadas por los organismos internaciones especializados como la OMS, o los órganos competentes de la Unión Europea.

El Pacto de Toledo

El Pacto de Toledo es un hito significativo para la consolidación de la capacidad social inclusiva del sistema sanitario, derivada de la fijación de la financiación de la Sanidad a cargo de los impuestos, los presupuestos generales del Estado y las aportaciones directas de los contribuyentes.

El Pacto de Toledo refuerza la consagración de la universalización de las prestaciones en un ámbito de equidad dentro de un sistema Nacional de Salud homologable a los mejores de Europa.

El contexto interpretativo que brinda el Pacto de Toledo permite entender a la Seguridad Social no como artificio técnico desprovisto de raíz comunitaria, sino como una ley que concibe a ésta como una tarea nacional que impone sacrificios a los jóvenes respecto a los mayores, a los sanos respecto a los enfermos, a los ocupados respecto a los que están en situación de desempleo, a los vivos respecto a las familias de los fallecidos, a los que no tiene cargas familiares respecto a los que las tienen, a los de las actividades económicas en auge y prosperidad, en fin, respecto a los sectores que tienen necesidades.

El Pacto de Toledo produce una tendencia a la unidad, a la participación de los usuarios en los órganos gestores, a la conjunta consideración de las situaciones o contingencias, a la transformación del régimen financiero y a la participación del Estado en el sostenimiento del sistema sanitario.

La tendencia social inclusiva del sistema sanitario se sostiene en los derechos básicos de los ciudadanos al acceso a las prestaciones y servicios. También en el proceso de descentralización y trasferencia de servicios y gestión hacia las Comunidades Autónomas producido en los últimos años.

El sistema sanitario del Estado del Bienestar español se adapta a las nuevas realidades sociales teniendo como referente a la ciencia y la innovación tecnológica que han producido transformaciones que afectan al sistema, los servicios y las prestaciones.

La telemedicina, las técnicas diagnósticas de precisión, los avances terapéuticos, la incorporación de la metodología de diagnóstico por la imagen que posibilitan identificar los microorganismos y sustancias creadas en laboratorios que erradican a los agentes causales de las enfermedades, el desarrollo supervisado de de fármacos y psicofármacos, las incorporación de tecnología y técnicas quirúrgicas de mínimo impacto invasivo, y la perspectiva de la implementación de una terapia génica individualizada, son algunos de los instrumentos que propician la adaptación del sistema sanitario.

España disfruta de un régimen de aseguramiento público similar al porcentaje de riqueza nacional de los países de la OCDE. El capital humano inscrito en el sistema sanitario español se caracteriza por una capacitación sanitaria completa que provee una sanidad de calidad.

La política sanitaria del Estado del Bienestar español se fundamenta en la conciencia ciudadana tanto de sus derechos como en las capacidades asistenciales exigibles al régimen general de la sanidad pública.

De este modo, la política sanitaria española es una política coherente con la exigencia del Tratado de Lisboa de que todas la políticas deben contribuir al objetivo de la cohesión económica, social, y territorial.

La exigencia de atender todas las demandas con carácter universal ha llevado a una expansión destinada a garantizar el acceso universal sin coste adicional y una calidad elevada en las prestaciones.

El desarrollo tecnológico y de la especialización son vías de efectividad y de eficiencia a la hora de satisfacer el ejercicio de los derechos sociales, sobre todo sanitarios.

3.3. APUNTES DE TRABAJO SOCIAL SANITARIO

De la concepción religiosa de la beneficencia al Estado del Bienestar

La evolución histórica del trabajo social sanitario estuvo condicionada por la influencia religiosa y sus concepciones de la beneficencia la limosna y la caridad. Posteriormente, por una influencia secularizadora derivada de la filosofía ilustrada en el siglo XVIII y del ideario igualitario surgido tras la revolución industrial en el siglo XIX. Durante éste último periodo, la vigencia del positivismo en las ciencias sociales primó la búsqueda de soluciones racionales a los problemas sociales con repercusiones sanitarias padecidos por las capas más vulnerables de la población: campesinos en el ámbito rural y obreros en el ámbito de las nuevas urbes industriales.

A partir de la segunda mitad del siglo XX, se establecen sistemas nacionales de salud, auténticos pilares del Estado del Bienestar.

El concepto de beneficencia pereció definitivamente tras el auge y establecimiento del concepto de derecho fundamental a la salud, como ejercicio efectivo de derecho a la vida. El sistema sanitario, los servicios sociales y el trabajo social, conexos, asumen el concepto de derecho a la salud como una materia consustancial a sus respectivas naturalezas y finalidades.

La inclusión social en el ámbito sanitario, definida como la restauración de la salud es históricamente reciente y asociada al nacimiento del Estado y de los Sistemas de Bienestar.

Los servicios sociales y el trabajo social en el ámbito sanitario despliegan una intervención que supera la actuación dirigida a individuos, grupos y comunidades en riesgo de exclusión social o en situación de exclusión.

Los sistemas de servicios públicos, tales como se consideran en la Unión Europea, por tanto, en España, sean estos sanitarios, sociales, o de otra índole, son instrumentos a disposición de los objetivos de la política social general.

Integración del trabajo social en el sistema sanitario

La universalización de la asistencia sanitaria pública está protegida por el artículo 43 de la Constitución de 1978, y por la Ley 14/86 General de Sanidad, que permite a todos los ciudadanos residentes en territorio español tener derecho a la asistencia sanitaria pública. La regulación unificó el acceso a la red pública del sistema sanitario y a los servicios e intervenciones sociales derivadas.

La intervención sanitaria y social se concibe y desarrolla en el contexto de unas necesidades sociales concretas, las prestaciones y los servicios aspiran a dar la mejor respuesta y aminorar o erradicar el problema en su dimensión sanitaria y social.

No siempre el trabajo social sanitario está integrado adecuadamente en el sistema sanitario. Las disfunciones de esta integración deficiente se suelen manifestar en planificaciones excesivamente parciales y ancladas en el aspecto médico del problema.

Otro síntoma de integración inadecuada del trabajo social sanitario en el sistema sanitario es la deficitaria concentración de los servicios, los recursos, y el insuficiente nivel de participación y actuación en la atención primaria.

Teniendo en cuenta lo anterior, debemos recalcar que los servicios, las prestaciones y las intervenciones sociales en el ámbito sanitario asumen los principios normativos de universalidad, normalización e integración. La materialización de estos principios depende considerablemente del adecuado grado de pertenencia e integración en el sistema sanitario.

Salud, objetivos y variables incidentes en el trabajo social sanitario

En este contexto interpretativo acorde con el Estado del Bienestar, el concepto de salud es más amplio y profundo, por tanto, el trabajo social sanitario supera en su actuación las tradicionales funciones asistenciales.

Los objetivos del trabajo social sanitario están imbricados centralmente en una política social general que consideran al individuo y a la comunidad como una realidad social indisociable.

En este escenario surgen los servicios sociales y el trabajo social en el ámbito sanitario del Estado del Bienestar. Existen un elevado número de variables incidentes en el desempeño de los servicios y prestaciones, tanto médicas como sociales.

El nivel educativo de la población, las infraestructuras sanitarias, el entorno ambiental, la planificación urbanística, la diversidad cultural y la dispersión o concentración demográfica, influyen en el funcionamiento del sistema sanitario y la red de servicios sociales, que incluyen a las unidades de trabajo social de salud, en los niveles de atención primaria y especializada, servicios sometidos a una paulatina necesidad de adaptación para responder efectivamente a las necesidades específicas derivadas de la realidad social vigente.

Trabajo social sanitario y accesibilidad a las prestaciones

La red de servicios sociales y las unidades de trabajo social de salud impulsan la accesibilidad a los servicios de salud, activando la respuesta a una necesidad relativa a la *salud* de un individuo, de un grupo, o de una comunidad.

El trabajo social sanitario contribuye a garantizar la llave de acceso a este sistema innato de la naturaleza política del Estado del Bienestar. La intervención desplegada por el trabajo social en el ámbito sanitario se orienta a que los usuarios adquieran o mantengan una actitud proactiva en beneficio de la salud individual y colectiva.

La identificación y familiarización de los usuarios con las prestaciones sanitarias y sus respectivos funcionamientos en las fases de diagnóstico, tratamiento, rehabilitación y prevención constituyen un campo de intervención que incide en la eficacia y eficiencia del sistema sanitario y su legitimación social.

La capacidad de adaptación institucional y administrativa

El trabajo social sanitario exige una disposición institucional y administrativa favorable a la adaptación de los servicios y las prestaciones según las patologías predominantes, que cambian en el transcurso del tiempo, en una interrelación recíproca con los factores sociales.

El concepto de enfermedad se puede entender bajo una perspectiva biológica, científica, comprensible en su totalidad cuando se integran las relaciones sociales y la estructura social de pertenencia en que se inscriben el caso, el grupo o la comunidad.

La praxis del trabajo social sanitario, tanto en la Atención Primaria como en la Atención Especializada asume un prisma propio dentro de las ciencias sociales, superando el plano de la reflexión que limita las posibilidades de intervención de la ciencia política y de la sociología, y asumiendo un rol científico protagónico a través del diseño e implementación de las intervenciones y de los proceso de evaluación correspondientes.

La reclamación referente a que el trabajo social es una ciencia social autónoma no se impone a fuerza de proclamaciones y declaraciones documentales, al menos el ámbito científico tiene otras exigencias que el trabajo social sanitario satisface de modo variable, dependiendo del entorno institucional en que se desenvuelve.

Rasgos del Trabajo Social Sanitario

El perfil específico del trabajo social sanitario y de las intervenciones derivadas se puede delinear a partir de los siguientes rasgos:

- La intervención se concibe individualmente o colectivamente, según se trate de casos, de familias, de grupos o de comunidades.
- El trabajo social sanitario es un soporte importante de la gestión de la gerencia de los servicios sanitarios, en la planificación de las prestaciones, en el seguimiento del funcionamiento, así como también en la proyección de las futuras necesidades a partir del análisis científico de la evolución de las tendencias sociales y de los riesgos de exclusión social que conllevan.
- La presencia del trabajador social garantiza la continuidad asistencial y dota de significado a la problemática que afecta al caso o al colectivo. El informe social trasciende la información administrativa, diagnóstica médica y socioeconómicas, asumiendo como información relevante las manifestaciones vitales de las fracturas producidas en el caso, la familia, el grupo o la comunidad.
- La necesidad sanitaria determinada por el personal sanitario, se dimensiona con precisión en las circunstancias sociales y económicas del usuario, que facilitan o dificultan el seguimiento terapéutico en toda su extensión hasta el alta, para lo cual, el trabajo social sanitario pone a disposición de los usuarios los medios que facilitan el acceso y la permanencia dentro del sistema sanitario.

- La relación entre trabajo social y servicios sociales en el ámbito sanitario, contribuye a una tendencia específica que define y distribuye funciones, procedimientos, metodología y responsabilidad.
- El trabajador social del ámbito sanitario no goza de la categoría profesional de personal sanitario, sin embargo, la capacidad de inclusión social del sistema sanitario, depende en gran medida de los servicios en que desempeñan sus funciones los trabajadores sociales.

Funciones del trabajo social sanitario

El trabajo social sanitario hace suyo el legado científico de Mary E. Richmond simbolizado en la medición y el establecimiento de los estándares profesionales. Sin embargo, esta especialidad de la intervención social en ningún caso puede estar sujeta exclusivamente al enfoque positivista como determinante científico del desarrollo de sus funciones.

La perspectiva metodológica adoptada por el trabajo social sanitario es dual, al incorporar el enfoque cualitativo que dota de un significado humanístico a la intervención, contribuyendo de este modo a convertir el sistema sanitario en un servicio público trascendente en la vida de la población favorecida por el Estado y los Sistemas de Bienestar.

Las pautas sociales correctas de uso del sistema, difundidas por el trabajo social sanitario, aseguran el acceso, la relación y la permanencia preventiva del usuario dentro de las funciones del sistema. Se trata de unas funciones principales que constituyen la garantía de un ejercicio efectivo del derecho a la salud pública, entendida como una actitud social proactiva en la defensa del derecho fundamental a la vida.

La desvinculación del estatus socioeconómico del usuario del ejercicio del derecho a la salud, es el verdadero logro del Estado y de los Sistemas del Bienestar y del trabajo social sanitario. El servicio es recibido independientemente de la situación económica en que se halle el cliente.

Las necesidades de adaptación del sistema a las demandas socio sanitarias, y el incremento del gasto, puede alentar propuestas aventuradas que cuestionan velada o expresamente la sostenibilidad en el tiempo del principio de desvinculación, considerado como un principio rector del sistema y del trabajo social sanitario del Estado del Bienestar.

La necesidad de adaptación del sistema sanitario puede realizarse a través de la innovación tecnológica, y la reestructuración de los servicios, las prestaciones y del gasto, y tiene un límite en su actuación, ese límite es el respeto al principio de desvinculación que excluye la variable socioeconómica del usuario para poder disfrutar de los servicios y prestaciones.

El principio de desvinculación debe mantenerse inalterado en cualquier proceso de adaptación del sistema sanitario y del trabajo social conexo, de no hacerse, el conjunto del sistema dejaría de pertenecer al Estado del Bienestar, sería otra cosa: ejercitar el derecho a la salud según la capacidad de gasto del usuario, a más capacidad de pago, más y mejores prestaciones.

A menos capacidad de pago, disfrute de prestaciones limitadas. Ante situaciones de imposibilidad de pago de los usuarios, el sistema recurriría a la fórmula de la obsoleta beneficencia. La misma naturaleza del trabajo social sanitario está ligada al principio de desvinculación. De no respetarse, esta disciplina científica y profesional podría ser sustituida o transformada en una simple estructura administrativa.

El trabajador social es una pieza importante para la implementación eficaz de las prestaciones. La proximidad a los sectores con más dificultad para aplicar las políticas de prevención es un instrumento que beneficia la eficacia y la comprensión de las políticas sanitarias.

Funciones Generales

Las funciones del trabajo social sanitario conexo al Estado del Bienestar pueden ser formuladas genéricamente del siguiente modo:

- Garantizar el acceso y la permanencia del usuario en el sistema sanitario.
- Promocionar las actitudes y comportamientos colectivos basados en hábitos y pautas sociales saludables y preventivos.
- Diagnosticar y detectar el maltrato, definiendo el tipo, el grado y los antecedentes del caso de violencia.
- Determinar el estado de las relaciones familiares y sociales del usuario.
- La planificación, implementación y evaluación de la intervención es acordada en el seno del equipo de salud.

En el desempeño de las funciones del trabajo social sanitario juegan un papel fundamental las evidencias. Mary Richmond, estableció tres tipos de evidencias actualmente vigentes y útiles:

- Evidencia real: no necesita de inferencia.
- Evidencia testimonial: tiene como base de la inferencia a la aserción humana.

- Evidencia circunstancial: la base de la inferencia puede ser todo aquello que no sea la aserción humana directa.

El desarrollo conceptual de la evidencia de Richmond se puede sintetizar al día de hoy y con plena vigencia en un solo concepto denominado:

- Evidencia Social: incluye todas las variables, cuantitativas y cualitativas, para el estudio del caso, integrando a aquellas que en principio parecen ser poco significativas, pero que en el conjunto del estudio adquieren un significado importante e incidente en la problemática específica.

Funciones Específicas

Las intervenciones en situaciones críticas, según los niveles de intensidad y de exposición al riesgo real, exigen unas habilidades adecuadas a los trabajadores sociales sanitarios.

Afrontar las situaciones de crisis, transmitiendo la información relativa al proceso asistencial médico no es tarea sencilla, requiere habilidades sociales, emocionales y profesionales bien definidas y superadoras del voluntarismo humanitario. Las situaciones críticas pueden ser individuales o afectar al conjunto de una comunidad.

Las intervenciones en situaciones críticas, de tipo individual, se pueden dar en los casos de accidentes, de intervenciones de urgencia y de gravedad, y en situaciones terminales.

Las intervenciones en situaciones críticas que afectan a colectivos o comunidades suelen acontecer en los casos de catástrofes naturales, atentados terroristas, accidentes de trenes, accidentes marítimos, accidentes en las carreteras o vías urbanas, en accidentes de aviación, epidemias, etc.

La empatía, asertividad y resiliencia son requisitos ineludibles para el trabajador social sanitario. Estas habilidades aprendidas desde una perspectiva teórica en la formación universitaria, se adquieren, se consolidan y se desarrollan en la praxis profesional o en procesos de enseñanza y aprendizaje de posgrado.

Los trabajadores sociales sanitarios se enfrentan a continuas situaciones críticas de diversa naturaleza e intensidad, que pueden tener efectos para la salud a escala comunitaria, tal como son las situaciones en que se producen desastres naturales, atentados terroristas, alarmas sobre consumo de alimentos, accidentes aéreos, incendios a gran escala, accidentes ferroviarios, de tráfico, marítimos, de aviación, o brotes patológicos susceptibles de ser epidémicos.

En la escala de la intervención individual, el usuario que llega al trabajador social sanitario en una situación crítica, donde el problema social es añadido a la enfermedad, intensifica las consecuencias negativas de la patología.

El trabajador social sanitario cumple una función humanitaria que se puede definir como acompañar, tranquilizar e informar al usuario durante el tiempo en que realiza el diagnóstico social sanitario y su posterior integración.

El método y los procedimientos de trabajo, obligan al trabajador social a conocer y actualizar los registros y la documentación que elaboran los demás profesionales del sistema sanitario, y a completar la información con significados del problema a través de la observación social participante, definida ésta última, como una interrelación empática con el usuario.

La estructuración metódica de un sistema de información permite convertir la experiencia e intervención diaria en una fuente de seguimiento y estudio del caso, de la familia, del grupo o de la comunidad.

La intervención social sanitaria y la violencia de género

Dentro de la atención individualizada que el trabajador social sanitario dispensa a los usuarios, están aquellas derivadas de fenómenos sociales que más reprobación colectiva y cambios normativos, administrativos y de los servicios públicos están generando.

El tratamiento de la violencia de género y de la violencia y abuso infantil ha llevado a adaptar el sistema de salud y al trabajo social conexo.

Los cambios legislativos y sociales en materia de violencia de género y las modificaciones de la cartera de servicios comunes del Sistema Nacional de Salud, han cambiado el enfoque de intervención social sanitaria.

Protocolo Común para la Actuación Sanitaria ante la Violencia de Género

La promulgación de la Ley Orgánica 1/2004 de Medidas de Protección Integral contra la Violencia de Género, tiene la consecuencia directa de la inclusión del diagnóstico y de la atención a la violencia de género dentro de la cartera de servicios comunes del Sistema Nacional de Salud.

El Real Decreto 1030/2006 y la aprobación en 2007, por el Consejo Interterritorial del Sistema Nacional de Salud, del Protocolo Común para la Actuación Sanitaria ante la Violencia de Género, se ha traducido en una adaptación y un cambio de intervención en esta problemática social tan compleja y acuciante.

El sistema sanitario y la intervención social conexa, se convierten en un escenario principal de detección e intervención en casos de violencia de género. El cambio de enfoque en la intervención procede de una mejora de los protocolos disponibles, del nivel de concienciación y de disposición de los profesionales. Se pretende garantizar una coordinación interinstitucional de la intervención social y sanitaria, asumiendo la complejidad social del entorno donde se manifiestan los casos de violencia de género, con una frecuencia que la caracteriza como una conducta social y cultural arraigada que se aspira a erradicar desde el sistema sanitario y desde todas las instancias de la sociedad.

Prevención y promoción de la salud comunitaria

La prevención y promoción de la salud comunitaria es un ámbito temático principal del trabajo social sanitario, cuya finalidad es favorecer la fijación de actitudes, hábitos y comportamientos colectivos más saludables.

Los principios de universalidad, normalización, integración y responsabilidad pública, se traducen en servicios y prestaciones dirigidos a toda la población.

Los servicios sociales y el trabajo social sanitario tratan las problemáticas individuales y colectivas incluyendo diversas variables que hacen al caso, al grupo o a la comunidad, detectando situaciones de vulnerabilidad y dependencia.

Intervención vinculada al ciclo vital, la dependencia, la vulnerabilidad y la discapacidad

La intervención social sanitaria identifica situaciones vinculadas a diferentes etapas del ciclo vital tales como el embarazo, el divorcio o la separación, el maltrato físico y psíquico, la jubilación, la viudedad, el aislamiento familiar y social, la enfermedad crónica, la discapacidad física o psíquica (parcial, total, temporal o permanente), las situaciones familiares desestructuradas, las fracturas socioeconómicas que afectan al caso, a la familia, al grupo o a la comunidad. La diversidad cultural y de estilos de vida derivados de los fenómenos de la globalización y de la migración son, además, variables influyentes en los niveles de dependencia, vulnerabilidad y discapacidad.

La dependencia y la discapacidad son fenómenos sociales prioritarios acrecentados por el cambio demográfico, caracterizado por el envejecimiento de la población a escala planetaria.

La intervención social sanitaria aborda el fenómeno de la discapacidad en un sentido amplio: física, psíquica y sensorial. Mantiene la amplitud de criterio a la hora de asumir el fenómeno de la dependencia: física, económica, déficit formativo, analfabetismo, desempleo y problemas laborales, ausencia de habilidades sociales, pertenencia a una minoría étnica, casos de exclusión social derivados de la adicciones a drogas, el ejercicio de la prostitución, la reclusión penitenciaria o la indigencia.

Los casos más afectados por los factores desencadenantes de la vulnerabilidad y de la dependencia son usuarios beneficiados por los servicios y prestaciones.

Las derivaciones de la intervención

Las intervenciones del trabajo social sanitario en diversas contingencias, recurren a la derivación de los casos a otros servicios adscritos a otros sistemas de protección social, tales como los servicios sociales, servicios educativos, servicios laborales, servicios judiciales, servicios policiales, etc.

La diferencia entre la intervención social general y el trabajo social desempeñado en el ámbito sanitario, es que los trabajadores sociales sanitarios están incluidos en el equipo de salud, y por ello, trabajan con la historia clínica, desempeñando una labor socializadora en favor de actitudes y hábitos colectivos saludables y preventivos y transmitiendo a los usuarios pautas de acceso y uso correcto del sistema sanitario.

3.4. DESARROLLO DE LA SANIDAD PÚBLICA

La protección internacional de la salud

El Estado del Bienestar surgido y expandido tras la Segunda Guerra Mundial, con unos rasgos singulares y un alcance desigual en cada país de la Europa democrática, se inspiró en unos principios impulsores de la vertiente material de los Derechos Fundamentales, coronados por el derecho a la vida.

El Estado del Bienestar es una superación del fallido Estado liberal, abstencionista a la hora de destinar recursos financieros, materiales y humanos a la intervención pública dirigida a la inclusión social, económica y cultural de los ciudadanos.

En los siglos XIX y XX, las limitaciones de la doctrina política liberal pura generaron un tipo de Estado cuya inacción estatal se reflejó en la historia de la exclusión social.

La doctrina no intervencionista del Estado Liberal nunca demostró las capacidades sociales inclusivas del mercado en los servicios y prestaciones de bienestar, incluyendo la sanidad. El estatus socioeconómico de los ciudadanos determinaba el acceso a las escasas prestaciones de la beneficencia sanitaria, o a los servicios médicos privados, inaccesibles para las mayorías sociales.

En el ámbito de la salud pública, el Estado del Bienestar propulsó el ejercicio efectivo del derecho a una vida digna, desarrollando las capacidades financieras, institucionales, administrativas, estratégicas y operativas dirigidas al logro de un nivel de cobertura sanitaria total de la población, con una calidad elevada de los servicios y prestaciones de los sistemas sanitarios públicos.

La institucionalización internacional de la protección de la salud se formalizó en la Organización Mundial de la Salud, auspiciada por la ONU, el 22 de junio de 1946 en la Primera Conferencia Sanitaria Internacional celebrada en Nueva York, donde se aprobó el proyecto de Constitución de la Organización Mundial de la Salud, cuya entrada en vigor se efectuó el 7 de abril de 1948.

La protección internacional de la salud se encuentra vinculada en su naturaleza y significado a La Declaración Universal de los Derechos Humanos de París, el 10 de diciembre de 1948.

El Pacto estableció la creación de un Consejo Económico y Social, cuyo artículo 12 reconoció el Derecho a la Salud, estructurando sus significados sanitarios socialmente inclusivos.

La protección europea a la salud

La protección a la salud europea desarrolló una tendencia política y social inspirada en protección internacional de los Derechos Humanos, a través de Declaraciones y actos. El Convenio Europeo para la Protección de los Derechos Humanos y las Libertades Fundamentales de 1950, la Carta Social Europea y el acervo comunitario original y derivado.

La protección española a la salud

La protección española a la salud se consolida y expande en el contexto del tardío nacimiento del Estado Social, surgido tras la superación del régimen franquista.

El modelo español, influido y empapado por el influjo de los principios regidores de la protección a la salud internacional y europea, parte de la base de considerar al conjunto del sistema sanitario como un pilar básico del Estado del Bienestar.

La Constitución Española de 1978 establece, en su artículo 43, el derecho a la protección de la salud y a la atención sanitaria de la salud de todos los ciudadanos.

El Sistema Nacional de Salud se expande y se consolida haciendo llegar las redes de Atención Primaria y Especializada a todo el ámbito territorial español.

La consolidación material de la sanidad pública coincidió con la adhesión de España a la entonces denominada Comunidad Económica Europea (CEE), hoy Unión Europea. Los Fondos Estructurales Europeos se sumaron a la co-financiación estatal y regional. El resultado fue un crecimiento espectacular en infraestructura de Centros de Salud, Hospitales, tecnología, investigación aplicada y recursos humanos.

Paralelamente se desarrollaron las capacidades institucionales y administrativas indispensables para gestionar el proceso hacia una sanidad pública gratuita, universal y con un elevado nivel de calidad de las prestaciones médicas y farmacéuticas.

Los datos objetivos describen con rigor la realidad sanitaria actual y constituyen una información necesaria para quienes abordan el estudio del sistema sanitario público en España con fines profesionales.

Principios y criterios de protección a la salud en España

Los principios y criterios sustantivos de la protección a la salud en España, se regulan por la Ley 14/1986, General de Sanidad y se concretan en:

- Financiación pública, universalidad y gratuidad de los servicios sanitarios en el momento del uso.
- Derechos y deberes definidos para los ciudadanos y para los poderes públicos.
- Descentralización política de la sanidad en las Comunidades Autónomas.
- Prestación de una atención integral de la salud procurando altos niveles de calidad debidamente evaluados y controlados.

Integración de las diferentes estructuras y servicios públicos al servicio de la salud en el Sistema Nacional de Salud.

La descentralización administrativa del sistema sanitario español se caracteriza por un elevado nivel de cohesión territorial y ciudadana, desvinculándose del riesgo de exclusión del sistema de ámbitos territoriales desfavorecidos con escasa población, distribuida de modo disperso.

3.5. SISTEMA NACIONAL DE SALUD (SNS)

Definición del Sistema Nacional de Salud (SNS)

El Sistema Nacional de Salud (SNS) se puede definir como el conjunto coordinado de los Servicios de Salud de la Administración del Estado y los Servicios de Salud de las Comunidades Autónomas (CC.AA.) que integra todas las funciones y prestaciones sanitarias que, de acuerdo con la ley, son responsabilidad de los poderes públicos.

Los elementos del Sistema Nacional de Salud

Los elementos constituyentes y garantes de la cohesión territorial y poblacional del Sistema Nacional de Salud son:

- La Cartera de Servicios
- El Sistema de Información Sanitaria
- Las Políticas y Estrategias de Salud
- La Política Farmacéutica
- La Política de Recursos Humanos

3.6. LA POLÍTICA SANITARIA

Las Políticas y Estrategias de Salud

Las Políticas y Estrategias de Salud, en la medida en que las se fundamentan en estrategias de Estado, incluyen la influencia de los informes, actos, recomendaciones de la Unión Europea y de las organizaciones internacionales específicas, tales como la Organización Mundial de la Salud (OMS).

La Política Farmacéutica

La Política Farmacéutica afronta los gastos farmacéuticos que ascienden a una cuarta parte del Gasto Sanitario Público, en una interrelación institucional compleja con las industrias farmacéuticas, las distribuidoras y las farmacias.

Las Políticas de Recursos Humanos y Materiales

Las Políticas de Recursos Humanos y Materiales implican la ejecución racional, efectiva y eficiente del gasto, un requisito indispensable para la provisión de prestaciones sanitarias dotadas de infraestructuras físicas y tecnológicas de calidad, llevadas a cabo por profesionales con acceso al reciclaje y actualización del conocimiento médico y sanitario.

3.7. LA DISTRIBUCIÓN DE COMPETENCIAS

Las Competencias del Estado y de las Autonomías en materia de sanidad

La Constitución Española de 1978 diseñó una organización territorial del Estado que permitió a las Comunidades Autónomas asumir competencias sanitarias.

El apartado 2 del artículo 43 de la CE establece la competencia de los poderes públicos para organizar y tutelar la salud pública, a través de medidas preventivas de las prestaciones y servicios necesarios.

Por su parte, el Título VIII del texto constitucional diseña una organización territorial del Estado que posibilita la asunción, por las Comunidades Autónomas, de competencias en materia de sanidad, reservando para aquél la regulación de las bases y la coordinación general de la sanidad. Estado y las CCAA desempeñan una labor conjunta orientada a la efectiva materialización de los mandatos constitucionales sobre la parcela asistencia sanitaria.

La distribución competencial se realizó conforme a los mandatos constitucionales, la Ley 14 /1986, de 25 de abril General de Sanidad y la Ley 16/2003 de cohesión y calidad del Sistema Nacional de Salud, de 28 de mayo.

Al amparo de las previsiones constitucionales, y en coherencia con los Estatutos de Autonomía, las Comunidades Autónomas asumieron gradualmente las competencias a través de un proceso de transferencia de la asistencia sanitaria gestionada por el Instituto Nacional de la Salud (INSALUD) que se inició en 1981 y que finalizó en el año 2002.

Las Comunidades Autónomas ejercer las competencias en los siguientes ámbitos de la sanidad:

- Planificación sanitaria.
- Salud pública.
- Asistencia sanitaria.

Las Comunidades Autónomas disponen de sus respectivos Servicios de Salud, que estructuran la administración y la gestión, integrando todos los centros, servicios y establecimientos de la propia Comunidad, Diputaciones, Ayuntamientos y cualesquiera otras Administraciones territoriales intrarregionales.

Coordinación Sanitaria

La Ley 16/ 2003, de 28 de mayo, de cohesión y calidad del Sistema Nacional de Salud contempla el Consejo Interterritorial como un órgano de coordinación y profundiza en materia de coordinación y cooperación dentro del Sistema Nacional de Salud.

El ejercicio de las competencias autonómicas en el ámbito sanitario aproxima la gestión de la asistencia sanitaria al ciudadano, y garantiza la equidad, la calidad y la participación.

El Sistema Nacional de Salud responde y hace efectivos los principios constitucionales de unidad, autonomía y solidaridad en los que se fundamenta el Estado autonómico.

La Ley de Cohesión y Calidad del SNS establece acciones de coordinación y cooperación de las Administraciones públicas sanitarias como medio para asegurar a los ciudadanos el derecho a la protección de la salud.

3.8. EL ENTRAMADO INSTITUCIONAL

El Ministerio de Sanidad

El Ministerio de Sanidad y Consumo es el órgano de la Administración Central encargado de la propuesta y ejecución de las directrices generales del Gobierno sobre la política de salud, planificación y asistencia sanitaria. También desempeña la representación del Estado en los organismos internacionales.

El Departamento vela por la vertebración funcional del Sistema Nacional de Salud, y establece las normas que definen los estándares básicos y comunes de la prestación sanitaria.

Dentro de la estructura orgánica ministerial, tanto la Dirección General de Ordenación Profesional, Cohesión y Alta Inspección, como la Agencia de Calidad del Sistema Nacional de Salud, desarrollan un papel fundamental en el desempeño de estas tareas.

El conjunto del Sistema Nacional de Salud aspira a mantener una tendencia sostenible de mejora de la calidad de un servicio público esencial, cuyos usuarios y razón de ser del mismo, son los ciudadanos, con independencia de su ubicación territorial y su nivel de renta.

El Ministerio de Sanidad y Consumo es el responsable de la coordinación en materia de política farmacéutica y de financiación de los medicamentos, a través de la Dirección General de Farmacia y Productos Sanitarios, y de los procesos de evaluación y autorización de los medicamentos y productos sanitarios.

Otras funciones básicas del Departamento corresponden al ámbito de la salud pública y sanidad exterior, la seguridad alimentaria y la política de protección y defensa de los consumidores.

El desarrollo de la prevención sanitaria se completa con la intervención de la Delegación del Gobierno en el Plan Nacional de Drogas.

El Ministerio ejerce un importante papel en la política de protección y defensa de los consumidores a través de la Dirección General de Consumo.

El Consejo Interterritorial del Sistema Nacional de Salud (CISNS)

El Consejo Interterritorial del Sistema Nacional de Salud (CISNS) es el órgano permanente de coordinación, cooperación, comunicación e información de los servicios de salud.

El Consejo Interterritorial del Sistema Nacional de Salud, desde su constitución en abril de 1987, ha estado compuesto por el mismo número de representantes por parte de la Administración General del Estado, que por parte de las Comunidades Autónomas.

Las Comisiones Técnicas y los Grupos de Trabajo tienen en su funcionamiento una dinámica propia, relacionada con las tareas que se les hayan asignado, y celebran sus reuniones, periódicas o no, en función de sus cometidos.

Las Comisiones Delegadas, son órganos de segundo nivel, presididos por el Secretario General de Sanidad, e integrados por un representante de cada Comunidad Autónoma con rango de viceconsejero o equivalente, y un representante del Ministerio de Sanidad y Consumo que actúa de secretario.

El Comité Consultivo hace efectiva, de manera permanente, la participación social en el Sistema Nacional de Salud. En él se ejerce la participación institucional de las organizaciones sindicales y empresariales en el Sistema Nacional de Salud.

3.9. LA COORDINACIÓN INTERNACIONAL DE LA SANIDAD ESPAÑOLA

La Sanidad Exterior española aborda las siguientes funciones:

- Vigilancia y control de los posibles riesgos para la salud derivados de la importación, exportación o tránsito de mercancías.
- Tráfico internacional de viajeros.
- Relaciones y acuerdos sanitarios internacionales.

3.10. FINANCIACIÓN

La atención a la salud constituye uno de los principales instrumentos de la política redistributiva de la renta en España. Los contribuyentes aportan impuestos en función de su capacidad económica y reciben servicios sanitarios en función de sus necesidades de salud.

La asistencia sanitaria en España es una prestación no contributiva cuya financiación se realiza a través de:

- Impuestos.
- Financiación general de cada Comunidad Autónoma.

La financiación sanitaria dispone de fondos y recursos adicionales:

- Fondo de Cohesión gestionado por el Ministerio de Sanidad.
- Fondo de Consumo
- Programa de Ahorro temporal en Incapacidad Temporal.

3.11. LAS CAPACIDADES DE ORGANIZACIÓN Y ATENCIÓN DEL SISTEMA NACIONAL DE SALUD

La Atención Primaria

Los servicios sanitarios de primer nivel denominados Atención Primaria, brindan al usuario accesibilidad y capacidad de resolución técnica, orientadas al tratamiento de los problemas de salud frecuentes.

La Atención Primaria tiene una distribución territorial muy extensa proporcionando a la población servicios sanitarios básicos situados en una media temporal de 15 minutos desde cualquier ubicación de residencia de los usuarios.

La Atención Primaria garantiza la globalidad y continuidad de la atención a lo largo de toda la vida del paciente, actuando como gestor y coordinador de casos y regulador de los flujos de pacientes.

La Atención Especializada

El Sistema Nacional de Salud, configura un segundo nivel de los servicios sanitarios que es denominado Atención Especializada, un servicio que dispone de los medios diagnósticos y/o terapéuticos de mayor complejidad y coste económico. La necesidad de incremento de la eficiencia hace que Atención Especializada se organice por un proceso de derivación de los facultativos del nivel de Atención Primaria.

La Atención Especializada se presta en una red infraestructuras que cubre todo el territorio del Estado con Centros de Especialidades y Hospitales.

La atención especializada ofrece al usuario los siguientes recursos, servicios y prestaciones:

- Asistencia especializada en consultas.
- Hospital de día, médico y quirúrgico.
- Hospitalización en régimen de internamiento.
- Apoyo a la atención primaria en el alta precoz.
- Hospitalización a domicilio.
- Atención paliativa a enfermos terminales.
- Atención a la salud mental.
- Rehabilitación en pacientes con déficit funcional.
- Servicios de cuidados intensivos, anestesia y reanimación, hemoterapia, rehabilitación, nutrición y dietética, seguimiento del embarazo, planificación familiar y reproducción humana asistida.

Áreas de Salud y Zonas Básicas de Salud

La organización también se rige por los principios de equidad y calidad, localizando los recursos asistenciales, conforme a una planificación basada en demarcaciones demográficas y geográficas delimitadas, denominadas Áreas de Salud, fijadas por cada Comunidad Autónoma.

La tarjeta sanitaria individual (TSI)

La LSNS determina en su artículo 57 que el acceso de los ciudadanos a las prestaciones de la atención sanitaria que proporciona el Sistema Nacional de Salud se proporcionará a través de la tarjeta sanitaria individual.

El documento obedece a los criterios establecidos con carácter general en la Unión Europea y cumple una serie de funciones relevantes en orden al acceso a las prestaciones.

La función acreditativa incluye los datos básicos de identificación del titular para el ejercicio del derecho a la prestación farmacéutica y del servicio de salud o entidad responsable de la asistencia sanitaria.

La tarjeta es gestionada por cada Comunidad Autónoma y contiene unos dispositivos de lectura y comprobación de los datos del usuario en todo el territorio del Estado y para todas las Administraciones públicas.

3.12. LA SALUD PÚBLICA EN EL ÁMBITO DE LA UNIÓN EUROPEA

El Tratado de la Unión Europea recoge el Derecho a la Asistencia Social y médica. La acción de la Unión complementa las políticas nacionales y se encamina a mejorar la salud pública, prevenir las enfermedades y evitar las fuentes de peligro para la salud humana.

La acción europea abarca la lucha contra las enfermedades más graves y ampliamente difundidas, apoyando la investigación de su etiología, de su transmisión y de su prevención, así como la información y la educación sanitarias.

El Tratado establece que la Comunidad complementa la acción de los estados miembros dirigida a reducir los daños a la salud producidos por las drogas, incluidas la información y la prevención.

Los Estados miembros, en colaboración con la Comisión, coordinan entre sí sus políticas y programas respectivos. La Comunidad y los Estados miembros favorecen la cooperación con terceros países y las organizaciones internacionales competentes en materia de salud pública.

Corresponde a los Estados miembros la gestión de la Asistencia Sanitaria y a la Unión Europea actuar en el doble plano de complementariedad de la acción de los Estados y la coordinación de estas acciones.

No existe un modelo europeo de asistencia sanitaria. Cada Estado miembro mantiene un catálogo de prestaciones y un sistema de gestión.

3.13. LECTURAS, ACTIVIDADES, GLOSARIO, BIBLIOGRAFÍA

LECTURAS RECOMENDADAS

Ley de Cohesión y Calidad del SNS -Ley CCSNS.

RD 1030/2006, 15 septiembre 2006.

ACTIVIDADES, EJERCICIOS:

- Trabajo optativo sobre la educación en la Carta Social Europea.
- Trabajo optativo sobre la Ley 16/ 2003, de 28 de mayo, de cohesión y calidad del Sistema Nacional.
- Trabajo optativo sobre OMS.

GLOSARIO

GINER S. LAMO E. TORRES C. "Diccionario de Sociología". Alianza 2006

BIBLIOGRAFÍA OBLIGATORIA

IZQUIERDO J, TORRES R. "Estado de Bienestar y Trabajo Social" Edit. Académica. Madrid 2011.

BIBLIOGRAFÍA

Assar Lindbeck, Perspectivas del Estado de Bienestar, Fundación Carolina, Madrid 2008.

A. Espina, coord., Estado de Bienestar y competitividad. La experiencia europea, Siglo XXI, Madrid 2007.

Alfredo G. Kohn Loncarica y Abel Agüero, "Carlos Alberto Alvarado y los planes de salud rural: las condiciones del éxito y del fracaso en técnica médica," Saber y Tiempo 1 (1997): 489-496

Anne-Emmanuelle Birn, "No more surprising than a broken pitcher? Maternal and child health in the early years of the Pan American Sanitary Bureau," Canadian Bulletin for Medical History 19, 1 (2002): 17-46.

Charles L. Briggs and Clara Mantini-Briggs, Stories in the time of cholera: racial profiling during a medical nightmare Berkeley: Univ. of California Press, 2003.

Christopher Abel. Health Hygiene and Sanitation in Latin America c. 1870 to 1950. London: Univ. of London, Institute of Latin American Studies, Research Papers 42 1996.

Diego Armus, ed. From Malaria to Aids: Disease in the History of Modern Latin America.

Durham, Duke Univ. Press, 2003.

Diego Armus, ed. Entre médicos y curanderos: cultura, historia y enfermedad en la América Latina moderna. Buenos Aires: Ed. Norma, 2002.

Fundamentos Históricos de la Construcción de Relaciones de Poder en el Sector Salud, Argentina, 1940-1960. Buenos Aires: Organización Panamericana de la Salud, 1991.

G. López, "Las estructuras de bienestar en el sector de cuidados de la salud", en S.Muñoz Machado et al., Las estructuras del bienestar en Europa, Cívitas, Madrid 2000.

G. Rodríguez Cabrero, El Estado del bienestar en España: debates, desarrollo y retos, Fundamentos, Madrid 2004.

G. Esping-Andersen, Los tres mundos del Estado de bienestar, Ed.Alfonso el Magnánimo, Valencia 1993.

G. Rodríguez Cabrero, "Estado de Bienestar y sociedad de bienestar. Realidad e ideología", en G.Rodríguez Cabrero, comp., Estado, privatización y bienestar, Icaria, Madrid 1991.

Ignacio Sotelo, "La crisis del Estado social", en E.Bericat, coord., El cambio social en España, Centro de Estudios Andaluces, Sevilla 2006.

J. C. Monedero, "Consideraciones sobre el Estado social y democrático de Derecho en Europa", en E.Alvarado, coord., Retos del Estado de Bienestar en España a finales de los noventa, Tecnos, Madrid 1998.

Javier Puerto Sarmiento, María Esther Alegre y Mar Rey Bueno, eds. sanidad y ciencia en España y Latinoamérica durante el cambio de siglo. Madrid: Doce Calles; 1999.

David Sowell. The Tale of Healer Miguel Perdomo Neira: medicine, ideologies, and power in the nineteenth-century Andes. Wilmington, Delaware: Scholarly Resources Inc, 2001.

Jon Arrizabalaga, "Nuevas Tendencias en la Historia de la Enfermedad: A Propósito del Constructivismo Social," Arbor (Madrid) 143 (1992): 147-165.

Luis Moreno, ed., Reformas de las políticas de bienestar en España, Siglo XXI, Madrid 2009.

M. D. de la Calle, "La política social I: de la beneficencia a la institucionalización de la reforma social", y J. I. Palacio, "La política social II: del Estado legislativo al administrativo: el alcance de la Política Social", ambos en A.

Morales Moya, coord., El Estado y los ciudadanos, Ed.España Nuevo Milenio, Madrid 2001.

N. McEwen y L.Moreno, eds., The Territorial Politics of Welfare, Routledge, Londres 2005.

Patrick Diamond et al., Un modelo social para Europa, Universidad de Valencia, Valencia 2008.

P. Abrahamson, "¿Estado de Bienestar nacional o europeo?", en S.Muñoz Machado et al., Las estructuras del bienestar en Europa, Civitas, Madrid 2000.

R. Muñoz del Bustillo, "Retos y restricciones del Estado de Bienestar en el cambio de siglo", en R. Muñoz del Bustillo, coord., El Estado de bienestar en el cambio de siglo, Alianza, Madrid 2000.

R. Trumper and L. Phillips, "Give me discipline and give me death: Neoliberalism and Health in Chile," International Journal of Health Services 27, 1 (1997): 41-55.

S. Muñoz Machado, J.F.Mestre y V.Alvarez, "La europeización de las garantías de los derechos y la universalización en Europa de algunas políticas de bienestar", en S.Muñoz Machado et al., Las estructuras del bienestar en Europa, Cívitas, Madrid 2000.

T.H.Marshall y T.Bottomore, Ciudadanía y clase social, Alianza, Madrid 1998. Hay otra traducción del texto de Marshall en el nº 79 de la Revista Española de Investigaciones Sociológicas, de 1997, con una presentación de F.J.Noya.

W. Abendroth, E.Forsthoff y K.Doehring, El Estado Social, Centro de Estudios Constitucionales, Madrid 1986 (ver los artículos de Abendroth y Fortshoff).

R. Montoro, "El Estado de Bienestar moderno", en S.Muñoz Machado et al., Las estructuras del bienestar en Europa, Cívitas, Madrid 2000.

R.Mishra, El Estado de bienestar en crisis, Ministerio de Trabajo y Seguridad Social, Madrid 1992.

Los sistemas de seguridad social | 4

ESQUEMA

Se identifican las dimensiones constitutivas de los Sistemas de Seguridad Social, considerados como antecedentes inmediatos, a la vez que un pilar básico del Estado del Bienestar.

El análisis aborda el asunto desde tres perspectivas congruentes e interrelacionadas, la internacional, la europea y la española. Desde esta última perspectiva se lleva a cabo un análisis de los componentes y del funcionamiento, sobre todo, a partir de la vigencia de la Constitución de 1978.

El capítulo concluye con un análisis de la Seguridad Social española en relación a la sostenibilidad del modelo social europeo y del Estado del Bienestar en el siglo XXI, sus perspectivas de reforma y su adaptación a las transformaciones impuestas por las realidades demográfica, tecnológica y económica.

4.1. INTRODUCCIÓN

4.1.1. Objetivos generales y específicos

Se pretende que el alumno lea, sintetice y comprenda críticamente las dimensiones constitutivas y el funcionamiento de los Sistemas de Seguridad Social y sus reformas de adaptación a las exigencias sociales presentes y futuras.

Que conozca y distinga conceptos, marcos teóricos y modelos.

Que elabore e introduzca en sus trabajos análisis y razonamientos prospectivos de carácter global sobre los contextos de los Sistemas de Seguridad Social y la diversidad de factores que en ellos influyen, así como sus implicaciones para la intervención profesional.

En concreto se invita a analizar con carácter crítico las relaciones y la influencia mutuas entre los Sistemas de Seguridad Social y la realidad social dinámica y cambiante de pertenencia, con la finalidad de prevenir y entender los procesos sociales emergentes así como las posibles soluciones, preventivas o paliativas, ante los mismos.

Para ello es preciso entender la complejidad de la Seguridad Social española como instrumento que incide en la capacidad de inclusión socioeconómica de la población.

En concreto, este capítulo aspira a que se analicen, de manera crítica, los orígenes y evolución de los Sistemas de Seguridad Social como pilares del Estado de Bienestar, a la vez que como sistemas que deben transformarse y adaptarse a las exigencias de sostenibilidad y cobertura del modelo social europeo.

Palabras Clave

Seguridad Social, política social, derechos sociales, Estado del Bienestar, pensiones, jubilaciones, desempleo, prestaciones, Organización Internacional del Trabajo (*OIT*), *entidades gestoras,* servicios comunes, régimen general, *regímenes especiales,* seguro, *Seguro de Vejez* (*SOVI*), Agencia Europea para la Seguridad y la Salud en el Trabajo (EU-OSHA).

Ideas básicas

Los sistemas iniciales de protección social estuvieron vinculados a fórmulas basadas en el ahorro privado, la mutualidad, el seguro privado, la responsabilidad civil y la asistencia pública. Todos ellos dotados de una manifiesta insuficiencia capacidad previsional y protectora.

El proceso de formación de los Sistemas de Seguridad Social surge desde finales del siglo XIX hasta la época actual, cuando grupos y organizaciones de trabajadores establecieron mecanismos de protección mutua que alcanzaron gradualmente a todos los sectores productivos, hasta llegar a la protección social de toda la población.

Los orígenes propiamente dichos de la seguridad social pueden situarse en la Alemania de Guillermo I. La Ley del Seguro de Enfermedad, en 1883 se puede considerar como el embrión de la futura Seguridad Social.

El punto de partida de las políticas de protección social en España se puede situar en la Comisión de Reformas Sociales que se encargó del estudio de cuestiones que interesasen a la mejora y bienestar de la clase obrera.

La dimensión internacional originaria que impulsa la tendencia de implementación de los Sistemas de Seguridad Social, se vincula a la Organización Internacional del Trabajo (OIT) fundada en 1919.

El impulso definitivo originario de la Seguridad Social concebida como un sistema integral de protección social se produce en 1941, a propuesta del británico William Beveridge.

La Declaración Universal de los Derechos Humanos, aprobada por la Asamblea General de las Naciones Unidas en 1948, proclamó el derecho a la Seguridad Social en su artículo 22.

En Europa, los beneficios de la Seguridad Social son más generosos que los del resto del mundo, por ejemplo, los supuestos de las pensiones: los trabajadores se jubilan a edad más temprana, con un mayor porcentaje de su sueldo.

La Conferencia Interamericana de Seguridad Social (CISS) es un organismo internacional que tiene por objeto contribuir al desarrollo de la seguridad social en los países de América.

En España, en 1963 se estableció la Ley de Bases de la Seguridad Social cuyo objetivo principal era la implantación de un modelo unitario e integrado de protección social, con una base financiera de reparto, gestión pública y participación del Estado en la financiación.

El artículo 41 de la Constitución de 1978 establece la confluencia del modelo contributivo y del asistencial. El citado artículo determina que los poderes públicos mantendrán un régimen público de Seguridad Social para todos los ciudadanos.

El artículo 149.1.17ª de la Constitución de 1978 fija que el Estado tiene competencia exclusiva sobre la legislación básica y régimen económico de la Seguridad social, sin perjuicio de la ejecución de sus servicios por las Comunidades autónomas.

En España se produjo la confluencia del modelo contributivo y del asistencial en la Seguridad Social, al establecer que los poderes públicos mantendrán un régimen público para todos los ciudadanos, que garantice la asistencia y prestaciones sociales suficientes ante situaciones de necesidad, especialmente en caso de *desempleo*.

En 1995 se firmó el Pacto de Toledo, con el apoyo de todas las fuerzas políticas y sociales. Tuvo como consecuencia importantes cambios y el establecimiento de una hoja de ruta para asegurar la estabilidad financiera y las prestaciones futuras de la Seguridad Social.

El Observatorio de la Asociación Internacional de la Seguridad Social (AISS) hace un seguimiento de los programas de Seguridad Social en el mundo y ofrece información sobre cuestiones fundamentales, así como análisis de las principales tendencias de evolución. La identificación y el intercambio de buenas prácticas ayudan a mejorar su eficiencia operativa y administrativa.

4.2. ANTECEDENTES, ORIGEN Y DESARROLLO

Antecedentes

Los sistemas de Seguridad Social son el resultado de un dilatado proceso histórico originado por la necesidad de eliminar o aminorar las fracturas sociales excluyentes que han padecido y aún sufren importantes proporciones de la población.

Los sistemas iniciales de protección social estuvieron vinculados a fórmulas basadas en el ahorro privado, la mutualidad (prestaciones mutuas), el seguro privado, la responsabilidad civil y la asistencia pública. Todos ellos dotados de una manifiesta insuficiencia de capacidad previsional y protectora.

Las cajas de ahorro concebidas como mecanismos de previsión tienen su primer exponente en la Caja de Ahorro de Hamburgo en 1778, la fórmula posteriormente se extendió por toda Europa. Sin embargo resultó ser un mecanismo de previsión social de poca incidencia por los bajos salarios.

El seguro privado surgió a finales del siglo XIX, y fue concebido como un contrato de derecho privado, carente del principio de solidaridad por su naturaleza mercantil, con objeto de cubrir ciertos riesgos y contingencias sociales.

Orígenes

Los orígenes propiamente dichos de la Seguridad Social pueden situarse en la Alemania de Guillermo I. En el periodo comprendido de 1883 a 1889, durante la Cancillería de Bismarck, se aprobaron las leyes que establecieron seguros obligatorios contributivos, restringidos a la clase trabajadora, que cubrían enfermedades, accidentes, invalidez y vejez y eran financiados por el Estado, patrones y trabajadores. La Ley del Seguro de Enfermedad, en 1883 se puede considerar como el embrión de la futura Seguridad Social.

Otro de los hitos significativos relativo al origen de la Seguridad Social lo encontramos en Inglaterra, que fue el primer país donde se introdujo, en 1911, el Seguro de Desempleo Obligatorio.

La dimensión internacional originaria que impulsa la tendencia de implementación de los Sistemas de Seguridad Social, se vincula a la Organización Internacional del Trabajo (OIT) fundada en 1919, en el marco de las negociaciones que se abrieron en la Conferencia de la Paz realizada primero en París y luego en Versalles al finalizar la Primera Guerra Mundial.

La OIT se organizó desde un principio con un gobierno tripartito, único en su género, integrado por representantes de los gobiernos, los trabajadores y los empleadores.

Entre 1919 y 1921 la OIT sancionó dieciséis convenios internacionales del trabajo y dieciocho recomendaciones, y en 1926 introdujo un mecanismo de control, aún vigente, por el cual cada país debía presentar anualmente una memoria informando sobre el estado de aplicación de las normas internacionales.

Desde su creación, la OIT promueve políticas y ofrece a los Estados miembros instrumentos y asistencia, con el objetivo de mejorar y extender la cobertura de la protección social a una gama completa de contingencias, tales como seguridad de ingreso básico en caso de necesidad, asistencia médica, enfermedad, vejez e invalidez, desempleo, accidentes en el trabajo o enfermedades profesionales, maternidad, responsabilidades familiares y muerte. Además se buscan alternativas para mejorar la protección social de los trabajadores migrantes.

En 1919, durante la vigencia de la República de Weimar en Alemania, la protección social alcanzó un rango constitucional que otorgó un papel más activo y amplio al Estado: se superaba el ámbito específico de la Seguridad Social, para contemplar intervenciones en otros ámbitos como el de la vivienda y la educación.

Desarrollo

Tras el Crack bursátil de 1929, que desató una crisis financiera y socioeconómica mundial, la Administración Demócrata en Estados Unidos, presidida por Franklin D. Rossevelt, estableció el seguro de desempleo en 1935 mediante una Ley Federal, y una Seguridad Social a través de la Social Security Act de 1935, que concibió un sistema mixto de seguros sociales y de asistencia estatal.

El impulso definitivo originario de la Seguridad Social, concebida como un sistema integral de protección social, se produce en 1941, cuando el británico

William Beveridge elaboró un informe, a petición del gobierno laborista, en el que propuso un modelo de reconstrucción para el periodo de posguerra.

El documento, titulado Report to the Parliament on Social Insurance and Allied Services, precisó que todo ciudadano en edad laboral debía pagar una serie de tasas sociales semanales, con el objetivo de poder establecer una serie de prestaciones en caso de *enfermedad, paro, jubilación*, etc.

El Informe Beveridge consagró la Seguridad Social como un sistema al dotarla de un carácter integral y universal y al extender sus beneficios a toda la población.

El sistema se concibió como un derecho social solidario que obligaba a la sociedad y al Estado a proporcionar un mínimo de bienestar general, independientemente de las aportaciones que pudiera realizar cada individuo a la financiación de los servicios y por tanto, los costos de la reforma debían ser cubiertos con los recursos fiscales del Estado y con las contribuciones específicas de los trabajadores y empresarios al nuevo sistema.

El carácter integral del Plan Beveridge es el efecto de la construcción de un sistema de beneficios sociales que fuera capaz de proteger a los ciudadanos desde la cuna hasta la tumba y que atacara los cinco males gigantes de las sociedades modernas definidos como la indigencia, las enfermedades, la ignorancia, la suciedad y la ociosidad. El conjunto del sistema se conoció como el Welfare State Británico.

El Plan Beveridge incluyó un Sistema de Seguridad Social unitario que asumía los siguientes ámbitos prestacionales:

- Las pensiones por enfermedades, maternidad, vejez, viudez y desempleo.
- Un servicio nacional de salud destinado a la atención médica gratuita con cobertura universal.
- Un sistema de asistencia nacional orientado a completar los subsidios de la Seguridad Social cuando fueran insuficientes con el fin de lograr el mínimo de subsistencia deseado; el otorgamiento de subsidios familiares universales y la adopción del objetivo del pleno empleo como política de Estado.
- Los beneficios se extendieron a la educación, vivienda y atención especializada a niños.

Beveridge consideraba que la intervención estatal al asumir los gastos por enfermedad y las pensiones de jubilación permitía a la industria beneficiarse del incremento de la productividad y de la competitividad.

En 1944, William Beveridge publicó otro documento conocido como Full Employment in a Free society, en el que sostuvo que la puesta en marcha de un eficaz sistema de protección social exige una situación de pleno empleo. En este punto sus ideas progresistas convergen con las de otro economista británico, John Maynard Keynes, que creó el paradigma de la economía de la demanda, conocido como keynesianismo y cuyo principio establece la validez de la intervención estatal en el crecimiento económico, la creación de empleo y desarrollo social inclusivos, a través de inversiones dirigidas a la creación de grandes infraestructuras favorecedoras de la capacidad productiva y empleo.

Las ideas de Beveridge tuvieron su traducción en el ámbito sanitario en el nacimiento del National Health Service (NHS), un servicio nacional de salud encargado de las prestaciones de medicina preventiva y curativa en1948.

El modelo de bienestar británico pronto se extendió por el resto de países de Europa occidental que fueron incorporando los compromisos de bienestar de carácter integral y universal en sus respectivas legislaciones, con adaptaciones singulares.

4.3. LA PROTECCIÓN INTERNACIONAL DE LA SEGURIDAD SOCIAL

Los esfuerzos por reconocer a la Seguridad Social como un derecho de todos los ciudadanos, incluyendo el derecho a la salud, a la atención médica, al trabajo, a una vejez digna, y a la provisión de medios de subsistencia, tuvieron un protagonismo relevante en la agenda mundial hacia la segunda mitad del siglo XX.

La expresión Seguridad Social quedó sancionada en su significado actual en la Carta del Atlántico de 1941 y en la Declaración de Whashington de 1942, en las cuales se proclamaba:

- *Todas las naciones tienen el deber de colaborar en el campo económico social, a fin de garantizar a sus ciudadanos las mejores condiciones de trabajo, de progreso económico y de seguridad social.*

La Declaración de Filadelfia, aprobada por la Conferencia Internacional del Trabajo de la OIT en 1944, tuvo como propósito generar programas y planes que respondiesen a las nuevas exigencias sociales de la posguerra mundial.

La Declaración Universal de los Derechos Humanos, aprobada por la Asamblea General de las Naciones Unidas en 1948, proclamó el derecho a la Seguridad Social.

Principios y objetivos similares fueron incorporados a otros actos internacionales como por ejemplo:

- Carta de la Libertad Europea de 1950.
- Carta Social Europea de 1961.
- Declaración de Principios Sociales de América-Conferencia Interamericana de Chapultepec (México), 1945
- Pacto Internacional de Derechos Económicos, Sociales y Culturales, 1966.
- Pacto Internacional de Derechos Civiles y Políticos, 1966.
- Convención Americana de Derechos Humanos de 1969.
- Declaraciones Iberoamericanas de Seguridad Social de Buenos Aires de 1972 y de Panamá de 1976.
- Convención sobre la eliminación de todas las formas de discriminación contra la mujer de 1979.

El Convenio 102 o Norma Mínima de Seguridad Social

En 1952, se adoptó el Convenio 102 sobre la Seguridad Social, conocido también como Norma Mínima de Seguridad Social, que sentó un precedente importante para el desarrollo de las legislaciones sociales y sus correspondientes capacidades institucionales y administrativas en los ámbitos nacionales.

La Norma Mínima incluyó rubros básicos de la Seguridad Social:

- Asistencia médica.
- Prestaciones monetarias de enfermedad.
- Prestaciones de desempleo, de vejez, por accidente de trabajo o enfermedad profesional.
- Prestaciones familiares, de maternidad, por invalidez.
- Prestaciones de sobrevivientes.
- Normas sobre la igualdad de trato a los residentes no nacionales.
- Un elemento importante del Convenio 102 fue la determinación de cuotas mínimas de cobertura por cada rubro de la seguridad social, ya sea como un porcentaje de los trabajadores y asalariados o de los residentes del país.

Cabe señalar que este Convenio no hace referencia a los mecanismos específicos de implementación de la Seguridad Social en cada país.

El Convenio 102 se basa en los siguientes principios:

- Protección total y coordinada de las diversas contingencias que, sin culpa del trabajador, puedan traer como resultado la pérdida temporal o permanente del salario, asistencia médica y prestaciones familiares;
- Extensión de esta protección a todos los adultos en la medida en que la necesiten, así como a las personas a su cargo;
- Certeza, legalmente establecida, de recibir prestaciones, aunque sean módicas, que les permitan mantener un nivel de vida socialmente aceptable.
- Financiación por métodos que obliguen a la persona protegida a tener presente en cierta medida el costo de las prestaciones que recibe, pero que, al mismo tiempo, apliquen el principio de solidaridad entre todos los hombres.

4.4. LA SEGURIDAD SOCIAL EN ESPAÑA

Origen y desarrollo

Las primeras normas de protección social en España se gestaron en el ámbito del Derecho Laboral. Las primeras leyes estuvieron destinadas a la protección de mujeres y niños en el trabajo.

La Ley de 24 de julio de 1873, fue la primera norma de la legislación laboral española, cuyo objeto fue:

- La regulación del trabajo de los menores y mujeres.
- El establecimiento de otras prohibiciones como la de los trabajos nocturnos a menores de 16 años.

La Ley de 26 de julio de 1878 reguló el trabajo de los menores:

- Prohibió algunos trabajos a menores de dieciséis y dieciocho años: trabajos peligrosos, insalubres, de fuerza, dislocación, equilibrio y como buzos o domadores de fieras.
- Estableció un mecanismo de persecución penal a los padres de estos niños. A diferencia de la anterior, ésta sí tuvo cierta efectividad.

La Comisión de Reformas y el Instituto de Reformas Sociales

El punto de partida de las políticas de protección social en España se puede situar en la Comisión de Reformas Sociales (1883) que se encargó del estudio de cuestiones que interesasen a la mejora y bienestar de la clase obrera.

La creación en diciembre de 1883 de la Comisión de Reformas Sociales significa el primer intento de institucionalizar en España la llamada cuestión social. Sus orígenes debemos buscarlos en la nueva sociedad industrial, que transforma el espacio productivo, con la aparición de la fábrica; el social, con el proletariado como nueva clase social emergente; y el urbano, con el surgimiento de la ciudad industrial.

El proceso de cambio provocó intensas polémicas ideológicas y actuaciones normativas de las clases dirigentes españolas, que concibieron la reforma social como un dispositivo estratégico para la anulación de las teorías revolucionarias obreras.

La Comisión marcó un punto de inflexión positivo en la actuación del Estado en las cuestiones sociales. Al mismo tiempo fue un precedente del intervencionismo científico social en el trabajo, pues si la Comisión fue un ensayo, la creación del Instituto de Reformas Sociales en 1903 supuso la institucionalización definitiva de la reforma social en España.

La Comisión de Reformas Sociales se puede considerar la primera piedra de la protección social española, cuyos efectos posteriores dieron lugar a la fundación del Instituto Nacional de Previsión en 1908 y a la creación del Ministerio de Trabajo en 1920.

La Ley de Accidentes de Trabajo de 31 de enero de 1900

Este instrumento normativo supuso un avance jurídico notable en los siguientes ámbitos:

- Introdujo el concepto de indisponibilidad de los derechos del trabajador. El concepto de indisponibilidad se puede definir como toda cláusula contractual donde el trabajador renuncie a los derechos que el legislador le otorga, es nula.
- Estableció un listado de las consideradas incapacidades profesionales y las posibles indemnizaciones en caso de accidente de trabajo.
- Adoptó la Teoría del Riesgo Profesional. El riesgo es consustancial al trabajo que se realiza. El empresario, paga una indemnización en caso de accidente laboral, o protege al trabajador mediante una póliza de seguros, suscrita con alguna de las aseguradoras reconocidas legalmente por el Estado, que cubra ese riesgo en concreto.

En 1906, se estableció la Inspección de Trabajo y su Reglamento, cuya función principal fue la fiscalización del cumplimiento de la Ley de Accidentes de trabajo de 1900.

En 1912, se aprobó la Ley de la Silla, norma con la que se comenzó a regular la obligación, en los establecimientos no fabriles, de los empresarios de conceder una silla a las trabajadoras durante el desarrollo de la actividad laboral.

La Dictadura de Primo de Rivera

La dictadura de Primo de Rivera (1923-30) mantuvo los principios reparadores de la normativa laboral en materia de riesgos laborales.

El Código de Trabajo de 1926 recopiló y fijó las condiciones de trabajo.

La Ley de Accidentes de Trabajo de 1922, abordó el concepto de prevención, con un significado desviado al referirse sólo a la reparación del accidente de trabajo.

La II República

La II República y su vocación social inclusiva nacieron en el contexto internacional marcado por la Gran Depresión de 1929 y el auge de los fascismos en Europa, que en la versión española tuvo como resultado la dictadura franquista que ostento el poder durante cuatro décadas tras la guerra civil.

La Constitución de la Segunda República Española supuso un avance notable en el reconocimiento y defensa de los derechos humanos por el ordenamiento jurídico español y en la organización democrática del Estado:

- Un tercio de su articulado se consagró a recoger y proteger los derechos y libertades individuales y sociales.

En relación a las iniciativas concebidas y dirigidas al cambio social inclusivo caben destacar:

- La Ley de Accidentes de Trabajo de 1932, estableció que el seguro, hasta entonces de carácter voluntario, se transforma en obligatorio.
- La Ley del Contrato de Trabajo de 1931.
- La Ley de Seguro Obligatorio de Trabajo de 4 de julio de 1932
- La Ley de 13 de julio de 1936, donde se obliga a asegurar al trabajador ante la Enfermedad Profesional.

La Dictadura de Franco

La Dictadura de Franco estableció ya en 1938, como norma fundamental, el Fuero del Trabajo, basado en unos principios sustanciados en los valores fascistas, sobre las directrices orientadoras de la regulación sociolaboral, que predican una preocupación por la figura del trabajador pero le dejan sin representación ni negociación posible.

El Reglamento General de Seguridad e Higiene en el Trabajo, 1940, recogió de manera sistemática medidas preventivas y de higiene en la empresa.

La Ley de Reglamentaciones de Trabajo de 1942 reguló, sectorialmente, las condiciones de trababalo.

Ley de Bases de la Seguridad Social de 1963

En 1963 se estableció la Ley de Bases de la Seguridad Social cuyo objetivo principal era la implantación de un modelo unitario e integrado de protección social, con una base financiera de reparto, gestión pública y participación del Estado en la financiación.

A pesar de esta definición de principios, muchos de los cuales se plasmaron en la Ley General de la Seguridad Social de 1966, con vigencia de 1 de enero de 1967, lo cierto es que aún persistieron:

• Antiguos sistemas de cotización alejados de los salarios reales de trabajadores.
• Ausencia de revalorizaciones periódicas.
• La tendencia a la unidad no se plasmó al pervivir multitud de organismos superpuestos.

La Ley de Financiación y Perfeccionamiento de la Acción Protectora de 1972

La Ley de Financiación y Perfeccionamiento de la Acción Protectora de 1972 intentó corregir sin éxito los problemas financieros existentes con la consecuencia de:

• Agravar los problemas financieros al incrementar la acción protectora, sin establecer los correspondientes recursos.

Por ello, no será hasta la implantación de la democracia en España, y la aprobación de la Constitución, cuando se produzcan una serie de reformas en los distintos campos que configuran el sistema de la seguridad social actual.

Los Pactos de la Moncloa y el Real Decreto Ley 36/1978

La primera gran reforma se produce con la publicación del Real Decreto Ley 36/1978, de 16 de noviembre, que, en función de lo acordado en los Pactos de la Moncloa, crea un sistema de participación institucional de los agentes sociales favoreciendo la transparencia y racionalización de la Seguridad Social.

La reforma supuso el establecimiento de un nuevo sistema de gestión realizado por los siguientes Organismos:

- El Instituto Nacional de la Seguridad Social, para la gestión de las prestaciones económicas del sistema.
- El Instituto Nacional de Salud, para las prestaciones sanitarias (Organismo que posteriormente pasará a denominarse Instituto Nacional de Gestión Sanitaria).
- Instituto Nacional de Servicios Sociales, para la gestión de los servicios sociales (Organismo que posteriormente pasará a denominarse Instituto de Mayores y Servicios Sociales).
- El Instituto Social de la Marina, para la gestión de los trabajadores del mar.
- La Tesorería General de la Seguridad Social, como caja única del sistema actuando bajo el principio de solidaridad financiera.

La Seguridad Social en la Constitución española de 1978

En el artículo 41 podemos observar la confluencia del modelo contributivo y del asistencial. El citado artículo establece

- *"Los poderes públicos mantendrán un régimen público de Seguridad Social para todos los ciudadanos, que garantice la asistencia y prestaciones sociales suficientes ante situaciones de necesidad, especialmente en caso de desempleo. La asistencia y prestaciones complementarias serán libres".*

Así, pues, este sistema mixto se estructura en tres niveles:

- básico,
- profesional
- y complementario.

Competencias

El artículo 149.1.17ª establece que el Estado tiene competencia exclusiva sobre la *legislación básica y régimen económico* de la Seguridad social, sin perjuicio de la ejecución de sus servicios por las Comunidades autónomas.

El Sistema de Seguridad Social a partir de 1980

En la década de los ochenta se llevaron a cabo una serie de medidas encaminadas a mejorar y perfeccionar la acción protectora, al extender las prestaciones de los colectivos no cubiertos y dar una mayor estabilidad económica al sistema de la Seguridad Social.

Entre estas medidas, cabe citar:

- El proceso de equiparación paulatina de las bases de cotización con los salarios reales.
- La revalorización de las pensiones en función de la variación del índice de precios al consumo.
- La ampliación de los períodos necesarios para acceder a las prestaciones y para el cálculo de las pensiones.
- La simplificación de la estructura de la Seguridad Social.
- El inicio de la separación de la financiación, de forma que, las prestaciones de carácter contributivo se financiaran a cargo de las cotizaciones sociales, mientras que las de naturaleza no contributiva encontrasen su cobertura financiera en los impuestos.

En esta década, se crea la Gerencia de Informática de la Seguridad Social, para coordinar y controlar la actuación de los servicios de Informática y proceso de datos de las distintas Entidades Gestoras.

La década de los noventa supuso una serie de cambios sociales que han tenido su influencia dentro del sistema de Seguridad Social: cambios en el mercado de trabajo, mayor movilidad en el mismo, incorporación de la mujer al mundo laboral etc., que han exigido adaptar la protección a las nuevas necesidades surgidas.

El Pacto de Toledo

En 1995 se firmó el Pacto de Toledo, con el apoyo de todas las fuerzas políticas y sociales, que tuvo como consecuencia importantes cambios y el establecimiento de una hoja de ruta para asegurar la estabilidad financiera y las prestaciones futuras de la Seguridad Social.

Las manifestaciones de los cambios introducidos desde 1990, reforzados por el Pacto de Toledo se tradujeron en:

- La implantación de las prestaciones no contributivas.
- La racionalización de la legislación de la Seguridad Social.
- La mayor adecuación entre las prestaciones recibidas y la exención de cotización previamente realizada.
- La creación del *Fondo de Reserva de la Seguridad Social.*
- La introducción de los mecanismos de jubilación flexible.
- La incentivación de la prolongación de la vida laboral.
- Medidas de mejora de la protección, en los supuestos de menor cuantía de pensiones,

En los últimos años la Seguridad Social también se ha adaptado a la aparición de las nuevas tecnologías y al auge de los servicios por vía telemática y a la constante incorporación y optimización de servicios vía Internet.

Entidades gestoras y servicios comunes de la Seguridad Social en España

Las entidades gestoras son entes públicos, con personalidad jurídica propias y creados para llevar a cabo, bajo la dirección y tutela del Ministerio de Trabajo y Seguridad Social, la gestión y administración de las prestaciones concedidas por el sistema de la Seguridad Social.

El Sistema de la Seguridad Social se compone de un Régimen General y diferentes Regímenes Especiales.

Régimen General

En el Régimen General están comprendidos los españoles mayores de dieciséis años, cualquiera que sea su sexo, estado civil y profesión, que residan y ejerzan normalmente su actividad en territorio nacional, siempre que concurra en ellos la condición de trabajadores por cuenta ajena o asimilados, en las distintas ramas de la actividad económica.

Se incluyen en el Régimen General expresamente los que lo sean a domicilio y también los eventuales, de temporada o fijos, incluso de trabajo discontinuo, sea cual fuere su categoría profesional y la forma y cuantía de la remuneración que perciban.

Regímenes Especiales

Incluyen a aquellos trabajadores que realicen actividades profesionales cuya naturaleza, peculiares condiciones de tiempo y lugar o por la índole de sus procesos productivos, precisen beneficios que otorga la seguridad social.

Actualmente existen los siguientes Regímenes Especiales:

- Régimen Especial Agrario.
- Régimen Especial de los Trabajadores por Cuenta Propia o Autónomos.
- Régimen Especial de los Empleados de Hogar.
- Régimen Especial de la Minería del Carbón.
- Régimen Especial de los Trabajadores del Mar.

4.5. LOS RETOS PRESENTES Y FUTUROS DE LOS SISTEMAS DE SEGURIDAD SOCIAL

La Asociación Internacional de la Seguridad Social

La Asociación Internacional de la Seguridad Social asume el desarrollo de los programas y sistemas de seguridad social como uno de los logros más importantes de la política social en el siglo XX. Sin embargo, la consolidación y extensión de la Seguridad Social seguirán siendo grandes desafíos durante las próximas décadas.

La Seguridad Social, tal y como la define la Asociación Internacional de la Seguridad Social, puede incluir programas de seguridad social, programas de asistencia social, programas universales, programas de mutuas, cajas de previsión nacionales y otros sistemas, incluidos los enfoques orientados al mercado que, de conformidad con la legislación o práctica nacional, formen parte del sistema de seguridad social de un país.

La Asociación Internacional de la Seguridad Social define la seguridad social como todo programa de protección social establecido por una ley o por cualquier otro acuerdo obligatorio que ofrezca a las personas un cierto grado de seguridad de ingresos cuando afrontan las contingencias de la vejez, supervivencia, incapacidad, invalidez, desempleo o educación de los hijos. También puede ofrecer acceso a cuidados médicos curativos o preventivos.

Mejor gestión de los procesos de reforma de la seguridad social

Los regímenes de seguridad social en todo el mundo afrontan serios desafíos, entre los que cabe mencionar: el impacto de la globalización, el envejecimiento demográfico, la falta de cobertura en la protección social, los mercados laborales cambiantes, el aumento de la migración, las estructuras familiares cambiantes y la innovación tecnológica en la información y las telecomunicaciones.

A la luz de estos desafíos, es necesario que la seguridad social se adapte y cree sistemas sostenibles y accesibles de protección social. Idealmente, éstos deberían estar basados en respuestas de políticas integradas, proactivas e innovadoras con el fin de promover sociedades socialmente inclusivas y económicamente productivas frente a estos desafíos y la necesidad de adaptación.

La incidencia de los cambios demográficos se considera uno de los desafíos más importantes a los que deberán enfrentarse las instituciones de seguridad social en el futuro. En los países industrializados, los crecientes costos de las pensiones y de la salud representan una grave amenaza para la economía y para los presupuestos públicos.

Si bien, en un futuro cercano, la población de edad avanzada de muchos países en desarrollo aumentará en gran medida, los regímenes de pensiones siguen siendo muy modestos en comparación con las necesidades que se avecinan.

Para la seguridad social, el envejecimiento es el desafío más importante que plantean los cambios demográficos. Es menester recalcar que el envejecimiento no sólo hace referencia a la creciente proporción de ciudadanos mayores (o jubilados), sino a un desequilibrio en los grupos de edades: una disminución de la población joven debido a la disminución de la tasa de fecundidad, un aumento de la población activa que acabará disminuyendo en un futuro bastante cercano o no, según el país, y por supuesto un creciente número de personas mayores y muy mayores.

En algunos países en desarrollo, la incidencia del VIH/SIDA supone una impacto importante en la estructura demográfica de la población, dada su alta prevalencia en el grupo de edad de 20 a 49 años y sus repercusiones en las cotizaciones de seguridad social.

El nivel de cobertura de la seguridad social varía ampliamente de un país a otro e incluso dentro de un mismo país. Si bien en las economías más ricas la cobertura es casi universal, en algunos países de África subsahariana y de Asia del sur el nivel de cobertura es inferior al 10 por ciento de la población.

De acuerdo con las estimaciones disponibles, menos del 25 por ciento de la población mundial tiene acceso a una seguridad social adecuada. Por ello, la mejora de la cobertura es vital.

Vejez y sobrevivientes

En todo el mundo, los regímenes que ofrecen seguridad financiera en la vejez se encuentran bajo una presión creciente. En muchos países, la población está envejeciendo rápidamente debido al aumento de la esperanza de vida y a la disminución de las tasas de fecundidad.

A esto se añaden los problemas que se presentan en las familias extensas así como en otras formas tradicionales de asistencia a los ancianos, que están disminuyendo debido a la presión de la urbanización, de la mundialización y de la mayor movilidad.

Los regímenes públicos de seguridad en la vejez necesitan reformas. Existen regímenes muy costosos y que no proveen una protección adecuada a las personas mayores.

Durante las últimas dos décadas, los pagos en concepto de prestaciones de invalidez aumentaron significativamente en la mayoría de los países industrializados, a pesar de que su tasa de crecimiento ha ido disminuyendo. Esto se produjo pese a los crecientes esfuerzos por prevenir las discapacidades y a una mejora manifiesta y a largo plazo de las condiciones físicas de trabajo, como por ejemplo la disminución del trabajo manual.

La tendencia observada en el aumento de prestaciones de invalidez tal vez se deba a los cambios en los criterios de elegibilidad, a la interpretación y a la administración de esos criterios, a la incidencia de las discapacidades, a la mayor tendencia a solicitar prestaciones o a una combinación de estos factores.

Por otro lado, la estructura y la administración de las prestaciones de invalidez pueden alentar a algunas personas a demostrar su elegibilidad para las prestaciones sin realmente serlo.

De este modo, no sólo se exigen mayores recursos al programa, sino que se reduce la oferta de mano de obra en una época en la que muchos países industrializados se hallan ante una posible escasez de ésta.

La política sanitaria

La política sanitaria es una de las cuestiones más importantes que figuran actualmente en las agendas de política social, siendo un desafío mundial primordial la garantía de un acceso sostenible a cuidados de la salud asequibles y de calidad.

Todo el mundo reconoce que el acceso inadecuado y la ausencia de sistemas prepago para los cuidados de la salud son barreras al desarrollo económico y social. Cada año, unas 100 millones de personas se sumen anualmente en la pobreza debido a los costes de los cuidados de la salud implicando un drástico descenso de las oportunidades de crecimiento.

Políticas de empleo

En las últimas décadas han surgido nuevas formas y patrones de empleo que hoy presentan desafíos a los mercados laborales y a la seguridad social. Estos cambios están ejerciendo importantes repercusiones en distintos niveles.

Así, el número de trabajadores a tiempo completo en un empleo regular está disminuyendo, mientras que aumentan el empleo a tiempo parcial y otras formas atípicas de empleo. La inseguridad en el puesto de trabajo y los períodos de empleo entrecortados son realidades cada vez más presentes.

En otro orden de ideas, el desempleo ha aumentado considerablemente en algunos países y ha ejercido presión en las finanzas de diversos regímenes de protección contra el desempleo. Las políticas de empleo desempeñan un papel crucial a la hora de afrontar los desafíos antes mencionados.

Políticas de sustitución de los ingresos

Los regímenes de protección contra el desempleo ofrecen una indemnización en caso de pérdida de los ingresos resultante del desempleo involuntario. De este modo, los regímenes de protección contra el desempleo funcionan como una sustitución de ingresos durante periodos de ajuste económico.

Menos de 80 países en todo el mundo disponen de un régimen de protección contra el desempleo, mayoritariamente seguros sociales.

El goce del beneficio del seguro está generalmente limitado y su monto está relacionado con los ingresos percibidos antes del desempleo. A falta de un régimen de seguro social, varios países pueden ofrecer subsidios de un sólo monto fijo, abonados por una entidad estatal o por el empleador. Un pequeño número de países ofrece cuentas obligatorias individuales de desempleo, cuyas prestaciones totales equivalen al valor del capital acumulado en la cuenta individual del asegurado.

Una nueva orientación hacia políticas de fomento de la participación en el mercado laboral

Como resultado de los desafíos antes mencionados, los regímenes de protección contra el desempleo han tomado una nueva orientación. Además de sus funciones tradicionales de sustitución de los ingresos, estos regímenes han comenzado a ser proactivos: fomento de medidas de activación para facilitar el acceso de los desempleados al mercado de trabajo o adopción de medidas hacia un adecuado balance entre el trabajo y la vida familiar. El mantenimiento de los pagos de indemnización se vincula cada vez más con la participación en programas del mercado laboral, tales como actividades de formación, creación de empleos, bolsas de empleos y empleos subvencionados.

Las políticas de empleo ayudan a contrarrestar el aumento del desempleo

La Unión Europea, la Organización para la Cooperación y Desarrollo Económicos y otras instancias internacionales consideran que las políticas de empleo son un elemento clave de las estrategias para generar empleo y reducir la presión financiera ejercida sobre los regímenes de indemnización del desempleo.

En los países miembros de la OCDE y algunos otros, las estrategias de políticas de empleo proveen un importante instrumento de política a corto plazo para contrarrestar el aumento del desempleo, promover la reinserción profesional y la participación en el mercado de trabajo y mantener o mejorar la empleabilidad.

Varias experiencias nacionales han demostrado que una intervención anticipada mediante medidas adaptadas a cada caso puede incrementar las posibilidades de que la persona se reincorpore al mercado laboral. En tal sentido, algunos países también brindan medidas adicionales a través de un seguimiento individual de los solicitantes de empleo.

Políticas familiares

Los cambios demográficos, los bajos índices de natalidad y el aumento de la participación de las mujeres en el mercado de trabajo son algunos de los factores que influyen en la necesidad de las sociedades de invertir en capital humano adoptando políticas familiares dinámicas en el ámbito de la seguridad social.

Las políticas familiares no sólo comprenden la indemnización de los costos adicionales ocasionados por los hijos, sino también prestaciones de maternidad y paternidad, subsidios de cuidado diurno, al igual que programas para fomentar la participación de las mujeres en el mercado de trabajo equilibrando las necesidades de la familia.

Existen dos modelos para la elaboración de políticas familiares, basados en diferentes ideologías. El primero propone la organización de la vida familiar, del equilibrio profesional y de la educación de los hijos esencialmente como responsabilidad de los padres y no del Estado. El segundo se basa en la opinión de que un niño es un ciudadano con derechos individuales: tanto los padres como la sociedad son responsables de su desarrollo y bienestar.

No obstante, dado que todas las sociedades están experimentando importantes cambios y se enfrentan a desafíos demográficos, culturales o económicos similares, hoy, el enfoque de los objetivos de ambos modelos tiene una mayor convergencia.

Nuevos riesgos sociales

La desaparición de la red de seguridad social que solía ofrecer la familia, además del cambio en el entorno de trabajo y la incidencia de la mundialización, han provocado la aparición de nuevos riesgos sociales.

Estos nuevos riesgos han puesto de manifiesto las limitaciones de la red de seguridad social y la necesidad de que el Estado adopte nuevas políticas sociales. Las políticas familiares pueden ayudar a las sociedades a enfrentar esos desafíos, en particular ayudando a los padres a cargar con la doble responsabilidad de ocuparse de sus hijos y de mantener una carrera profesional plena.

Los países en desarrollo enfrentan problemas específicos. Los regímenes de protección social no cuentan con la capacidad para hacer frente a todos los desafíos actuales, y los regímenes formales de seguridad social existentes no se adaptan a la gran economía no estructurada.

Se estima que algunos de estos problemas se podrían atenuar gracias a una mejor combinación de las políticas oficiales de seguridad social con el modelo familiar y comunitario tradicional.

Hacia políticas familiares integradas y centradas en el niño

Muchos factores confirman la pertinencia de la adopción de políticas familiares integradas y centradas en el niño, que ofrezcan un equilibrio entre el papel de la familia y el de la comunidad en la educación de los niños, así como entre los intereses de los padres y los de los hijos.

Algunos de estos factores son:

- Una mayor conciencia de las repercusiones de por vida de los cuidados infantiles inadecuados o inestables.
- La tendencia a considerar la educación como una inversión en capital humano.
- El cuestionamiento de la división del trabajo entre hombres y mujeres.
- La toma de conciencia en torno a la continua desigualdad de géneros y a la exclusión de los niños.
- La participación activa de organizaciones internacionales en el ámbito del derecho de los niños.

Riesgos profesionales

Las condiciones de trabajo ejercen una influencia directa y considerable en la salud y el bienestar de los trabajadores.

Cada tres minutos, en algún lugar del mundo, una persona muere debido a un accidente de trabajo o a una enfermedad profesional. Los accidentes del trabajo provocan una pérdida de alrededor del 4 por ciento del PIB. Por lo tanto, la preservación de la salud de cada ser humano constituye un objetivo primordial de la seguridad social.

Los regímenes de accidentes del trabajo abonan una indemnización por las lesiones relacionadas con el empleo y por las enfermedades profesionales.

La eficacia de un régimen de accidentes del trabajo depende de diversos factores. El principal indicador es la reducción de los accidentes del trabajo y de las enfermedades profesionales. Por lo tanto, el concepto de prevención de los riesgos profesionales está anclado en muchos de estos regímenes, respaldados por un marco legal que define las competencias, los roles, las responsabilidades y la esfera de acción.

El vínculo entre prevención y seguro de indemnización de accidentes puede habilitar mecanismos eficaces para reducir tanto los accidentes en el lugar de trabajo como las enfermedades profesionales y ofrecer un incentivo para que los empleadores incrementen las actividades de prevención en la empresa, dado que la prevención incide en la tasa de cotización abonada exclusivamente por el empleador.

La prevención paga

La prevención incluye toda medida destinada a evitar acontecimientos no deseados que puedan limitar o destruir la solidez física o mental y el bienestar del individuo.

No se trata únicamente de una cuestión ética sino también de una preocupación económica, dado que una prevención exitosa beneficia a otros regímenes de seguridad social, tales como los de jubilación y de atención médica general. Es provechoso para los trabajadores, para las empresas y para la sociedad en su conjunto.

En muchos países, las actividades de prevención de accidentes profesionales ejercen una gran influencia. Las estadísticas indican que, cuando se invierte en medidas de prevención durante algún tiempo, se produce una importante disminución de los accidentes de trabajo y, en general, de las enfermedades profesionales.

La mundialización y el rápido ritmo de cambio en el lugar de trabajo están dando lugar a nuevos riesgos profesionales que pueden exigir nuevas estrategias y una adaptación de las medidas de seguridad y salud.

La prevención es el elemento central de una seguridad social dinámica

El concepto de prevención también se considera cada vez más como una mejor manera de ofrecer seguridad en otros regímenes de seguridad social: por ejemplo, prevención de enfermedades, prevención del desempleo (a largo plazo), prevención de la pobreza después de la jubilación, etc.

Los éxitos y las lecciones aprendidas en el ámbito de la seguridad y de la salud son muy útiles para las demás ramas de la seguridad social.

Financiación de los sistemas de seguridad social

Los regímenes de seguridad social se hallan ante nuevos desafíos difieren en gran medida de aquellos enfrentados en décadas pasadas y tienen muchas repercusiones en su financiación.

Existe un amplio consenso sobre qué ha de esperarse de los regímenes de Seguridad Social:

• Extensión de la cobertura con prestaciones adecuadas.

Sin embargo, este objetivo debe alcanzarse garantizando al mismo tiempo la sostenibilidad financiera de los regímenes a mediano y largo plazo. Este es un desafío particular para diversos ámbitos de la seguridad social, en especial para las pensiones, debido al envejecimiento demográfico, y para la atención médica, debido al aumento de los costos conexos.

Por supuesto, estos desafíos deben considerarse a la luz de la mundialización y de un mercado laboral cada vez más precario. El objetivo final de los Sistemas de Seguridad Social es abonar prestaciones cuando son pagaderas. Ante todo, esto implica gozar de una sostenibilidad financiera.

Los Sistemas nacionales de Seguridad Social contribuyen a la protección social de la población mediante la redistribución de una parte significativa del producto interno bruto, que supone más del 30 por ciento en algunos países. Esta importante cantidad de recursos se compone de:

- Las cotizaciones sociales abonadas por los empleados, los empleadores y los gobiernos.
- Las transferencias de los gobiernos (es decir, los impuestos y beneficios de asignación específica, los ingresos generales y los créditos internacionales.
- Otras disposiciones más recientes tales como el microseguro, el micro-crédito y los regímenes de protección comunitarios.

Una inversión en el futuro

Los estudios de la AISS en este ámbito indican que, recientemente, ciertos países han comenzado a crear y ampliar fondos de reserva para garantizar la sostenibilidad a largo plazo de sus regímenes y disponer de una salvaguarda para periodos de dificultad, anticipados o no.

Algunos países que habían reducido progresivamente sus regímenes de reparto hoy están considerando sea la introducción de pensiones sociales financiadas por medio de los impuestos, sea el fortalecimiento de las disposiciones del seguro social.

Por último, algunos países están extendiendo la cobertura mediante la introducción de una serie de prestaciones básicas, también financiadas con los impuestos.

La clave es una gobernanza sólida

Los fondos de la Seguridad Social están aumentando considerablemente. El entorno en el cual se invierten presenta muchas oportunidades y, al mismo tiempo, un contexto complicado dominado por instrumentos financieros complejos y de crisis en los mercados financieros.

Para los Sistemas de Seguridad Social, se trata de un entorno hostil en el que los riesgos dificultan la inversión de los fondos. Por consiguiente, las instituciones deben permanecer alertas y minimizar los riesgos asociados adoptando estructuras de gobernanza sólidas.

Al mismo tiempo, deben garantizar que las fuentes de ingresos repercutan en Sistemas de Seguridad Social sostenibles desde un punto de vista financiero.

Observatorio de la Seguridad Social

El Observatorio de la AISS hace un seguimiento de los programas de Seguridad Social en el mundo y ofrece información sobre cuestiones fundamentales, así como análisis de las principales tendencias de evolución.

La AISS gestiona diversas bases de datos únicas sobre seguridad social: una perspectiva general de los sistemas de seguridad social en el mundo; un seguimiento de las reformas en los sistemas de seguridad social; resúmenes de los sistemas de pensiones complementarias y privadas; acceso a la legislación en materia de seguridad social; y un archivo y bibliografía completos sobre seguridad social.

Los perfiles nacionales ofrecen un resumen completo de los programas de seguridad social en las Américas, África, Asia y el Pacífico, y Europa. Recoge descripciones de regímenes de más de 170 países y territorios, y perfiles de sistemas de pensiones complementarias y privadas en acerca de 60 países.

El monitor de la Seguridad Social permite acceder a una variedad de información, fuentes y publicaciones externas en materia de seguridad social.

Base de datos sobre Buenas Prácticas en la Seguridad Social

La identificación y el intercambio de buenas prácticas ayudan a las organizaciones e instituciones de la seguridad social a mejorar su eficiencia operativa y administrativa.

En el contexto de la AISS, la buena práctica se define como cualquier clase de experiencia (por ejemplo: una actuación, una medida, un proceso, un programa, un proyecto o una tecnología) realizada en el marco de una organización de la seguridad social con miras a promover la mejora de sus capacidades administrativas y operativas, así como la presentación efectiva y eficiente de programas.

Las buenas prácticas seleccionadas por la AISS se centran en temas relacionados con prioridades como las que se definen en el programa y el presupuesto de la Asociación.

Las buenas prácticas provienen de las instituciones miembros de la AISS y se recopilan principalmente a través de la labor de las once Comisiones Técnicas de la AISS y los Premios de Buenas Prácticas de la AISS.

Foro Regional de la Seguridad Social para Europa

El primer Foro Regional de la Seguridad Social en Europa se realizó por invitación de la Institución del Seguro Social (ZUS), Polonia.

El Foro era una plataforma única para el intercambio de información sobre las tendencias más importantes en materia de seguridad social en el continente europeo.

Los puntos destacados del programa:

- Presentación del informe sobre los desarrollos de tendencias de la Seguridad Social en Europa, por Hans-Horst Konkolewsky, Secretario General de la AISS.
- Conferencia sobre los desafíos demográficos y la Seguridad Social, por Sarah Harper, Profesora de gerontología, Universidad de Oxford y Directora del Instituto de estudios sobre la vejez.
- Conferencia sobre el mercado de trabajo y la Seguridad Social, por Yves Fluckiger, Profesor de Economía Política, Director del Observador del Empleo en la Universidad de Ginebra.
- Conferencia sobre la Gobernanza de las instituciones de Seguridad Social en un contexto complejo, por Chris de Neubourg, Profesor de Economía en la Escuela Superior de Governanza, Universidad de Maastricht.
- La Cumbre regional de la Seguridad Social para Europa.

4.6. LECTURAS, ACTIVIDADES, GLOSARIO, BIBLIOGRAFÍA

Lecturas recomendadas

Comisión de las Comunidades Europeas y Consejo de la Unión Europea, Informe conjunto de la Comisión y del Consejo sobre la adecuación y la viabilidad de las pensiones, Bruselas, 2003.

Actividades, ejercicios

Trabajo optativo sobre la Asociación Internacional de la Seguridad Social (AISS).

Trabajo optativo sobre la Agencia Europea para la Seguridad y la Salud en el Trabajo (EU-OSHA)

Glosario

GINER S. LAMO E. TORRES C. "Diccionario de Sociología". Alianza 2006.

Di Tella, Torcuato, Hugo Chumbita, Susana Gamba y Paz Guajardo (2004), Diccionario de Ciencias Sociales y Políticas, Ed. Ariel, Primera Edición, Buenos Aires.

Bibliografía obligatoria

IZQUIERDO J, TORRES R. "Estado de Bienestar y Trabajo Social" Ediciones Académicas. Madrid 2011.

Bibliografía recomendada

Baylos Grau A, Romero Rodenas M. J. *La Seguridad Social a la luz de sus reformas, pasadas, presentes y futuras*. (Coord): Monereo J.L, Molina C. Vida N., Ed, Comares, 2008. ISBN- 978-84-9836-339-5.

Romero Rodenas M. J, Tarancón Pérez E. *Prestaciones del régimen general de la Seguridad Social: tras las reformas de 2007*. Ed. Altaban. ISBN: 978-84-96465-72-5, pags. 285. Edición Revisada 2008.

Bibliografía

Baylos Grau A, Romero Rodenas M. J. *La Seguridad Social a la luz de sus reformas, pasadas, presentes y futuras*. (Coord): Monereo J.L, Molina C. Vida N., Ed, Comares, 2008. ISBN- 978-84-9836-339-5.

Comisión de las Comunidades Europeas (2003), *Informe conjunto de la Comisión y del Consejo sobre la adecuación y la viabilidad de las pensiones*, Bruselas.

Di Tella, Torcuato, Hugo Chumbita, Susana Gamba y Paz Guajardo (2004), *Diccionario de Ciencias Sociales y Políticas*, Ed. Ariel, Primera Edición, Buenos Aires.

González Roaro, Benjamín (2003), *La seguridad social en el mundo*, Siglo XXI Editores, México.

Jusidman, Clara (1996), *La política social en Estados Unidos*, Miguel Ángel Porrúa Grupo Editorial, México.

López Gandia J., MJ Romero Rodenas; Daniel Toscani. *La prevención de ries-gos laborales en el sector de la construcción: legislación, criterios técnicos y jurisprudencia"*. Editorial Bomarzo, 2008. ISBN: 978-84-96721-50-0, págs. 324.

Romero Rodenas M. José. *La conciliación de la vida laboral, familiar y perso-nal en la negociación colectiva de Castilla-La Mancha.* "las politicas de con-ciliación de la vida laboral, familiar y personal. Editora: Maria Jose Romero Rodenas. ISBN 978-84-96721-89-0, págs. 285. Editorial Bomarzo, 2009.

Romero Rodenas M. J. *Accidente de Trabajo y sistema de prestaciones* (Coor-dinadora M. J Romero). Editorial Bomarzo 2009. ISBN 978-84-96721-87-6. Págs. 307

Romero Rodenas M. J.. *El recargo de prestaciones*. Editorial Bomarzo 2010. ISBN 978-84-96721-99-9. Pags. 96.

Romero Rodenas M. J. Dreptul si Legitimitatea. *The concept and his integra-tes elements of Word accidents*. ISBN 878-973-127-345-7, págs. 175 a189

Romero Rodenas M. J., Tarancon Pérez. *Prestaciones del Régimen General de la Seguridad Social*, ed. Altaban, 2010. ISBN:978-84-96465-98-5, págs. 297.

Terradillos Basoco, Acale Sánchez, García Rivas, Gómez Rivero, Huete Pé-rez, Ruiz Rodríguez, Gallardo García, Romero Rodenas, González Agudelo. *La siniestralidad laboral. Incidencia de las variables "género", "inmigra-ción" y "edad"*. CL: El acoso laboral en la mujer: una forma de violencia de género. Editorial Bomarzo, 2009. ISBN: 978-84-96721-80-7 págs. 125- 146

Tarancón Pérez E., Romero Rodenas M.J. *Prestaciones del Régimen General de la Seguridad Social*. Editorial Altabán 2011. ISBN 978-84-15252-00-9 págs. 317.

WEBS

http://www.ilo.org/global/lang--es/index.htm

http://www.issa.int/

http://www.osha.gov/

http://europa.eu/index_es.htm

http://www.seg-social.es/Internet_1/index.htm

http://www.eclac.org/default.asp?idioma=IN

http://www.un.org/

Los servicios sociales y el trabajo social | 5

ESQUEMA

Se identifican las dimensiones constitutivas de los Servicios Sociales, el Trabajo Social y el Tercer Sector, considerados como pilares básicos del Estado del Bienestar. El análisis aborda el asunto desde tres perspectivas congruentes e interrelacionadas, la internacional, la europea y la española. Desde esta última perspectiva, se lleva a cabo un análisis de los componentes y funcionamiento de estos servicios públicos en España, sobre todo, a partir de la vigencia de la Constitución de 1978.

5.1. INTRODUCCIÓN

5.1.1. Objetivos generales y específicos. Palabras Clave. Ideas básicas

Se pretende que el alumno lea, sintetice y comprenda críticamente las dimensiones constitutivas y el funcionamiento de estos servicios públicos y sus reformas de adaptación a las exigencias sociales presentes y futuras.

Que conozca y distinga conceptos, marcos teóricos y modelos.

Que elabore e introduzca en sus trabajos análisis y razonamientos prospectivos de carácter global sobre los contextos de estos servicios públicos y la diversidad de factores que en ellos influyen, así como sus implicaciones para la intervención profesional.

En concreto se invita a analizar con carácter crítico las relaciones y la influencia mutuas entre estos servicios y la realidad social dinámica y cambiante de pertenencia, con la finalidad de prevenir y entender los procesos sociales emergentes así como las posibles soluciones, preventivas o paliativas, ante los mismos.

Para ello es preciso entender la complejidad de los Servicios Sociales, el Trabajo Social y el Tercer sector en España como instrumentos que inciden en la capacidad de inclusión socioeconómica de la población.

Palabras Clave

Servicios Sociales, Trabajo Social, Tercer Sector, Política Social, Derechos Sociales, Estado del Bienestar, modernización, operadores privados, Unión Europea, asistencialismo latinoamericano.

Ideas básicas

Los Servicios Sociales, el Trabajo Social y el Tercer Sector, concebidos como un subsistema del Estado y de los Sistemas del Bienestar Europeo, orbitan entorno a los principios rectores de la Declaración Universal de Derechos Humanos.

En el contexto histórico de la extrema exclusión social de las poblaciones latinoamericanas surge el Trabajo Social de rasgos asistencialistas. El debate actual latinoamericano gira entorno a las concepciones teóricas e imaginarios de la corriente de Trabajo Social surgida en Brasil.

La delimitación del significado de los Servicios Sociales, el Trabajo Social y el Tercer Sector en la Unión Europea (UE), está configurada por los sistemas legales universales y los sistemas complementarios de protección social, en sus diversas formas de organización. Estos servicios ejercen una función de prevención y de cohesión social, y aportan una ayuda personalizada para facilitar la inclusión de las personas en la sociedad y garantizar la realización de sus Derechos Fundamentales.

La implicación europea en lo relativo a los Servicios Sociales también se basa en la aplicación del Derecho Comunitario. La armonización europea se dirige a la modernización de estos servicios, reclamando una organización y financiación más transparentes y eficaces.

Todos los Estados de la UE miembros han iniciado procesos de modernización de los servicios sociales para afrontar mejor las tensiones entre universalidad, calidad y viabilidad financiera.

En el caso de España y al amparo de una interpretación constitucional significativa, los Servicios Sociales, el Trabajo Social y el Tercer Sector pueden ser considerados el cuarto pilar del Estado del Bienestar, en una sociedad donde los otros tres pilares serían el de los servicios sanitarios, el de los servicios educativos y las pensiones y prestaciones económicas de garantía de ingresos para la subsistencia.

La Constitución española de 1978 no contiene de manera expresa un reconocimiento del sistema público de los Servicios Sociales. Sin embargo, varios de sus artículos, en los que aparece de forma implícita un compromiso con la política social y los derechos sociales, garantizan su existencia.

5.2. LA DIMENSIÓN INTERNACIONAL

Los orígenes de la dimensión internacional de los Servicios Sociales, el Trabajo Social y el Tercer Sector los podemos vincular a los siguientes hitos:

- El Servicio Social Internacional (SIS) creado en 1921, tiene su sede en Ginebra. Se trata de la primera asociación concebida para dar respuesta a todas aquellas personas desplazadas como consecuencia de la Primera Guerra Mundial (1914-1918).
- La Unión Católica Internacional del Servicio Social (UCIS) nació en 1925 y su sede se estableció en Milán en 1925. La UCIS centró su intervención en la expansión de centros de formación de Trabajo Social en América del Sur, Asia y Oceanía.
- La I Conferencia Internacional de Servicio Social (CISS) se realizó en 1928, en París. Al evento asistieron representantes de 42 estados. La sede es estableció en Nueva York.
- La Asociación Internacional de Escuelas de Trabajo Social (IASSW) fundada en 1929, ostenta la condición de miembro del Sistema de las Naciones Unidas. En la ONU, la IASSW desarrolla su actividad en el Consejo Económico y social (ECOSOC), en la UNICEF y en la UNESCO.
- La Federación Internacional de Trabajo Social (FITS) fue fundada en 1956 en Munich.

El impulso definitivo de la dimensión internacional del Trabajo Social se produce tras la Segunda Guerra Mundial con el transfondo de la defensa de los Derechos Humanos, incluyendo de forma manifiesta su vertiente material.

5.2.1. La intervención social derivada de las Naciones Unidas (ONU)

El 10 de diciembre de 1948, la Asamblea General de las Naciones Unidas aprobó y proclamó la Declaración Universal de Derechos Humanos.

La proclamación de la Declaración Universal de Derechos Humanos instó a los países a promover y a asegurar el ejercicio efectivo de los mismos a través de la implementación de medidas progresivas de carácter nacional e internacional.

La consolidación internacional del Estado del Bienestar y, por consiguiente, el marco de pertenencia y delimitación de sus significados político, jurídico, social e institucional, es donde se inserta el Trabajo Social a partir de la segunda mitad del siglo pasado.

El origen de la intervención social internacional deriva del conjunto de los órganos especializados y de las agencias del sistema institucional de la ONU. El desarrollo social ha sido uno de los pilares de las Naciones Unidas desde su fundación y está estrechamente vinculado con el desarrollo económico.

La ONU ha hecho hincapié en el desarrollo social como eje fundamental para garantizar el mejoramiento de la vida de todas las personas:

Artículo 25

- *Toda persona tiene derecho a un nivel de vida adecuado que le asegure, así como a su familia, la salud y el bienestar, y en especial la alimentación, el vestido, la vivienda, la asistencia médica y los servicios sociales necesarios; tiene asimismo derecho a los seguros en caso de desempleo, enfermedad, invalidez, viudez, vejez u otros casos de pérdida de sus medios de subsistencia por circunstancias independientes de su voluntad.*
- *La maternidad y la infancia tienen derecho a cuidados y asistencia especiales. Todos los niños, nacidos de matrimonio o fuera de matrimonio, tienen derecho a igual protección social.*

ONU. Intervención y enfoque en el ámbito social

La ONU ha organizado actividades innovadoras en materia de investigación y acopio sobre datos de población, salud y educación que por primera vez dieron lugar a indicadores fiables a escala mundial.

La ONU ha apoyado los esfuerzos de los gobiernos por hacer llegar a toda la población los Servicios Sociales, de salud, educación, planificación de la familia, vivienda y saneamiento, además de elaborar modelos para programas sociales que integran los aspectos sociales, económicos, ambientales y culturales del desarrollo.

En el contexto de la globalización se plantean nuevos problemas para el desarrollo social, tales como la cuestión del reparto más equitativo de los beneficios de la mundialización.

La labor de la ONU en la esfera social tiene un enfoque cada vez más centrado en la gente y ha revalorado al desarrollo social, al que se le había restado importancia en aras de atender con más énfasis los temas económicos.

La compensación de ese déficit de atención a la cuestión social ha llevado a la ONU a convocar muchas conferencias mundiales que se centran en problemas de desarrollo social. Entre estas conferencias podemos mencionar las siguientes:

- Conferencia Mundial sobre la Educación para Todos (Jomtien, Tailandia; 1990)
- Cumbre Mundial en favor de la Infancia, (Nueva York; 1990)
- Conferencia Mundial sobre la Población y el Desarrollo (El Cairo; 1994)
- Cumbre Mundial sobre el Desarrollo Social (Copenhague; 1995)
- Cuarta conferencia Mundial sobre la Mujer: Acción para la Igualdad, el Desarrollo y la Paz (Beijing, 1995)

La evaluación de las intervenciones

La Asamblea General de la ONU, cada cinco años y en períodos extraordinarios de sesiones, procede a una evaluación del progreso logrado en cada una de las esferas abordadas por las conferencias sobre desarrollo social.

La evaluación se centra en el examen de la aplicación de las medidas adoptadas en las conferencias tales como población y desarrollo (1999), la mujer (2000), el desarrollo social (2000), los asentamientos humanos (2001), los niños (2002), la alimentación (2002) y el desarrollo sostenible (2002).

5.3. ÁMBITOS ESPECÍFICOS DE INTERVENCIÓN

5.3.1. Envejecimiento

El tema de las personas de edad es de gran interés para las Naciones Unidas, especialmente debido a las repercusiones para la salud y el ejercicio efectivo de los Derechos Humanos en su vertiente material.

En los últimos años se ha dado mayor énfasis al tratamiento de la cuestión de las personas de edad, debido a que ha aumentado la expectativa de vida en el mundo alrededor de 20 años, mientras que la tasa de fecundidad va en descenso.

La ONU promueve el ajuste sostenible de los sistemas y servicios de las sociedades que envejecen para que las personas de mayor edad puedan disfrutar de ingresos seguros y atención a la salud de forma sostenible.

El Plan de Acción Internacional sobre el envejecimiento

El Plan de Acción Internacional sobre el envejecimiento fue aprobado en la Asamblea Mundial sobre el Envejecimiento realizada en Viena en 1982).

El Plan de Acción Internacional sobre el envejecimiento recomienda medidas en los sectores del empleo y la seguridad económica, la salud y la nutrición, la vivienda, la educación y el bienestar social.

La iniciativa considera a las personas de mayor edad como un grupo de población diverso, activo y con necesidades especiales, en algunos casos.

Principios y Marco de políticas para una sociedad para todas las edades

Los Principios de las Naciones Unidas en favor de las personas de mayor edad fueron aprobados en 1991 y establecieron normas universales en cinco ámbitos principales:

- Independencia. Participación. Atención. Realización personal y Dignidad.

Para la ONU lograr una sociedad inclusiva para todas las edades implica estudiar y proponer un marco general de políticas que traten cuatro dimensiones:

- La situación de las personas de edad. El desarrollo individual a lo largo de toda la vida. Las relaciones entre generaciones. La relación entre desarrollo y envejecimiento de la población.

Programa de Investigación del envejecimiento para el siglo XXI

El Marco de políticas sobre "una sociedad para todas las edades" y el Programa de Investigación sobre el envejecimiento para el siglo XXI son instrumentos que sintetizan las políticas dirigidas a facilitar la transición hacia una sociedad para todas las edades.

La Asamblea General de la ONU convocó la Segunda Asamblea Mundial sobre el Envejecimiento en Madrid en 2002. El evento tuvo la finalidad de crear una nueva estructura institucional para el envejecimiento y transformarla en políticas específicas.

5.3.2. Mujer

Las Naciones Unidas y la red de Comisiones y Agencias han estructurado las medidas de apoyo a la mujer sobre una base de datos objetiva:

- En el mundo en desarrollo, entre el 50% y el 80% de la producción, la elaboración y la comercialización de alimentos, corre a cargo de las mujeres, así como el 70% de las pequeñas empresas.

División para el Adelanto de la Mujer

Entre los organismos que trabajan en pro de los derechos a la mujer encontramos a la División para el Adelanto de la Mujer, organismo responsable del Programa Mundial sobre la Mujer y la adopción de una perspectiva de género en el sistema de las Naciones Unidas.

La División para el Adelanto de la Mujer vigila que todas las organizaciones que integran el sistema de Naciones Unidas, tengan en cuenta las cuestiones relacionadas con la mujer y que generen políticas y programas específicos.

Comisión de la Condición Jurídica y Social de la Mujer

La Comisión de la Condición Jurídica y Social de la Mujer, forma parte del Consejo Económico y Social y se encarga de examinar el progreso logrado hacia la igualdad de las mujeres en todo el mundo y de formular recomendaciones para promover los derechos de la mujer en los planos político, económico y social.

Conferencia Mundial sobre la Mujer de Pekín (Beijing)

La Comisión de la Condición Jurídica y Social de la Mujer preparó la Cuarta Conferencia Mundial sobre la Mujer llevada a cabo en Beijing, China en 1995.

En esta conferencia más de 180 gobiernos acordaron:

- *"alcanzar la meta de igual participación de las mujeres y los hombres en la toma de decisiones brindará el balance necesario para fortalecer la democracia y promover su correcto funcionamiento. Sin embargo, las mujeres continúan estando sub-representadas en los parlamentos, los consejos empresariales, las negociaciones de paz y en muchas otras áreas donde las decisiones son tomadas."*

El UNIFEM

El Fondo de Naciones Unidas para el Desarrollo de la Mujer (UNIFEM), creado en 1976 es un instrumento financiero innovador, que apoya intervenciones dentro del mundo en desarrollo y promueve el papel de la mujer en el ámbito político, económico y social.

Los programas de intervención abarcan desde las tradicionales labores agrícolas, las mejores condiciones laborales de las mujeres en las campañas de educación pública, hasta el diseño de nuevas leyes que tomen en cuenta el género para los sistemas de mercado.

Las actividades y los avances logrados en pro de las mujeres por el UNIFEM se publican en un informe anual, con los principales programas llevados a cabo en continuidad o los nuevos planes implementados en las distintas partes del mundo.

La ONU ha buscado que las distintas sociedades tengan una conciencia colectiva acerca de la importancia de la participación de las mujeres y por ello, el 16 de diciembre de 1977, la Asamblea General invitó a todos los Estados a que proclamaran como Día de las Naciones Unidas para los Derechos de la Mujer el 8 de marzo.

Instituto Internacional de Investigaciones y Capacitación de las Naciones Unidas para la Promoción de la Mujer (INSTRAW)

La ONU dispone de un instituto que se dedica exclusivamente a la investigación y la capacitación para la promoción de la mujer. El Instituto Internacional de Investigaciones y Capacitación de las Naciones Unidas para la Promoción de la Mujer (INSTRAW), fue creado en 1975.

5.3.3. Drogas

Aproximadamente, más de 200 millones de personas alrededor del mundo hacen uso indebido de las drogas. El fenómeno provoca problemáticas tales como el aumento de gasto sanitario, la desestructuración familiar, el deterioro de las comunidades, la propagación del SIDA y de la hepatitis, el incremento de la delincuencia y de la violencia, la expansión de la corrupción y de las actividades económicas ilegales, la financiación de algunos de los conflictos armados más sangrientos, etc.

Comisión de Estupefacientes

El principal organismo intergubernamental dedicado a la fiscalización internacional de las drogas es la *Comisión de Estupefacientes*, que es una comisión orgánica del Consejo Económico y Social de las Naciones Unidas.

Junta Internacional de Fiscalización de Estupefacientes (JIFE)

La Junta Internacional de Fiscalización de Estupefacientes (JIFE), es un órgano independiente y cuasi jurídico compuesto por 13 miembros que supervisa el cumplimiento de los tratados de fiscalización internacional de drogas, por parte de los gobiernos, y presta apoyo a estos en ese ámbito.

La JIFE tiene entre sus objetivos:

- Garantizar que las drogas se destinen a fines médicos y científicos.
- Impedir su desviación hacia canales ilegítimos.
- Establecer límites máximos aplicables a las cantidades de estupefacientes que los países necesitan para fines médicos y científicos.
- Organizar misiones de investigación y visitas técnicas en los países que sufren el problema de la droga.

Organización de las Naciones Unidas contra la Droga y el Delito (ONUDD)

La Organización de las Naciones Unidas contra la Droga y el Delito (ONUDD), es el programa rector de todas las actividades de las Naciones Unidas en este ámbito.

El instrumento contribuye a evitar situaciones que podrían favorecer la producción, el tráfico y el uso indebido de drogas y apoya a los gobiernos a establecer estructuras y estrategias de fiscalización, además de prestar asistencia técnica en materia de fiscalización, promover la aplicación de los tratados sobre fiscalización y servir de centro de conocimientos especializados y fuente de información a nivel mundial.

El ONUDD aborda el problema mundial de las drogas a través de una amplia gama de actividades tales como:

- Programas de base comunitaria de prevención, tratamiento y rehabilitación con la participación de organizaciones no gubernamentales y la sociedad civil.
- Prestación de asistencia para el desarrollo alternativo en cuyo marco se ofrecen nuevas oportunidades económicas a poblaciones que dependen de la producción de cultivos ilícitos que es preciso suprimir.
- Mejoramiento de la capacitación y la tecnología para combatir el tráfico de drogas y aumentar la eficiencia de los organismos encargados de hacer cumplir la ley.
- Prestación de asistencia a los medios empresariales y a las organizaciones no gubernamentales, para ayudarles a crear programas encaminados a reducir la demanda de drogas, tales como el Programa mundial de Vigilancia de los Cultivos Ilícitos.
- Programa Mundial de Evaluación y el Programa de Asistencia Jurídica.

5.3.4. Salud

Rasgos generales de la intervención

La Organización de las Naciones Unidas promueve que las personas tengan acceso a los servicios de salud básicos.

La ONU apoya los servicios de asistencia sanitaria, luchando contra las enfermedades infecciosas, proveyendo medicinas esenciales, mejorando la salubridad de las ciudades y dando asistencia médica en casos de emergencia.

Las enfermedades infecciosas siguen siendo un grave problema mundial, causando hasta un 45 % de las muertes que se producen en África y Asia Sudoriental y el 48 % de las muertes prematuras registradas en el mundo.

Nuevos factores han sido determinantes en evitar que se gane la lucha contra las enfermedades infecciosas, entre los que podemos mencionar: el aumento de la resistencia a los medicamentos, el constante incremento del volumen de viajes internacionales y la aparición de enfermedades nuevas.

La Organización Mundial de la Salud (OMS)

La OMS es el organismo especializado de la ONU que coordina la acción mundial contra las enfermedades. Es la Organización Mundial de la Salud.

La OMS ha marcado metas ambiciosas a fin de lograr la salud para todos, facilitando el acceso a la salud reproductiva, fomentando la colaboración y promoviendo estilos de vida y entornos sanos.

La Constitución de la OMS define la salud como un estado de completo bienestar físico, mental y social, y no solamente la ausencia de afecciones o enfermedades.

La OMS desempeña un papel esencial en la promoción de la atención primaria de la salud, el suministro de medicamentos esenciales, la mejora de la salubridad de las ciudades y la promoción de entornos y estilos de vida sanos.

Investigación y supervisión de las epidemias

La OMS recopila datos sobre condiciones y necesidades actuales, especialmente en los países en desarrollo. Estas actividades permiten mejorar la supervisión nacional e internacional de las epidemias y elaborar estrategias preventivas, contra las nuevas enfermedades, que integren los descubrimientos de los laboratorios con la información más reciente adquirida sobre el terreno.

El Fondo de Población de las Naciones Unidas

El instrumento asiste en materia de salud en lo relativo a la salud reproductiva y la planificación de la familia, además de otras cuestiones relacionadas con la población tales como el aumento de la esperanza de vida, la reducción de la mortalidad materna, la salud de las personas adultas mayores y los jóvenes, la población y el medio ambiente, la planificación de la familia, la prevención y tratamiento de infecciones y de las enfermedades de transmisión sexual (incluido el VIH/SIDA), etc.

El UNFPA apoya diversas medidas en más de 100 países para reducir las altas tasas de mortalidad derivada de la maternidad, desde educar a las comunidades sobre la maternidad sin riesgo, hasta capacitar a los encargados de servicios de salud en la atención de emergencias obstétricas y equipar a dichos servicios de salud con los suministros adecuados.

El UNFPA coopera estrechamente con la OMS, el UNICEF y el Banco Mundial y es un miembro importante del Programa pro Maternidad sin Riesgo, que ha estado trabajando desde 1987 a fin de formular políticas y programas que protejan a las mujeres durante el embarazo y el parto.

5.3.6. Infancia y familia

Fondo de las Naciones Unidas para la Infancia (UNICEF)

El Fondo de las Naciones Unidas para la Infancia (*UNICEF*) tiene como objetivo crear las condiciones necesarias para que los niños y las niñas puedan vivir existencias felices, saludables y dignas.

El instrumento se centra en la salud materno - infantil y otras cuestiones relativas a la salud materno infantil.

Un programa conjunto entre UNICEF y la OMS logró aumentar del 5 al 80 % la cobertura mundial de inmunización contra seis enfermedades mortales, salvando las vidas de 2.5 millones de niños anualmente. Estas enfermedades son: Poliomielitis, tétanos, sarampión, tos ferina, difteria y tuberculosis.

Durante los decenios de 1980 y 1990, UNICEF difundió, en todos los países en vía de desarrollo, medidas simples y eficaces con relación a sus costos que pueden salvar las vidas de millones de niños.

UNICEF es uno de los principales abastecedores de vacunas a los países en desarrollo, y en su carácter de miembro de la Alianza Mundial para Vacunas e Inmunización ayuda a los países a prestar servicios de inmunización siste-mática y a emplear vacunas nuevas o que no han sido suficientemente usadas.

Otra prioridad es la lucha contra el paludismo, enfermedad que causa, un elevado número de muertes infantiles en África. Mediante la campaña mun-dial "Hacer retroceder el paludismo", en la que participan UNICEF, la Organi-zación Mundial de la Salud (*OMS*), el Programa de las Naciones Unidas para el Desarrollo (*PNUD*) y el Banco Mundial, se fomenta el uso de mosquiteros impregnados con insecticida.

Las Naciones Unidas siempre han prestado especial atención al ámbito de la familia, especialmente a los niños y las mujeres, ya que considera que la familia es la unidad primaria de la sociedad y tiene la convicción de que cuidar y atender a la niñez es un factor fundamental de progreso humano.

En el mundo en desarrollo siguen muriendo 11 millones de niños cada año a causa de enfermedades prevenibles o de fácil tratamiento. La pobreza, la falta de educación, la discriminación y los traumas derivados de la guerra, la explotación y los abusos siguen obstaculizando el desarrollo saludable de millones más.

El Fondo de las Naciones Unidas para la Infancia *(UNICEF),* trabaja con los gobiernos, las comunidades locales y otros asociados en más de 160 países, territorios y regiones para promover los derechos de los niños y pro-porcionarles atención de la salud, nutrición, educación, agua potable y sa-neamiento.

UNICEF fundamenta su trabajo en la Convención sobre los Derechos de los Niños y en la Convención sobre la eliminación de todas las formas de discri-minación contra la mujer.

Los niños y mujeres víctimas de la guerra, la violencia y la explotación son varios millones, mientras que los que trabajan en condiciones peligrosas para sobrevivir suman 250 millones.

En muchos países las niñas siguen siendo víctimas de una discriminación que a menudo constituye una amenaza para su vida y su bienestar. Es fre-cuente que reciban menos alimentos y atención médica que los niños y un nivel muy inferior de educación: entre los 6 y los 11 años, 73 millones de niñas no asisten a la escuela primaria, mientras que en el caso de los niños son 57 millones.

UNICEF presta una atención especial a la escolarización y trata de mejorar la vida de las niñas y de modificar las creencias y prácticas que van en detri-mento de sus posibilidades.

Uno de sus principales objetivos es contribuir a poner fin a la discrimina-ción y a las prácticas que privan de sus derechos a las niñas. Son motivo de particular preocupación cuestiones como los prejuicios que infravaloran a las niñas y la mutilación genital femenina, a la cual se calcula que cada año son sometidas unos 2 millones de niñas de al menos 28 países.

El programa mundial de educación de las niñas, funciona en más de 60 países y combina recursos nacionales y mundiales, además de proporcionar orientación a los países para transformar los sistemas educativos, con la fi-nalidad de que integren las cuestiones de género y ofrezcan una educación equitativa y de calidad tanto para las niñas como para los niños.

Algunos años, diariamente el VIH, virus que causa el SIDA, ha infectado a más de 1.600 niños menores de quince años y alrededor de 13.2 millones de niños en el mundo han perdido a sus padres por esta enfermedad hasta el año 2000.

UNICEF presta apoyo a diversos programas para mejorar el acceso a la educación, servicios de salud y pruebas médicas; auxilia a los huérfanos del VIH/SIDA y colabora con organizaciones y gobiernos para elaborar progra-mas de prevención.

5.3.7. Organización de las Naciones Unidas para la Educación, la Ciencia y la Cultura. (UNESCO)

La entidad rectora en el ámbito educativo dentro de la ONU es la Organización de las Naciones Unidas para la Educación, la Ciencia y la Cultura (*UNESCO*).

La UNESCO trabaja, junto con otros asociados, para conseguir la matriculación de todos los niños en escuelas adecuadas y la formación de profesores para impartir una educación de calidad.

Las intervenciones derivadas de la UNESCO

El principal objetivo de la UNESCO es contribuir al mantenimiento de la paz y la seguridad en el mundo promoviendo, a través de la educación, la ciencia, la cultura y la comunicación, la cooperación entre los pueblos, con el fin de garantizar el respeto universal de la justicia, la supremacía de la ley, los Derechos Humanos y las libertades fundamentales.

La UNESCO desempeña cinco funciones principales:

- Estudios prospectivos relativos a las formas de educación, ciencia, cultura y comunicación para el mundo del mañana.
- El adelanto, la transferencia y el intercambio de los conocimientos, basados primordialmente en la investigación, la capacitación y la enseñanza.
- Actividad normativa, a través de la preparación y aprobación de instrumentos internacionales y recomendaciones estatutarias.
- Conocimientos especializados, que se transmiten a través de la cooperación técnica a los Estados Miembros para que elaboren sus proyectos y políticas de desarrollo.
- Intercambio de información especializada.

El Marco de Acción y el Foro Mundial sobre la Educación de Dakar

La UNESCO se propone lograr una educación universal de calidad a más tardar en 2015, sobre la base del Marco de Acción que 181 países aprobaron en el Foro Mundial sobre la Educación, celebrado en Dakar en el año 2000.

En la Declaración del Milenio, de septiembre de 2000, los líderes del mundo confirmaron este objetivo. En este Foro, los gobiernos se comprometieron a lograr una educación de calidad para todos, haciendo especial énfasis en las niñas y otros grupos concretos, como los niños que trabajan y los niños afectados por la guerra.

El Foro tomó como referencia los resultados del inventario sobre educación más amplio, exhaustivo y estadísticamente riguroso que se ha efectuado en la historia. Se realizó una Evaluación de la Educación para Todos, de dos años de duración y seis conferencias regionales de alto nivel, celebradas en 1999 y 2000.

Educar para un futuro sostenible

A través de un proyecto interdisciplinar innovador titulado *"Educar para un futuro sostenible"*, la UNESCO ayuda a los Estados miembros a mejorar y reorientar sus actividades nacionales de educación y formación relacionadas con el medio ambiente, la población y el desarrollo, incluidas la educación para la salud y la prevención del VIH/SIDA, así como el uso indebido de drogas.

Promoción de la educación permanente para todos

En el marco de su programa de promoción de la educación permanente para todos, la UNESCO apoya y fomenta proyectos nacionales encaminados a renovar los sistemas educativos y formular estrategias alternativas para hacer accesible la educación permanente.

El programa tiene como objetivos ampliar el acceso a la enseñanza básica y mejorar su calidad, reformar los sistemas de educación universitaria en todo el mundo y promover la educación de adultos y la educación permanente.

5.3.8. Personas con discapacidad

Las estimaciones indican que más de 500 millones de personas en el mundo tienen algún impedimento físico, mental o sensorial. Alrededor del 80 % de estas personas viven en los países en desarrollo.

En algunos países en vías de desarrollo, a las personas con discapacidad se les niega la posibilidad de educación o de desarrollo profesional, se les excluye de la vida cultural y las relaciones sociales normales, se les ingresa innecesariamente en instituciones y tienen acceso restringido a edificios públicos y transporte debido a sus limitaciones físicas.

Los Derechos Humanos de las personas con discapacidad

Declaración de los Derechos de los Impedidos

En 1971 fue aprobada por la Asamblea General la Declaración de los Derechos del Retrasado Mental, una denominación obsoleta que en 1975 fue renovada por la Declaración de los Derechos de los Impedidos, la cual fija las normas para el trato igual y el acceso a los servicios.

En 1981 se proclamó el Año Internacional de los Impedidos, se adoptó el Programa de Acción Mundial para los Impedidos y se estableció el Decenio de las Naciones Unidas para los Impedidos.

5.3.9. VIH/SIDA

La cuestión del VIH/SIDA es realmente alarmante debido, principalmente, a que esta enfermedad ha alcanzado los niveles de una pandemia, avanzando rápidamente y afectando a un gran número de personas sin importar sexo, edad, condición económica o social.

La ONU trabaja con seis objetivos básicos:

- Asegurar que las personas de cualquier lugar, pero especialmente los jóvenes, sepan qué hacer para evitar el VIH/SIDA.
- Detener la infección materno infantil, una de las formas más trágicas de contraer VIH/SIDA.
- Proveer de ayuda y cuidados a aquellos que viven con el VIH/SIDA.
- Redoblar esfuerzos para encontrar una vacuna para el VIH/SIDA.
- Cuidar a aquellos cuyas vidas han sido afectadas terriblemente por el SIDA, en especial a los huérfanos que se estima alcanzan los 13 millones y siguen en aumento.

El ONUSIDA es un programa de las Naciones Unidas que combina con la mayor eficacia posible los conocimientos, recursos y alcance de diversos organismos de la ONU.

Los organismos que trabajan en la cuestión del VIH/SIDA son:

- Organización de las Naciones Unidas contra la Droga y el Delito (ONU-DD, antes Programa de las Naciones Unidas para la Fiscalización Internacional de Drogas o PNUFID).
- Fondo de las Naciones Unidas para la Infancia (UNICEF).
- Programa de las Naciones Unidas para el Desarrollo (PNUD).

- Fondo de Población de las Naciones Unidas (UNFPA).
- Organización de las Naciones Unidas para la Educación, la Ciencia y la Cultura (UNESCO).
- Organización Mundial de la Salud (OMS).
- Banco Mundial.
- Organización Internacional del Trabajo (OIT).
- Fondo Internacional de Desarrollo Agrícola (FIDA).
- Oficina del Alto Comisionado para los Derechos Humanos y Comisión de Derechos Humanos de la ONU.
- Declaración de compromiso en la lucha contra el VIH/SIDA

La Asamblea General de la ONU de acuerdo a la resolución A/RES/57/308, lleva a cabo un día de sesiones plenarias de alto nivel, dedicadas al seguimiento de los resultados de su 26 período extraordinario de sesiones y de la aplicación de la Declaración de compromiso en la lucha contra el VIH/SIDA de 2003.

5.3.10. Refugiados

ACNUR

La Oficina del Alto Comisionado de las Naciones Unidas para los Refugiados (ACNUR) fue creada con el fin de ayudar a aquellas personas, refugiadas europeas que debían su situación a la Segunda Guerra Mundial, a través de la Resolución 428 (5) de la Asamblea General, en 1950.

La intervención derivada de ACNUR

Desde su creación ACNUR ha ayudado a cerca de 50 millones de refugiados, y ha ganado dos Premios Nobel por su labor en 1954 y en 1981.

La responsabilidad más importante del ACNUR es la protección internacional, entendida como asegurar el respeto a los Derechos Humanos básicos de los refugiados, incluyendo su asilo y que ningún refugiado sea forzado a regresar de forma involuntaria a su país, si existe una razón para que crea que puede correr algún peligro.

ACNUR ha ampliado sus operaciones de emergencia coordinando el suministro de alojamiento, alimentos, agua, saneamiento y atención médica y ha elaborado proyectos específicos para satisfacer las necesidades específicas de niños, mujeres y ancianos, quienes además de ser los grupos más vulnerables, constituyen más del 80 % de cualquier población de refugiados.

Los Programas de ACNUR

Los programas son financiados por contribuciones voluntarias, especialmente de los gobiernos y otros grupos que incluyen a ciudadanos comunes y organizaciones de diversa índole. El presupuesto se divide en:

- Programas Generales: actividades básicas y en curso de asistencia y protección a los refugiados, que se planifican y aprueban con anterioridad.
- Programas Especiales: emergencias, operaciones de repatriación voluntaria y programas para los no refugiados.

5.3.11. Reducción de la pobreza

La intervención derivada del Sistema de las Naciones Unidas

Muchos de los logros que han tenido los gobiernos en la lucha contra la pobreza han sido alcanzados en colaboración con el Sistema de las Naciones Unidas:

- Aumento de la esperanza de vida en los países en desarrollo de 46 a 64 años.
- Reducción de las tasas de mortalidad infantil a la mitad.
- 80 % de aumento en los niños matriculados en la escuela primaria.
- Duplicación del acceso al agua potable y a los servicios básicos de saneamiento.

A pesar de logros mencionados, la pobreza continua siendo un enorme desafío. Algunos de los datos proporcionado por la ONU nos brindan una panorámica muy significativa y reveladora de la exclusión social como problema global:

- 1.200 millones de personas subsisten con menos de un dólar al día.
- La desigualdad entre los países y dentro de ellos continúa en aumento.
- Más de 100 millones de personas viven en la pobreza en los países más prósperos de América del Norte, Asia y Europa, donde existen millones de desempleados.
- 1.300 millones de personas no disponen de agua salubre
- Disminución del ingreso per cápita en al menos 55 países, principalmente en África, Europa oriental y la ex Unión Soviética.

Declaración del Milenio

Los dirigentes mundiales decidieron en la Declaración del Milenio reducir a la mitad para el año 2015 el número de personas que subsisten con menos de un dólar al día y establecieron otros objetivos en la lucha contra la enfermedad y la pobreza.

La Cumbre de la ONU sobre los objetivos de desarrollo del Milenio concluyó con la adopción de un plan de acción mundial para alcanzar los ocho objetivos de lucha contra la pobreza para su fecha límite de 2015 y el anuncio de los principales nuevos compromisos para la salud de las mujeres y los niños y otras iniciativas contra la pobreza, el hambre y la enfermedad.

Los ODM se componen de 8 Objetivos y 21 metas cuantificables que se supervisan mediante 60 indicadores.

- Objetivo 1: Erradicar la pobreza extrema y el hambre.
- Objetivo 2: Lograr la enseñanza primaria universal.
- Objetivo 3: Promover la igualdad entre los géneros y la autonomía de la mujer.
- Objetivo 4: Reducir la mortalidad infantil.
- Objetivo 5: Mejorar la salud materna.
- Objetivo 6: Combatir el VIH/SIDA, el paludismo y otras enfermedades.
- Objetivo 7: Garantizar la sostenibilidad del medio ambiente.
- Objetivo 8: Fomentar una asociación mundial para el desarrollo.

La lista de objetivos de desarrollo del milenio no merma en modo alguno acuerdos u otros objetivos y metas alcanzados en las conferencias mundiales del decenio de 1990. Los ocho objetivos representan una alianza entre los países desarrollados y los países en desarrollo resueltos, como se expone en la Declaración del Milenio, a "crear en los planos nacional y mundial un entorno propicio al desarrollo y a la eliminación de la pobreza" (resolución 55/2 de la Asamblea General, párr. 12).

La realidad derivada de la crisis económica actual derivada del colapso del sistema financiero internacional augura un cumplimiento insuficiente de estos objetivos y la agudización de los problemas en los países más afectados.

Programa de las Naciones Unidas para el Desarrollo (PNUD)

La labor del PNUD se dirige al fortalecimiento de la capacidad de los gobiernos y de las organizaciones de la sociedad civil para que puedan cambiar las causas estructurales que configuran la pobreza. Asimismo.

El PNUD busca generar un proceso de empoderamiento de los pobres a través de las siguientes acciones:

- Aumento la seguridad alimentaria.
- Mejora de la disponibilidad de vivienda y de los servicios básicos.
- Creación de oportunidades de empleo.
- Facilitar el acceso a la tierra, el crédito, la tecnología, la capacitación y a los mercados.
- Posibilitar la participación en los procesos políticos.

5.4. LA FEDERACIÓN INTERNACIONAL DE TRABAJADORES SOCIALES

La Federación Internacional de Trabajadores Sociales y la Asociación Internacional de Escuelas de Trabajo Social (IASSW), definen esta transdisciplina:

- *"La profesión de trabajo social promueve el cambio social, la resolución de problemas en las relaciones humanas y el fortalecimiento y la liberación del pueblo para incrementar el bienestar. Mediante la utilización de teorías sobre comportamiento humano y los sistemas sociales, el trabajo social interviene en los puntos en los que las personas interactúan con su entorno. Los principios de los Derechos Humanos y la Justicia Social son fundamentales para el trabajo social".*

El Trabajo Social en sus distintas expresiones se dirige a las múltiples y complejas relaciones entre las personas y sus ambientes. Su misión es facilitar que todas las personas desarrollen plenamente sus potencialidades, enriquezcan sus vidas y prevengan las disfunciones.

El Trabajo Social profesional está enfocado a la solución de problemas y al cambio. Por ello, los profesionales se convierten en agentes de cambio en la sociedad y en la vida de las personas, familias y comunidades para las que trabajan. Al hilo de lo anterior se puede sostener que esta disciplina científica es un sistema integrado y dinámico de valores, teoría y práctica interrelacionados.

La Federación Internacional de los Trabajadores/as Sociales (FITS, también conocida como IFSW por sus siglas en inglés) es una organización mundial que se esfuerza por la justicia social, los Derechos Humanos y el desarrollo social, a través de las mejores prácticas y cooperación internacional entre los trabajadores sociales y sus organizaciones profesionales.

La FITS creada en 1928, representa asociaciones de trabajo social en 84 países con más de más de 500.000 trabajadores sociales. El estado consultivo especial le fue concedido por el Consejo Económico y Social de la ONU y de UNICEF.

La Federación Internacional de Trabajadores Sociales reconoce que el Trabajo Social se origina de forma diversa a partir de ideales y filosofías democráticas, religiosas y humanitarias.

Objetivos de la Federación

La Constitución del FITS dispone como objetivos:

- Promover el trabajo social como una profesión, mediante la cooperación internacional, especialmente lo que concierne a los principios profesionales, los estándares, la ética, los derechos humanos, el reconocimiento, la capacitación y las condiciones de trabajo.
- Promover el establecimiento de organizaciones nacionales de trabajadores sociales o asociaciones profesionales para trabajadores sociales.
- Apoyar a las Organizaciones de Trabajo Social para promover la participación de los trabajadores sociales en la planificación social y en la formulación de políticas sociales a nivel nacional e internacional.
- Apoyar el reconocimiento del Trabajo Social, el incremento de la capacitación y la promoción de los principios y de los estándares profesionales.

La implementación de lo objetivos

Con el fin de alcanzar estos objetivos, la Federación:

- Estimula la cooperación entre los trabajadores sociales de todos los países.
- Proporciona medios de discusión e intercambio de ideas y experiencias mediante reuniones, visitas de estudio, proyectos de investigación, intercambios, publicaciones y otros medios de comunicación.
- Establece y mantiene relaciones con Organizaciones de Trabajo Social, así como presentar y promover a sus miembros y sus puntos de vista en las organizaciones internacionales que sean relevantes para el desarrollo y el bienestar social.

Miembros

La FITS sólo acepta por cada país una organización profesional nacional como miembro de la Federación. Esta organización puede ser una organización nacional o un órgano de coordinación que represente a dos o más organizaciones nacionales. Cada asociación miembro u órgano de coordinación debe estar sujeta a la Constitución de la FITS.

La organización requiere de sus miembros una capacitación profesional de forma regular, basada en una secuencia organizada de educación en el Trabajo Social, que incorpore los estándares éticos de la práctica y un órgano de conocimiento compatible con los principios de esta disciplina científica.

Los miembros que integran la FITS no pueden ser discriminados por motivos de raza, color, etnia, origen, sexo, lengua, religión, pensamiento político, edad o preferencias sexuales.

La federación está dividida en cinco regiones geográficas:

• África Asia y el Pacífico.
• Europa.
• América Latina y el Caribe.
• América del Norte.

Funciones de los y las profesionales en Trabajo Social

Las funciones de los profesionales del Trabajo Social según la FITS son las siguientes:

• Orientar a las personas para desarrollar las capacidades que les permitan resolver sus problemas sociales, individuales y/o colectivos.
• Promover la facultad de autodeterminación, adaptación y desarrollo de las personas.
• Promover y actuar por el establecimiento de servicios y políticas sociales justas o de alternativas para los recursos socioeconómicos existentes.
• Facilitar información y conexiones sociales con los organismos de recursos socioeconómicos (articular redes).
• Conocer, gestionar y promocionar los recursos existentes entre sus potenciales usuarios y los profesionales de otras ramas de las ciencias que pueden estar en contacto con sus potenciales usuarios.

Ámbitos de actuación profesional

Para la federación, los ámbitos de desempeño del Trabajo Social son todos aquellos sectores poblacionales que precisan de una atención especial:

- Tercera edad.
- Personas con discapacidad.
- Personas maltratadas, en especial, mujeres, menores y ancianos.
- Reclusos.
- Víctimas del terrorismo.
- Inmigración.
- Menores en situación de exclusión social.
- Minorías étnicas.
- Drogodependencias y adicciones.
- Emergencias.
- Prostitución.

Tercer Sector

La federación considera que el Trabajo Social desarrolla su acción de modo emergente en el llamado Tercer Sector, compuesto por asociaciones, fundaciones, colectivos y *ONGs* y en menor medida en la empresa privada.

El ámbito escolar

Los contextos escolares constituyen un ámbito prioritario de la FITS, debido a que el Trabajo Social puede desarrollar funciones de mediación en los conflictos entre integrantes de la comunidad educativa, a través de intervenciones dirigidas a familias, grupos, individuos.

El desempeño del Trabajo Social en las cárceles

La FITS sostiene que el Trabajo Social en *cárceles* o dirigido a *reclusos* juega un papel muy importante dentro de los ámbitos de actuación profesional de un trabajador social. Las instituciones carcelarias deberían ser un ámbito para la modificación de conductas y la ocultación temporal o permanente de personas que amenacen la convivencia social.

El propósito del trabajador social con los reclusos es el lograr alcanzar la reinserción social del individuo, con el fin de que éste tome conocimiento e identifique las circunstancias que originaron su conducta delictiva y las consecuencias derivadas de la privación de la *libertad*' (Acevedo, 2003, p.21).

El trabajador social es un profesional que se convierte en un componente vital en todo el tratamiento interdisciplinario al que los reclusos están sujetos.

Dentro de las funciones que lleva a cabo el trabajador social, dirigido al ámbito carcelario se encuentran, según (Vélez, Z. (1997):

- Intervención con individuos y familias.
- Ponderación de riesgo-transición • Servicio de protección • Manejo de caso-mantenimiento.
- Provisión de servicios y recursos.
- Resolución de disputas: Manejo de conflictos.

5.5. LOS SERVICIOS SOCIALES, TRABAJO SOCIAL Y EL TERCER SECTOR EN LA UNIÓN EUROPEA

La delimitación del significado

La delimitación del significado de los Servicios Sociales en la Unión Europea, está insertada en los sistemas legales y los sistemas complementarios de protección social, en sus diversas formas de organización (mutualidades o profesionales), que cubren los riesgos fundamentales de la vida como los relacionados con la salud, la vejez, los accidentes laborales, el desempleo, la jubilación o la discapacidad.

Estos servicios ejercen una función de prevención y de cohesión social, y aportan una ayuda personalizada para facilitar la inclusión de las personas en la sociedad y garantizar la realización de sus derechos fundamentales.

Los Servicios Sociales en su dimensión europea incluyen la ayuda a las personas para afrontar retos inmediatos de la vida como los fenómenos sociales excluyentes tales como el endeudamiento, el desempleo, la toxicomanía o las rupturas familiares.

El encuadramiento dentro del Derecho comunitario

La implicación europea se basa en la aplicación del Derecho comunitario dirigida a la modernización de los Servicios Sociales, mediante una organización y financiación más transparentes y eficaces.

La UE incita a un uso correcto de los recursos presupuestarios, por definición limitados, destinados a las políticas sociales, y ayuda a un incremento de la variedad y la calidad de los servicios.

Aplicación de las normas comunitarias. El principio de subsidiariedad y la distinción entre servicios de interés general de carácter económico y no económico

Con respecto al principio de subsidiariedad, el Consejo Europeo de Edimburgo de diciembre de 1992 definió los principios fundamentales que informan este concepto y las directrices de interpretación del artículo 3B, que introduce la subsidiariedad en el Tratado de la Unión Europea.

El principio de subsidiariedad exige que el poder sea ejercido en el nivel en el que se dé mejor respuesta a las exigencias de solidaridad, de eficacia y de participación del ciudadano, es decir, allí donde resulte al mismo tiempo más eficaz y más próximo de las personas.

Los Servicios Sociales como actividad económica

El Tratado de la Unión Europea no exige, sin embargo, que el servicio sea pagado directamente por los beneficiarios. De ello se deduce que la práctica totalidad de los servicios prestados en el ámbito social pueden considerarse actividades económicas en el sentido de los artículos 43 y 49 del Tratado CE.

Las autoridades públicas y los operadores en el ámbito de los Servicios Sociales de interés general consideran como una fuente de incertidumbre la evolución constante de la jurisprudencia del Tribunal, en particular en lo relativo a la noción de actividad económica.

En general, la jurisprudencia del Tribunal de Justicia de las Comunidades Europeas precisa que el Tratado CE reconoce que los Estados miembros tienen libertad para definir las misiones de interés general y establecer los correspondientes principios de organización para los servicios destinados a ejecutarlas.

No obstante, esta libertad debe ejercerse de forma transparente y sin abusar de la noción de interés general. En el ejercicio de esta libertad, los Estados miembros deben tener en cuenta el Derecho Comunitario al determinar las modalidades de aplicación de los objetivos y los principios fijados.

En esta orientación marcada por el Derecho Comunitario, la organización de un servicio público requiere el respeto del principio de no discriminación y del Derecho comunitario de contratos públicos y concesiones.

Los Servicios Sociales vistos por el Derecho Comunitario, se tratan como servicios de carácter económico, lo cual implica garantizar la compatibilidad de las modalidades de organización con otros ámbitos del Derecho Comunitario, en particular, la libre prestación de servicios y la libertad de establecimiento, y el derecho de competencia.

Los Servicios Sociales de interés en la UE

La Comunicación de la Comisión, de 26 de abril de 2006, Aplicación general en la Unión Europea del programa comunitario de Lisboa. Servicios Sociales de interés, abre una etapa más en el reconocimiento de las particularidades de los Servicios Sociales a nivel europeo.

El documento establece que los Estados miembros son libres de definir el significado que tiene para ellos el concepto de servicios de interés económico general, y, en especial, el de Servicios Sociales de interés general, así como de regular las obligaciones y funciones de esos servicios y sus principios de organización.

La normativa comunitaria exige que los Estados miembros tengan en cuenta ciertas reglas al establecer las disposiciones de aplicación de los objetivos y de los principios que se hayan fijado.

Características armonizadas de los Servicios Sociales en la UE

El contenido de la comunicación Aplicación general en la Unión Europea. Servicios Sociales de interés, presenta una lista abierta de las características que dan su especificidad a esos servicios como servicios de interés general y aclara las condiciones en que se les aplican las normas comunitarias.

Los Servicios Sociales desempeñan una importante función en la sociedad y en las economías europeas. Dichos servicios suelen presentar una o varias de las características de organización:

- Funcionamiento basado en el principio de solidaridad.
- Carácter polivalente y personalizado que atiende a los diversos aspectos que son necesarios para garantizar los derechos humanos fundamentales y proteger a las personas más vulnerables.
- Ausencia de ánimo de lucro.
- Participación de voluntarios.

- Enraizamiento en una tradición cultural local; esto se refleja de forma especial en la proximidad que existe entre el prestador del servicio y el beneficiario.
- Relación entre el prestador del servicio y el beneficiario que, siendo asimétrica, no puede compararse con la que existe normalmente entre suministradores y consumidores.

Los Servicios Sociales en la UE: expansión y modernización

Situado en un entorno cada vez más competitivo, el sector de los Servicios Sociales está hoy en plena expansión, inmerso en un proceso de modernización que puede adoptar distintas formas:

- Introducción de métodos de «evaluación comparativa» (*benchmarking*) y de control de calidad y la participación de los usuarios en la gestión.
- Descentralización de la organización con el establecimiento de servicios a nivel local o regional.
- Externalización de las tareas del sector público, que se encargan al sector privado aunque en las condiciones de competencia reguladas por las autoridades públicas.
- Desarrollo de marcos de colaboración entre los sectores público y privado y el recurso a otras formas de financiación complementarias de la pública.

Aplicación de la normativa comunitaria a los Servicios Sociales

Los Estados miembros deben respetar el Derecho comunitario y la jurisprudencia del Tribunal de Justicia al establecer las disposiciones de aplicación de los objetivos y de los principios que se hayan fijado.

Cuando se trata de servicios de carácter económico, los Estados miembros deben comprobar si su organización es compatible con las normas de competencia y con las disposiciones que regulan la libre prestación de servicios y el libre establecimiento.

Formas de organización

- Delegación (total o parcial) por los poderes públicos de una misión social a un socio exterior o creación de un marco de colaboración público-privado;

- Pago de una compensación financiera pública a un organismo exterior que cumple una misión social de interés general.
- Recurso a la regulación del mercado.

El análisis de la compatibilidad de las normas organizativas de los Servicios Sociales con las disposiciones del Derecho comunitario debe efectuarse caso por caso.

Características específicas

La Comisión Europea consulta a los Estados miembros, a los suministradores de servicios y a los usuarios. Estas consultas se centrarán en:

- Elementos que constituyen las características propias de los Servicios Sociales, así como su pertinencia para definir la especificidad de esos servicios cuando son de interés general.
- Forma en que los Estados miembros puedan tener en cuenta esas características al definir las misiones de interés general.
- Experiencia adquirida con la aplicación del Derecho comunitario en el ámbito de los servicios sociales de interés general y los posibles problemas surgidos en este contexto.
- Modo en que la Comisión pueda tener en cuenta esas características al verificar el cumplimiento de las normas comunitarias aplicables.

El Trabajo Social

El Comité de Ministros, en virtud del artículo 15.b del Consejo de Europa, reconoció que el Trabajo Social promueve el bienestar de los individuos, los grupos y las comunidades, favorece la cohesión social en los periodos de cambio y ayuda a proteger a los miembros vulnerables de la comunidad, con la colaboración de los usuarios de los servicios, las comunidades y las profesiones.

La posición europea en lo relativo al Trabajo Social, asume que la naturaleza del trabajo social profesional requiere el más alto nivel de responsabilidad en la toma de decisiones y en el juicio maduro por parte de los trabajadores sociales.

El prisma comunitario europeo sostiene que el Trabajo Social es una profesión con vínculos cercanos a otras profesiones sociales y que obtiene su conocimiento desde las ciencias sociales y humanas y desde la evaluación sistemática de su propia práctica.

El enfoque incluye la gestión efectiva de la acumulación de trabajo es esencial para garantizar la moral y el ejercicio de trabajadores sociales y, por tanto, la calidad del servicio prestado.

La UE fomenta la movilidad de profesionales, del personal docente y de los estudiantes entre los países europeos, considerando que ayuda a promocionar una comprensión mutua, flexibilidad profesional y calidad de servicio.

La aportación de los trabajadores sociales para preservar la cohesión social:
La Recomendación REC (2001)1

El acto establece los principios en los que deberá inspirarse la aportación de los trabajadores sociales para preservar la cohesión social en estrecha cooperación con sus organismos profesionales:

- Los trabajadores sociales deben respetar los derechos humanos y las libertades y estar muy interesados por las complejas influencias que se ejercen sobre el comportamiento humano, en particular los factores sociales, económicos y psicológicos, así como por las tradiciones religiosas y culturales.
- Para ser eficaces en la sociedad europea moderna, que cada vez presenta mayor diversidad y mayor movilidad, la formación y la práctica en el ámbito del Trabajo Social exigen una comprensión de las comunidades étnicas minoritarias y una sensibilidad hacia las perspectivas interculturales.
- Cuando un individuo o terceras personas están expuestos a un riesgo, el trabajador social debe respetar los derechos humanos y al mismo tiempo proteger los intereses de los terceros.
- Los trabajadores sociales y los demás organismos y profesionales así como los gobiernos tienen una responsabilidad fundamental puesto que deben identificar y evitar los malos tratos a los niños y a los adultos que gocen de asistencia.
- Los Gobiernos, Las profesiones de la asistencia, incluidos los trabajadores sociales profesionales y los voluntarios, así como los organismos que los contratan, deben ponerse de acuerdo para servir los intereses de la comunidad, promover la cohesión social y garantizar servicios individuales y colectivos eficaces.
- El Trabajo Social debería llevarse a cabo según unas modalidades que respeten las tradiciones comunitarias y culturales, así como los derechos y deseos del usuario.
- Es fundamental la elaboración de códigos de deontología y de conducta dirigidos a los trabajadores y a los organismos sociales para favorecer la eficacia del Trabajo Social y garantizar el respeto de la vida humana.

- Los organismos sociales tienen la responsabilidad de definir unas normas de calidad y de prestación de los servicios en las que se concilien las necesidades y las expectativas de los usuarios, los principios éticos, los objetivos profesionales y la eficacia económica. Dichas normas, que serán el resultado de un trabajo de investigación, habrán de ser transparentes y periódicamente controladas. Los trabajadores sociales deberán participar en la definición de las normas y en la comprobación de que efectivamente se aplican.

- La educación y formación iniciales en Trabajo Social deberá formar parte de un proceso continuo que prevea una formación permanente y posibilidades de cursos de perfeccionamiento.

- En la formación de los trabajadores sociales habrán de intervenir, a todos los niveles, educadores, técnicos y usuarios. Quienes enseñen la práctica del trabajo social en los establecimientos de enseñanza superior deberán tener experiencia personal en este campo.

- La investigación es fundamental para el desarrollo del Trabajo Social. Todos los trabajadores sociales deben comprender las aplicaciones de la investigación, ser capaces de interpretarla y tener la posibilidad de iniciar un trabajo de investigación de participar en él.

- Los organismos especializados en Servicios Sociales deben promover estos principios creando un entorno de trabajo abierto, aprendiendo constantemente no sólo de los resultados de las investigaciones, sino también de los puntos de vista de los usuarios de los servicios y de la experiencia de los profesionales del sector.

- El entorno profesional de los trabajadores sociales debe favorecer la aplicación de principios éticos y de buenas prácticas.

- Los trabajadores sociales deben tener la posibilidad de evolucionar profesionalmente hacia puestos de técnicos, gestores e investigadores.

- Para que la calidad del servicio social proporcionado sea satisfactoria, deben existir mecanismos que faciliten el intercambio de conocimientos y la movilidad de los profesionales en los estados europeos.

El Tercer Sector considerado como operador privado

En caso de que unos operadores privados presten un servicio social, el Estado podrá decidir regular el funcionamiento del mercado para garantizar la realización de objetivos de interés general.

En el ejercicio de esta competencia, los Estados miembros deberán respetar el Derecho comunitario y, más especialmente, las normas y principios generales del Tratado relativos a la libre prestación de servicios y a la libertad de establecimiento.

La libertad de establecimiento (artículo 43 del Tratado CE) permite a un operador ejercer una actividad económica mediante una instalación estable en otro Estado miembro por un período indeterminado. Esto ocurrirá a menudo en el ámbito de los servicios sociales que necesiten en la práctica unas infraestructuras tales como viviendas sociales, residencias para personas mayores, etc.

La libre prestación de servicios (artículo 49 del Tratado CE) permite a un operador económico prestar servicios de manera temporal en otro Estado miembro sin estar establecido en el mismo. También permite a un usuario recurrir a los servicios proporcionados por un prestador establecido en otro Estado miembro.

Los artículos 43 y 49 del Tratado CE no sólo se oponen a las normas nacionales discriminatorias, sino también a cualquier norma nacional que se pueda aplicar indistintamente a los operadores nacionales y extranjeros e impida o haga menos atractivo el ejercicio de estas libertades fundamentales.

Según la jurisprudencia del Tribunal, los objetivos en materia de política social constituyen razones imperiosas de interés general que pueden justificar la aplicación de medidas destinadas a regular el mercado, como la obligación de disponer de una autorización para prestar un servicio social.

El Tribunal ha juzgado que tales medidas deben basarse en criterios objetivos, no discriminatorios y conocidos previamente para poder definir el ejercicio del poder de apreciación de las autoridades nacionales.

La compatibilidad con el Derecho comunitario, exige que las medidas también deben ser proporcionadas. Por añadidura, deberá garantizarse la posibilidad de poder disponer de una vía de recurso adecuada.

Compatibilidad con las normas de acceso al mercado

El análisis de los distintos ejemplos ilustra la flexibilidad de aplicación del Tratado cuando se trata de reconocer, en especial con arreglo al espíritu del artículo 86, apartado 2, las especificidades inherentes a las misiones de interés general de estos servicios.

De ahí que se tengan en cuenta estas especificidades al verificar la compatibilidad de las modalidades de ejecución de una misión de interés general con las normas de acceso al mercado.

Las normas comunitarias incitan a los poderes públicos a determinar, más allá de la definición de las misiones de interés general que confían a un organismo social, la correspondencia entre las cargas u obligaciones que genera esta misión y las limitaciones al acceso al mercado que estimen necesarias para permitir a estos organismos afrontar tales cargas u obligaciones.

Las características específicas

La lista abierta de las características que reflejan las especificidades propias de los servicios sociales como servicios de interés general. Más allá de los criterios clásicos de interés general (universalidad, transparencia, continuidad, accesibilidad, etc.) que se reconocen a las misiones de servicios sociales, estas características se refieren a las condiciones y modalidades de organización que les son propias:

• Los elementos constitutivos de estas características, así como su pertinencia para aprehender la especificidad de los servicios sociales de interés general.
• El papel de los Estados miembros al definir las misiones de interés general de los servicios sociales y de sus modalidades de organización, para lograr una buena articulación a priori con el marco comunitario.
• La aplicación del Derecho comunitario en el ámbito de los servicios sociales de interés general y los posibles problemas encontrados en este contexto.
• El modo en que podría tener en cuenta la Comisión las características en caso de que tuviera que verificar a posteriori, e individualmente, la compatibilidad de las modalidades de organización de los servicios sociales con el respeto de las normas comunitarias aplicables.

5.6. LOS SERVICIOS SOCIALES, EL TRABAJO SOCIAL Y EL TERCER SECTOR EN ESPAÑA

Rasgos generales de la evolución histórica

En España, el Trabajo Social ha tenido una estrecha vinculación con las fuerzas religiosas y su evolución fue forjada por el devenir político, económico y social internacional e interno.

Los antecedentes del Trabajo Social están situados en las formas religiosas y filantrópicas de actuación caritativa y en la obra reformista de la intervención concebida por Luis Vives.

La corriente tradicional ha considerado a los necesitados como una lacra a erradicar, o un objeto justificativo de la caridad cristiana, más que la manifestación de una quiebra económica y social. De este modo, la intervención social se ha situado en sus orígenes en una posición bipolar determinada por el pensamiento reaccionario español y las ideas más innovadoras de Vives.

Los fundamentos teóricos de la intervención social española se sustentaron en la caridad, en la filantropía y en la percepción de los riesgos que representan la pobreza y sus efectos de exclusión social de capas significativas de la población.

El siglo XIX

El siglo XIX español se caracteriza por dos hechos de enorme trascendencia. Uno es la pérdida de las colonias, la pérdida de influencia internacional y la profundización del atraso estructural político, económico y social. El otro acontecimiento de gran incidencia fue el dilatado proceso que implicó la revolución industrial, que agudiza el existente problema de exclusión social de una población mayoritariamente rural y analfabeta.

A partir de la revolución industrial, el Trabajo Social ostenta una tendencia vinculada a la evolución de los derechos sociales, de las medidas de la política social y del desarrollo de los Servicios Sociales.

En este contexto histórico específico, la intervención social española derivada de los supuestos religiosos inspiradores de la intervención basada en la beneficencia, la caridad y una concepción de la pobreza aceptada como una realidad natural, inmutable y perpetua, se evidencia, al menos, como insuficiente e infectiva.

La mayor implicación de los poderes públicos en la cuestión social se puede empezar a detectar, aunque la intervención pública mantiene la influencia religiosa simbolizada en el concepto de beneficencia.

En 1822 se crean a través de una ley establecimientos benéficos.

- Hospitales.
- Casas de socorro.
- Casas de maternidad.

En 1849 se promulga la ley general de la beneficencia seguida de la ley orgánica de la sanidad en 1855. Las congregaciones femeninas se ocupaban de los pobres y la asistencia social se convierte en España en una profesión puramente femenina. Concepción Arenal es una figura vinculada a los orígenes de la asistencia social en España.

El Siglo XX

En 1903 se crea el Instituto de Reformas Sociales y, a su amparo, en 1908, el Instituto Nacional de Previsión. En 1920 el Ministerio de Trabajo integró los organismos anteriores.

En 1908 el Instituto Nacional de Previsión, preocupado por la vejez y enfermedad sobre todo y de carácter autónomo. Su misión era inculcar la previsión popular en forma de pensiones de retiro por invalidez y vejez.

El instituto encontró la dificultad de que los trabajadores no podían cotizar por los bajos salarios y muchos indigentes no se dan de alta por ser mayores o de baja por no poder cotizar.

Un gran número de personas necesitadas buscaban ayuda en las instituciones de beneficencia (caridad subsistencial) provincial y local, donde las condiciones eran muy malas y se preferían otras soluciones antes que esas.

La Escuela de Formación Social

La formación del Trabajo Social en España encuentra sus manifestaciones iniciales, en 1937 cuando nació la primera escuela de formación social en San Sebastián.

La II República

El nacimiento de la II República implicó el reconocimiento de la asistencia social por los movimientos obreros y el Estado. El cambio político y social asumió la actividad profesional y la consolidación de la formación para una intervención que abandona su carácter benéfico, para adquirir una dimensión de política pública socialmente incluyente y comunitaria.

En la Constitución de 1931 se hace eco por primera vez en una disposición de este rango, de las preocupaciones sociales, se caracterizó por ser un periodo muy activo en la producción de legislación social.

La Constitución de 1931 también estableció la igualdad de sexos, obligación del Estado de alimentar y educar a los niños y, en definitiva, el compromiso del Estado de asistir a ancianos, enfermos y niños.

La Dictadura de Franco

El periodo 1939-57 comprendió la posguerra y el aislamiento exterior de España. La hegemonía en la intervención social es ostentada por las hijas de al caridad es significativa y por la sección femenina del movimiento.

La intervención social pierde el carácter de intervención pública, de política pública, para readquirir los fundamentos de la beneficencia y la asistencia de la influencia católica.

Entre los hitos significativos de este periodo caben destacar:

- 1937: Creación de el auxilio social.
- 1942: Nacimiento de Caritas española.
- Falange. JONS y FET imparten adoctrinamiento basado en los valores y principios antidemocráticos y reaccionarios, relativos a la mujer y a la promoción social. Se trata de una visión basada en una ideología paternalista, benéfica y asistencial.

Durante la etapa tecnocrática de la Dictadura de Franco, concretamente en el periodo comprendido entre los años 1958-1967, se inicia un cierto nivel de apertura al exterior y estabilización económica. El cambio es una variable influyente en la cuestión social española.

En 1963, se crea el seguro de desempleo, se promulga la ley de bases de la seguridad social y se instituye el FONAS: fondo nacional de asistencia social.

En estos años la iglesia católica se muestra sensible al compromiso político renovado a través de la Juventud Obrera Cristiana (JOC).

El periodo tecnocrático del la Dictadura de Franco, supone para el trabajo social asumir un cierto interés por las ideas reformistas y sociales y la actualización de conocimientos.

Los Servicios Sociales, el Trabajo Social y el Tercer Sector en la Constitución de 1978

La prestación por parte del Estado de toda una serie de servicios sociales de carácter universal, disponibles en consecuencia para todos los ciudadanos en razón de su ciudadanía, constituye quizá el elemento central del llamado Estado del Bienestar.

La Constitución Española (CE) de 1978 constituye un mandato expreso cuyo significado inequívoco es que los poderes públicos realicen una función promocional del Bienestar Social.

El marco jurídico en el que se va a desenvolver la Política Social en su conjunto y que va a condicionar el desarrollo del Sistema de Servicios Sociales, cuya configuración se propone en función de dos objetivos básicos: el derecho social de los ciudadanos a la protección social y la articulación de competencias en esta materia en el marco del Estado de las Autonomías.

Desde 1983, y especialmente desde los primeros años de la Constitución de 1978 hasta 1984, las administraciones van configurando un sistema público de servicios sociales que sustituyen a las organizaciones de beneficencia.

La Constitución de 1978 asienta las bases para un desarrollo adecuado de los servicios Sociales. Se trata de reconocer los llamados derechos sociales que implican la conciencia de que la dignidad de las personas exige del Estado prestaciones positivas que hagan posible el ejercicio real de esa libertad.

El concepto de Servicios Sociales y su contenido están vinculado al significado material de la Constitución y comporta un mandato expreso para que los poderes públicos realicen una labor compartida con las cuestiones sociales y con el bienestar social.

Los artículos recogidos en el capítulo tres del título I, bajo el título de Principios rectores de las políticas social y económica, estos hacen referencia a una serie de materias vinculadas a los ámbitos de los servicios sociales, el trabajo social y el tercer sector al tratar:

- La protección de la salud.
- La promoción de un medio ambiente adecuado.
- La garantía de una vivienda digna.
- Protección a determinados colectivos de ciudadanos.

Ámbito de actuación y los contenidos constitucionales

- El ámbito de actuación de los servicios sociales se conectan con los contenidos constitucionales estipulados en los artículos:
- El artículo 34.4 aborda la protección social y jurídica de las familias y los niños.
- El artículo 42 relativo a los derechos económicos y sociales de los trabajadores.
- El artículo 48 referente a la promoción de las condiciones para la participación de la juventud en la sociedad.

- El artículo 49 vinculado a la realización de una política orientada a la previsión, tratamiento, rehabilitación e integración de los disminuidos físicos, psíquicos y sensoriales.
- El artículo 50 dedicado a la garantía de servicios y prestaciones económicas para la tercera edad.
- El artículo 40.1 que referencia a la necesidad de una distribución más justa de la renta nacional.

Al amparo de una interpretación constitucional significativa, los servicios sociales pueden ser considerados el cuarto pilar de los sistemas de bienestar en una sociedad donde los otros tres pilares serían el de los servicios sanitarios, el de los servicios educativos y las pensiones o prestaciones económicas de garantía de ingresos para la subsistencia.

La constitución no contiene de manera expresa un reconocimiento del sistema público de servicios sociales. Sin embargo, varios de sus artículos, en los que aparece de forma implícita un compromiso con la política social y los derechos sociales garantizan su existencia.

Esta línea de interpretación descarta las argumentaciones que identifican la ausencia de tratamiento específico de los servicios sociales y asistencia social en el texto constitucional como una disfunción o déficit del Estado del Bienestar español.

Las interpretaciones de este tipo adolecen de la concepción de Estado señalada en el artículo 1.1 donde se expone que España se constituye en un Estado social y democrático de derecho, que propugna como valores superiores jurídicos la libertad, la justicia, la igualdad, el pluralismo político.

El artículo 148.1.20. de la CE atribuye a las Comunidades Autónomas la posibilidad de asumir competencia exclusiva en materia de asistencia social; precepto que se entenderá aplicable a los Servicios Sociales.

Las iniciativas estatales

- El Estado ha elaborado diversos planes de acción tales como:
- El plan concertado
- El plan gerontológico
- El plan de acción para las personas con discapacidad

La aprobación de los Estatutos de autonomía supuso una trasferencias de competencias desde el Estado a las CCAA a través del traspaso de funciones y servicios derivados de dichas competencias.

El ámbito autonómico

En España los servicios sociales adquieren adaptaciones específicas a través de las leyes de servicios sociales de las diferentes comunidades autónomas.

El término asistencia social se puede considerar como comprensivo de los servicios sociales, y así se transfirieron, con carácter de competencia casi exclusiva, las materias de servicios sociales y asistencia social a todas las Comunidades Autónomas.

Los Servicios Sociales en los ámbitos autonómicos brindan apoyos como la asistencia personal, el acompañamiento social, la intervención comunitaria u otros, sobre la base de un diagnóstico social y de un plan dialogado con la persona usuaria. Los servicios sociales pueden tener carácter ambulatorio, domiciliario, diurno, residencial.

El Trabajo Social y el Tercer Sector

Las empresas prestadoras de Servicios Sociales que operan en el mercado libre, históricamente los servicios sociales han sido creados, en gran medida, por la iniciativa social, es decir, por el denominado sector voluntario o no lucrativo. En las últimas décadas son cada vez más importantes los sistemas públicos de servicios sociales, en los cuales los poderes públicos garantizan el derecho de la ciudadanía a los servicios sociales.

La Constitución española puede concebirse la garantía primera de la consolidación en España de todo el entramado jurídico y administrativo del sistema público de servicios sociales, trabajo social y tercer sector que se va a desarrollar en España durante los años 80.

Los Servicios Sociales están protegidos por el artículo 50 donde se hace referencia al bienestar colectivo de la tercera edad.

Las competencias exclusivas de las CC.AA se vinculan a los conceptos de Asistencia Social y al de Servicios Sociales, conforme se puede interpretar en el artículo 148.1.20.

En el art. 149.1, acomete las competencias del estado y no menciona ni la asistencia social ni a los servicios sociales. Sin embargo, ambas significaciones están dotadas la sustancia constitucional, según se desprende de la jurisprudencia del tribunal, concretamente de las STC 76/1986 y STC 146/1986.

La primera sentencia considera la Asistencia Social como una actuación externa a los servicios sociales dirigida a colectivos no integrados en dicho sistema y financiada sin colaboración económica previa de los beneficiarios.

La otra sentencia se encuadra en la interpretación derivada de de La Carta Social Europea para definir en abstracto a la asistencia social como una técnica de protección fuera del sistema de la seguridad social con características propias que las separan de otras técnicas afines o próximos a ellas.

La competencia exclusiva en materia de servicios sociales están contempladas en los estatutos de autonomía. Parte de las CCAA asumieron las competencias de los Servicios Sociales de forma genérica y otras mediante la adquisición de unos servicios más específicos.

Tras la aprobación de los distintos Estatutos de Autonomía se inicio un complejo proceso de transferencias, tendente a cumplir el mandato constitucional de traspaso de funciones y de servicios en materia de Asistencia Social y Servicios Sociales a las CC.AA.

De este modo, de acuerdo con el art. 148.1.20. de la C.E. y los Estatutos de Autonomía, corresponde a las Comunidades Autónomas, en el ejercicio de sus competencias referidas a la Asistencia Social, la potestad legislativa y reglamentaria, así como la función ejecutiva, constituyéndose la Comunidad Autónoma como el ámbito propio de la acción de los servicios sociales tanto a nivel de planificación regional, gestión de centros especializados, prestación de asistencia técnica a las Corporaciones Locales, como de coordinación y supervisión en su territorio.

Cabe señalar que la mayoría de los Estatutos de Autonomía de las CC.AA. constituidas al amparo del art. 143 de la Constitución, sobre las que debería actuar como techo inicial el art. 148 de la C.E., han incluido dentro de sus competencias exclusivas no sólo la Asistencia Social sino también los Servicios Sociales y el bienestar social.

El proceso de descentralización y de traspasos

Los traspasos fueron efectuados mediante acuerdos de comisiones mixtas paritarias, las cuales han sido publicadas mediante Reales Decretos específicos para cada CCAA.

En líneas generales se traspasaron las siguientes funciones y servicios:

- Delegaciones Provinciales, centros y establecimientos del extinguido INAS (Instituto Nacional de Asistencia Social).

- Centros sociales asistenciales dependientes de la dirección general de Acción social.
- Unidades administrativas de la Delegación Provincial del Ministerio competente que realizaban funciones de aa.ss.
- Ayudas individuales e institucionalizadas concedidas del FONAS.
- Direcciones provinciales, centros, establecimientos y servicios gestionados por el centro.
- Elaboración y ejecución de planes de INSERSO.
- Las funciones de creación, transformación, ampliación y clasificación de centros.
- Gestión de las prestaciones de seguridad social gestionadas por el INSERSO.
- Establecimiento, gestión y rescisión de conciertos con entidades regionales.

Las leyes autonómicas de Servicios Sociales

La asunción de competencias en materia de Servicios Sociales por parte de las CC.AA ha permitido a éstas establecer los fundamentos de una política global de Servicios Sociales en sus territorios respectivos, dando lugar, en el ejercicio de las competencias exclusivas contenidas en sus Estatutos, a la promulgación de diferentes Leyes de Servicios Sociales.

Todas ellas se basan en los principios de *descentralización,* coordinación, prevención, participación ciudadana, solidaridad e igualdad. Responden a una estructura similar, con evidentes elementos comunes, y con un propósito fundamental: la instauración y consolidación de un Sistema Público de Servicios Sociales mediante la construcción de una amplia Red de Servicios Sociales Generales y Especializados, potenciando la cooperación entre las distintas Administraciones Públicas y con la iniciativa social.

Las leyes autonómicas de Servicios Sociales tienen el carácter y rango de Ley formal dictada por la correspondiente Cámara legislativa autonómica y vienen a establecer las competencias que los distintos Estatutos recogen sobre la materia.

El carácter de leyes marco, precisan de abundante legislación de desarrollo. El análisis comparativo de estas leyes pone de relieve la similitud de los esquemas metodológicos seguidos en todas ellas.

En un sentido general las autonomías tienen atribuidas las funciones de planificación, ordenación, reglamentación, registro, coordinación, inspección, supervisión y control, relación con otras CC.AA. y organismos del Estado, estudio e investigación, delegando en algunos casos en la Administración Local las de gestión, ejecución y desarrollo de los servicios.

Los Servicios Sociales, el Trabajo Social y el Tercer Sector en la provincia y el municipio

La Constitución española no atribuye ningún tipo de competencia a las corporaciones locales, limitándose a garantizar la autonomía a la gestión de sus respectivos intereses art. 137.

Sin embargo la Ley 7/1985 del 2 de Abril Reguladora de las Bases de Régimen Local, delimita el margen de actuación y las materias atribuidas a los municipios y a las provincias. Una de esas materias que se le asigna a las entidades locales será las prestaciones de los Servicios Sociales.

Los artículos 25 y 26 de la ley encomiendan al municipio la prestación de estos servicios. Mientras que el artículo 25.1 se refiere a la capacidad genérica en los municipios para la gestión de sus propios intereses, y se afirma que pueden promover toda clase de actividades y prestar cuantos servicios públicos contribuyan a satisfacer las necesidades y aspiraciones de la comunidad.

Por su parte el artículo 25.2 especifica entre otras las materias de los servicios sociales, limitando su actuación a la legislación autonómica o estatal.

El artículo 28 permite a los entes locales realizar actividades complementarias a las de otras administraciones públicas y en especial a las relativas a la educación, cultura, promoción de la mujer, vivienda, sanidad y promoción del medio ambiente. Mediante este artículo se legitima a los ayuntamientos para asumir nuevos servicios anteriormente no contemplados.

Del conjunto del articulado se desprende que los municipios ostentan una competencia material, al igual que las Comunidades Autónomas, pero corresponde a las regiones concretar las funciones de los servicios sociales.

El artículo 31 establece que su función de las Diputaciones será la de garantizar los principios de solidaridad, equilibrio intermunicipales y en particular asegurar la prestación integral y adecuada en la totalidad del territorio provincial de los servicios de competencias municipales y participar en la coordinación de la administración local con la comunidad autónoma y es Estado.

Por otra parte el Art. 36 establece como competencias propias de las diputaciones en la siguiente línea:

- La coordinación de los servicios municipales entre sí para la garantía de su prestación integral y adecuada.
- La asistencia y cooperación jurídica, económica y técnica a los municipios, especialmente a los de menor capacidad económica y de gestión.
- La prestación de servicios públicos de carácter supramunicipal y, en su caso, supracomarcal.

El artículo 37 favorece la posibilidad de que las comunidades autónomas deleguen competencias en las diputaciones provinciales, además de la gestión ordinaria de servicios propios en los términos previstos en cada uno de los distintos estatutos de autonomía.

La Carta Europea de Autonomía Local, aprobada en Estrasburgo el 15 de octubre de 1985, es aplicable a todo el territorio del Estado español en relación con las colectividades contempladas en la legislación española de régimen local, y previstas en los arts. 140 y 141 de la C.E.

Las Diputaciones Provinciales son un complemento de la actuación municipal. En este sentido es importante señalar la importancia en cuanto a las posibilidades que tienen de dotar de equipamientos en materia de Servicios Sociales a los Ayuntamientos más pequeños.

En el nivel local y comarcal es esencial una actuación estable en el medio rural con el protagonismo de los Ayuntamientos. Aún cuando tengamos en cuenta sus limitaciones será necesario prestarles los medios precisos, para que sean ellos quienes planifiquen el proceso de implantación y desarrollo de los Servicios Sociales.

La iniciativa privada o Tercer Sector, se desarrolla a través de una colaboración productiva de lo público y lo privado, en especial con organizaciones sin fin de lucro, organizaciones voluntarias o tercer sector, que evite duplicidades innecesarias y promueva la participación.

Se hace evidente una acusada tendencia hacia la municipalización de los servicios, que intenta superar la inoperancia de los Servicios Sociales públicos nacidos a la sombra de una fuerte tradición centralizadora, constituidos al margen de la vida comunitaria, dentro de un esquema fuertemente burocratizado, sesgado hacia una excesiva especialización y en los que la participación brillaba por su ausencia.

5.7. LECTURAS, ACTIVIDADES, GLOSARIO, BIBLIOGRAFÍA

LECTURAS RECOMENDADAS

ACTIVIDADES, EJERCICIOS

Trabajo Optativo sobre la Federación Internacional de Trabajo Social (FITS).

Trabajo Optativo sobre el Instituto Internacional de Investigaciones y Capacitación de las Naciones Unidas para la Promoción de la Mujer (INSTRAW)

Trabajo Optativo sobre la aportación de los trabajadores sociales para preservar la cohesión social: *La Recomendación REC (2001).*

GLOSARIO

GINER S. LAMO E. TORRES C. "Diccionario de Sociología". Alianza 2006.

Di Tella, Torcuato, Hugo Chumbita, Susana Gamba y Paz Guajardo (2004), Diccionario de Ciencias Sociales y Políticas, Ed. Ariel, Primera Edición, Buenos Aires.

BIBLIOGRAFÍA OBLIGATORIA

IZQUIERDO J, TORRES R. "Estado de Bienestar y Trabajo Social" Edit. Académica. Madrid 2011.

BIBLIOGRAFÍA RECOMENDADA

Del Fresno García, Miguel (2011). Retos para la intervención social con las familias en el siglo XXI, Madrid, Trotta.

Del Fresno García, Miguel (2011). Netnografía. Investigación, análisis e intervención social, Barcelona, UOC.

Del Fresno García, Miguel; Acebes, Rafael (2010) Individuos, grupos y comunidades en la red: Nuevas perspectivas para el diagnóstico, la intervención y la evaluación social en el siglo XXI, en López Peláez, A. (ed.), Técnicas de diagnóstico, intervención y evaluación social, Madrid, Universitas

Del Fresno García, Miguel; Segado Sanchez-Cabezudo, Sagrario (2010) Técnicas de evaluación, intervención y valoración en el ámbito del Trabajo Social con Casos, en López Peláez, A. (ed.), Técnicas de diagnóstico, intervención y evaluación social, Madrid, Universitas

Del Fresno García, M., López Peláez, A. (2010). Presupuestos teóricos del Trabajo Social con Grupos: Ilustración, ciudadanía y libertad, en López Peláez, A. (ed.), Teoría del Trabajo Social con Grupos, Madrid, Universitas.

Del Fresno García, M., López Peláez, A. (2010). ¿Por qué es necesario el Trabajo Social con Grupos?: Características de las sociedades contemporáneas, en López Peláez, A. (ed.), Teoría del Trabajo Social con Grupos, Madrid, Universitas.

Del Fresno García, M. (2009). La familia: De la reproducción al consumo; en Sociedad y Tecnología, pp. 215-223, Asociación Madrileña de Sociología, Madrid.

Fernández García, T., López Pelaéz, A. (2008): Trabajo social comunitario. Afrontando juntos los desafíos del siglo XXI, Madrid, Alianza Editorial.

García Castilla, F.J. y Meneses Falcón, C. (2009): Ámbitos de intervención del Trabajo Social, en Fernández García, T. (coord.), Fundamentos del Trabajo Social. Madrid: Alianza Editorial.

García Castilla, F.J. y Ponce de León Romero, L. (2007): Juventud, trabajo y emancipación en Revista de Estudios de Juventud, 79,123-145.

García Castilla, F.J. (2005): Una experiencia sobre detección de situaciones de riesgo en menores desde el ámbito escolar, en Revista Miscelánea Comillas, 123, 303-336.

Hidalgo Lavié, A. La renta básica universal como herramienta para combatir la exclusión social y económica. Una aproximación analítica. Revista del Ministerio de Trabajo e Inmigración, nº75. 2008. pp.143-161

Hidalgo Lavié, A. Una evaluación de los servicios sociales comunitarios en la provincia de Cádiz. (Coord.). Editorial Diputación Provincial de Cádiz. ISBN84-95388-60-X. Cádiz, 2003. 230 páginas.

Izquierdo, J. Torres, R. "El colectivo de mayores, los accidentes de tráfico y el Trabajo Social". Portularia. Revista de Trabajo Social. (pp. 33-49) ISSN 1578-0236. VOL X, 1-2010.

Izquierdo J. Torres, R. Martínez, A. Movilidad, dependencia y transporte. Nuevas demandas de la población mayor en España. Dependencia y transporte, en La protección de las personas mayores" (pp. 451-462). Edit. Tecnos 2007. ISBN 978-84-309-4579-5.

Izquierdo, J. Torres, R. "El control Social del Tráfico. Nuevo paradigma en la lucha contra la inseguridad vial". (pp. 180). Edit. Fundación Francisco Corell. Madrid 2008.

Izquierdo, J. López, A. La construcción social de la precariedad laboral: paradojas de la liberalización del transporte terrestre en España. Revista de Sociología del Trabajo. Madrid 2011

López Peláez A. y Segado Sánchez- Cabezudo, S. (2009). Jóvenes, accidentes debidos al tráfico y riesgos laborales: estrategias para mejorar las condiciones de seguridad y salud en el trabajo. Instituto Nacional de Juventud y Empleo. ISBN: 978-84-96028-74-6. NIPO: 802-09-008-X.

López Peláez, A y Segado Sánchez-Cabezudo, S. (2011). Empowerment and Social Work with Families. En A. Moreno (coord.), Family and Well-Being, Springer: Social Indicators Research Series Book. I.S.S.N. 1387-6570 (Aceptado para publicación)

López Peláez, A. (ed.) (2010): Teoría del Trabajo Social con Grupos, Madrid, Universitas.

López Peláez, A. (ed.) (2010): Técnicas de diagnóstico, intervención y evaluación social, Madrid, Universitas.

López Peláez, A., Segado Sánchez-Cabezudo, S. (2009): "Exclusión social, trabajo y salud: ¿puede un mercado de trabajo precario favorecer la inclusión social de los jóvenes", en Tezanos, JF (2009): Juventud y exclusión social. Décimo Foro sobre Tendencias Sociales, Madrid, Sistema, pp. 165-188

López Peláez, A. (2007): "Innovación tecnológica, crecimiento económico y automatización avanzada: paradojas de la globalización", en Tezanos, JF (ed.): Los impactos de la revolución científico-tecnológica. Noveno Foro sobre Tendencias Sociales, Madrid, Sistema, pp. 355-400.

López Peláez, A., Ponce de León, L. (2007): "Atención social a la dependencia: un nuevo derecho de los ciudadanos mayores", en Lasarte, C. (ed.): La protección de las personas mayores, Madrid, Tecnos, pp. 114-129.

Rebolloso E., Fernández Ramírez B., Cantón P. Análisis e Intervención Social. Evaluación de Programas de Intervención Social. Editorial Síntesis. Madrid 2008.

Osca, A; Segado Sánchez-Cabezudo, S. y García, F. (2007). Inclusión social, mercado de trabajo y salud laboral: perspectivas sobre el estrés laboral en los jóvenes españoles. Instituto de Juventud y Empleo. NIPO: 208-06-030-1; NIPO: 211-06-060-X

Segado Sánchez-Cabezudo, S. (2010). Nuevas tendencias en el trabajo social con familias: una aproximación práctica desde el empowerment. Madrid, Trotta. I.S.B.N. 978-84-9879-186-0. 353 páginas.

Cooperación al desarrollo y cohesión social europea | 6

ESQUEMA

Se identifican las dimensiones constitutivas de la Cooperación al Desarrollo y de la Cohesión Europea, que pueden considerarse pilares supranacionales del Estado del Bienestar.

El análisis aborda la cuestión desde tres perspectivas congruentes e interrelacionadas, la internacional, la europea y la española.

Se acomete el análisis de los componentes y funcionamiento de la Cooperación al Desarrollo y de la Cohesión Social Europea, los principios políticos inspiradores e incidentes en la evolución histórica y en las perspectivas futuras.

6.1. INTRODUCCIÓN

6.1.1. Objetivos generales y específicos

Se pretende que el alumno, sintetice y comprenda críticamente las dimensiones constitutivas y el funcionamiento de la Cooperación al Desarrollo y de la Cohesión Europea, sus reformas y adaptación a las exigencias sociales presentes y futuras.

Que conozca y distinga conceptos, marcos teóricos y modelos.

Que elabore e introduzca en sus trabajos análisis y razonamientos prospectivos de carácter global, sobre los contextos de implementación. Que evalúe la diversidad de factores influyentes en la Cooperación al Desarrollo y en la Cohesión Europea y sus implicaciones para la intervención profesional.

En concreto se invita a analizar con carácter crítico las relaciones y la influencia mutuas entre Cooperación al Desarrollo y la Cohesión Europea en las realidades sociales dinámicas y cambiantes supranacionales, con la finalidad de prevenir y entender los procesos sociales emergentes así como las posibles soluciones, preventivas o paliativas, ante los mismos. Para ello es preciso entender la complejidad de los mecanismos de Cooperación al Desarrollo y de la Cohesión Europea, como instrumentos que inciden en la capacidad de inclusión socioeconómica de las sociedades.

Palabras Clave

Cooperación al Desarrollo, Cohesión Europea, Principios de Programación, política de desarrollo, derechos sociales, desvinculación, Fondos Europeos, Fondos Estructurales, Objetivos del Milenio. La Agencia Española de Cooperación Internacional, Fondo para la Concesión de Microcréditos, Proyectos de Desarrollo Social Básico en el Exterior (FCM).

Ideas básicas

Las Ayudas Oficiales al Desarrollo (AOD) se definen como las aportaciones de recursos a los llamados países en desarrollo, procedentes de fondos públicos (Ayuda bilateral, o a través de organismos multilaterales: Ayuda multilateral) que tengan como finalidad la contribución al desarrollo de los países receptores y que sean otorgados en concepto de donaciones o prestamos en condiciones ventajosas.

La Agencia Española de Cooperación Internacional para el Desarrollo (AECID), es una Entidad de Derecho Público adscrita al Ministerio de Asuntos Exteriores y de Cooperación a través de la Secretaría de Estado de Cooperación Internacional (SECI).

La Ley 23/1998, de 7 de julio, de Cooperación Internacional para el Desarrollo, establece el órgano de gestión de la política española de cooperación internacional para el desarrollo.

La Declaración del Milenio y los Objetivos de Desarrollo del Milenio (ODM) configuran una agenda y metodología común en la lucha contra la pobreza, por lo que son el principal referente de la política española de cooperación internacional.

El Sistema de Naciones Unidas es el marco preferente de la acción multilateral de desarrollo, dado su carácter universal, la amplitud de su mandato y su autoridad política y moral. Desde el 2005, la AECID ha mostrado un apoyo decidido y creciente a Naciones Unidas y sus agencias especializadas.

COHESIÓN

La filosofía de la Cohesión consiste en proponer a los estados miembros un espacio supranacional integrado, una base estructuralmente igualitaria de competitividad, conseguida mediante reformas económicas que permitan e impliquen evaluar su situación y medir su desarrollo mediante variables objetivas.

La concepción descrita de la cohesión ha perdurado y ha sido perfeccionada en su aplicación durante las sucesivas ampliaciones de la Unión Europea.

Hoy la integración europea cuenta con veintisiete Estados miembros, de los cuales doce padecen notables brechas y disparidades de renta y de desarrollo. Por ese motivo constituyen el objeto de intervención preferente de los Fondos Europeos, lo que hace que la UE se diferencie de otros procesos de integración supranacionales en la actual era de la globalización.

La Cohesión Económica, Social y Territorial, rompe con las versiones más lentas de las zonas supranacionales de libre cambio. Sin embargo, Cohesión no es política social, ni política de empleo, aunque indudablemente la aplicación de los Fondos Europeos tiene efectos geométricamente multiplicadores sobre ambos.

6.2. LA COOPERACIÓN INTERNACIONAL PARA EL DESARROLLO

Definición

La Cooperación Internacional se define como el conjunto de acciones llevadas a cabo por los países industrializados que, implicando transferencia de recursos a los países del Sur, contribuye a su desarrollo. En este contexto se puede deducir que la Cooperación Internacional para el Desarrollo desarrolla un rol importante en las relaciones Norte-Sur.

La Cooperación al Desarrollo se basa en la idea de que la ayuda externa es una contribución al desarrollo. La idea se nutre de las teorías desarrollistas, según las cuales, los países subdesarrollados se encuentran en una etapa histórica de su desarrollo distinta a la de las economías industrializadas.

La experiencia histórica pone de manifiesto los límites explicativos y de intervención de las teorías desarrollistas, que asimilan conceptualmente crecimiento y desarrollo, y excluyen la evidencia empírica de la insostenibilidad ecológica de muchos de los proyectos financiados.

La Teoría del Impulso Exterior es, desde su origen, la justificación de la Cooperación al Desarrollo basada, inicialmente, en instrumentos comerciales y financieros.

6.3. EL PROGRAMA DE LAS NACIONES UNIDAS PARA EL DESARROLLO (PNUD)

El Programa de las Naciones Unidas para el Desarrollo (UNDP) define la pobreza tomando en consideración la carencia de capacidades humanas básicas que se manifiestan en problemas tales como analfabetismo, desnutrición, tiempo de vida corto, mala salud materna y padecimientos por enfermedades prevenibles.

El instrumento (UNPD) interviene en el estudio de la denominada pobreza humana, sin enfocar tanto en lo que los individuos tienen, cuanto en lo que pueden o no pueden hacer.

Definición y medición de la pobreza

La pobreza es un fenómeno complejo y multidimensional, razón por la que existen múltiples definiciones y maneras de medirla. Tradicionalmente se ha definido la pobreza como privación material, medida mediante los ingresos o el consumo del individuo o la familia.

El fenómeno de la pobreza extrema o pobreza absoluta se puede definir como la falta de los ingresos necesario para satisfacer las necesidades de alimentación básicas. Esta manifestación de la pobreza se traduce en:

- Déficit crónico de calóricos mínimos en la población.

Otra definición de pobreza general o relativa hace referencia a la falta de ingresos necesario para satisfacer:

- Tanto necesidades alimentarias básicas como necesidades no alimentarias básicas, tales como vestido, energía y vivienda (UNDP 2000).

El Programa de las Naciones Unidas para el Desarrollo (UNDP, 2003) afirma que para salir de la pobreza se necesita un enfoque multifacético que va más allá de las políticas requeridas para mantener la estabilidad y el crecimiento económico, así como un clima político estable.

Por ello propone seis conjuntos de políticas:

- Invertir en el desarrollo humano, es decir, salud, educación, nutrición, sanidad y agua, para fomentar la creación de una fuerza de trabajo productiva.
- Ayudar a los pequeños agricultores a incrementar su productividad.
- Invertir en infraestructura: electricidad, carreteras, puertos.
- Implementar políticas de desarrollo industrial dirigidas a la pequeña y mediana industria.
- Promover la equidad social y los derechos humanos para que los pobres y los marginados, incluidas las mujeres, tengan libertad y voz para influenciar en las decisiones que afectan a sus vidas.
- Promover la sustentabilidad ambiental y la buena gerencia de las ciudades para proveer ambientes seguros.

6.4. LAS POLÍTICAS PÚBLICAS Y SU EVALUACIÓN

El análisis de políticas públicas puede ser considerado como una metodología aplicada para identificar problemas y corregirlos. Esta metodología incorpora cinco procedimientos generales: estructuración de problemas, pronóstico, recomendación, monitoreo y evaluación.

El proceso de evaluación finaliza estableciendo las recomendaciones pertinentes destinadas al perfeccionamiento de dichas políticas.

Funciones de la evaluación de las políticas públicas

Las funciones de la evaluación son:

- Proporcionar información acerca del desempeño de las políticas públicas.
- Detectar las disfunciones.
- Proponer alternativas de reforma y superación.

Los principales criterios para la evaluación de políticas públicas son:

- Efectividad en el logro del valor final.
- Eficiencia para alcanzar ese logro.

- Adecuación del objetivo logrado para la solución del problema público.
- Equidad en la distribución de los beneficios y los costos, y satisfacción de los beneficiarios.

En el momento de evaluar un programa o un proyecto derivado de una política específica, es importante conocerlo a fondo y entender cuáles son las teorías originales que la establecieron y de las propuestas de cambio correctivo de la iniciativa.

La teoría del programa está constituida por los mecanismos que median entre la implementación y la obtención de los resultados deseados.

La evaluación en los países en desarrollo

Los países en desarrollo se caracterizan, entre otras cosas, por tener gran cantidad de problemas sociales que requieren la atención del Estado y la implementación de programas públicos.

Los gobiernos suelen tener fuertes restricciones presupuestarias debido a la precariedad de los ingresos fiscales. Las causas radican en un abanico amplio de problemas tales como la baja actividad económica, el desmesurado crecimiento de la economía informal, alta ineficiencia en la recaudación impositiva y el grado de cultura de la corrupción en todas sus manifestaciones, así como también el nivel de efectividad de los mecanismos para reducirla.

En este contexto, la evaluación se convierte en un instrumento de gran valor porque permite mejorar la eficiencia del gasto público en programas sociales, maximizando la utilidad de los escasos recursos del estado.

La evaluación no sólo permite la eliminación o reestructuración de aquellos programas que no logran sus objetivos, sino que permite a las agencias gubernamentales generar conocimiento sobre cómo enfrentar los problemas sociales de manera eficiente, adecuada y equitativa.

La evaluación es una práctica poco frecuente en los países en desarrollo. Sin embargo, la práctica de la evaluación de políticas públicas en los países en desarrollo ha recibido fuerte apoyo por parte de los organismos internacionales que proporcionan préstamos y donaciones. Se han hecho esfuerzos por difundir la cultura de la evaluación y desarrollar las capacidades para su implementación.

La evaluación ha sido un requisito exigido por los organismos internacionales donantes para asegurarse que los fondos sean utilizados eficientemente. Generalmente es llevada a cabo por expertos independientes.

6.5. AYUDAS OFICIALES AL DESARROLLO (AOD)

Las Ayudas Oficiales al Desarrollo (AOD) se definen como las aportaciones de recursos a los llamados países en desarrollo, procedentes de fondos públicos (ya sea directamente -ayuda bilateral- o a través de organismos multilaterales -ayuda multilateral-) que tengan como finalidad la contribución al desarrollo de los países receptores y que sean otorgados en concepto de donaciones o prestamos en condiciones ventajosas.

La vinculación de las ayudas

La ayuda vinculada a la compra de bienes y servicios en el país donante es cada día más criticada. Suele tener como principal consecuencia la adquisición de bienes en base a los intereses y la disponibilidad del país que otorga el préstamo y no de las necesidades del país receptor. Es una herencia colonial y una forma de política comercial encubierta.

Disfunciones

La AOD se convierte así en un instrumento para la apertura de mercados actuales y futuros y, en concreto, la ayuda ligada, en una subvención pública indirecta al sector exportador, pasando a un último plano el objetivo del impacto sobre el desarrollo de la financiación.

La Cooperación Internacional para el Desarrollo podría tener más efectos positivos y visibles en la medida en que se produzcan cambios reales en el Orden Económico y Financiero Internacional.

Tendencia a la desvinculación

En la actualidad se está generando una tendencia de la Cooperación Internacional para el Desarrollo centrada en el concepto de desvinculación de la ayuda a la compra de bienes y servicios.

6.6. OBJETIVOS DE DESARROLLO DEL MILENIO (ODM)

En la actualidad una de cada tres viven en la pobreza y la mitad vive en la pobreza extrema, definida como la subsistencia con menos de 1 dólar al día.

En la 8ª sesión plenaria del 8 de septiembre de 2000, la Asamblea General de la ONU, aprobó la Declaración del Milenio. Los Objetivos de Desarrollo del Milenio (ODM) representan una asociación global que ha surgido de los compromisos y metas establecidas en las cumbres mundiales de los años noventa.

Con meta en el 2015, los ODM son un conjunto de objetivos ambiciosos acordados que se pueden cumplir si todos los actores afrontan con responsabilidad su parte. Los países pobres se han comprometido a gobernar mejor e invertir en sus poblaciones en salud y educación. Los países ricos se han comprometido a apoyarlos a través de la asistencia, alivio de la deuda y a través de un sistema comercial más justo.

En la Declaración del Milenio se recogen ocho Objetivos referentes a la erradicación de la pobreza, la educación primaria universal, la igualdad entre los géneros, la mortalidad infantil, materna, el avance del VIH/sida y la sostenibilidad del medio ambiente.

Cada uno de los objetivos se divide en metas cuantificadas mediante 48 indicadores.

Los ocho objetivos y sus metas específicas:

Objetivo 1: Erradicar la pobreza extrema y el hambre.

- Reducir a la mitad, entre 1990 y 2015, la proporción de personas que sufren hambre.
- Reducir a la mitad, entre 1990 y 2015, la proporción de personas cuyos ingresos son inferiores a un dólar diario.
- Conseguir pleno empleo productivo y trabajo digno para todos, incluyendo mujeres y jóvenes.

Objetivo 2: Lograr la enseñanza primaria universal.

- Asegurar que en 2015, la infancia de cualquier parte, niños y niñas por igual, sean capaces de completar un ciclo completo de enseñanza primaria.

Objetivo 3: Promover la igualdad entre los géneros y la autonomía de la mujer.

- Eliminar las desigualdades entre los géneros en la enseñanza primaria y secundaria, preferiblemente para el año 2005, y en todos los niveles de la enseñanza antes de finales de 2015.

Objetivo 4: Reducir la mortalidad infantil.

- Reducir en dos terceras partes, entre 1990 y 2015, la mortalidad de niños menores de cinco años.

Objetivo 5: Mejorar la salud materna

- Reducir en tres cuartas partes, entre 1990 y 2015, la mortalidad materna.
- Lograr el acceso universal a la salud reproductiva.

Objetivo 6: Combatir el VIH/SIDA, el paludismo y otras enfermedades.

- Haber detenido y comenzado a reducir la propagación del VIH/SIDA en 2015.
- Lograr, para 2010, el acceso universal al tratamiento del VIH/SIDA de todas las personas que lo necesiten.
- Haber detenido y comenzado a reducir, en 2015, la incidencia de la malaria y otras enfermedades graves

Objetivo 7: Garantizar el sustento del medio ambiente.

- Incorporar los principios del desarrollo sostenible en las políticas y los programas nacionales y reducir la pérdida de recursos del medio ambiente.
- Haber reducido y haber ralentizado considerablemente la pérdida de diversidad biológica en 2010.
- Reducir a la mitad, para 2015, la proporción de personas sin acceso sostenible al agua potable y a servicios básicos de saneamiento.
- Haber mejorado considerablemente, en 2020, la vida de al menos 100 millones de habitantes de barrios marginales.

Objetivo 8: Fomentar una asociación mundial para el desarrollo.

- Desarrollar aún más un sistema comercial y financiero abierto, basado en normas, previsible y no discriminatorio.
- Atender las necesidades especiales de los países menos adelantados.
- Atender las necesidades especiales de los países en desarrollo sin litoral y los pequeños Estados insulares en desarrollo (mediante el Programa de Acción para el desarrollo sostenible de los pequeños Estados insulares en desarrollo y los resultados del vigésimo segundo período extraordinario de sesiones de la Asamblea General).

- Encarar de manera integral los problemas de la deuda de los países en desarrollo con medidas nacionales e internacionales para que la deuda sea sostenible a largo plazo.
- En cooperación con las empresas farmacéuticas, proporcionar acceso a los medicamentos esenciales en los países en desarrollo a precios asequibles.
- En cooperación con el sector privado, dar acceso a los beneficios de las nuevas tecnologías, especialmente las de la información y las comunicaciones.

6.7. EL PNUD EN CIFRAS

El Programa de las Naciones Unidas para el Desarrollo (PNUD) es una red mundial de las Naciones Unidas en materia de desarrollo que promueve el cambio y conecta a los países con los conocimientos, la experiencia y los recursos necesarios para ayudar a los pueblos en vías de desarrollo.

La búsqueda resultados

Mientras fortalecen su *capacidad local,* los países aprovechan los conocimientos del personal del PNUD y de su amplio círculo de asociados para obtener resultados concretos.

La principal contribución del PNUD es el desarrollo de capacidades, consideradas como requisitos ineludibles para llevar un proceso de desarrollo social.

Los esfuerzos del PNUD dan apoyo a los países donde se ejecutan programas para desarrollar capacidades nacionales y locales necesarias para alcanzar los ODM, haciendo hincapié en una gestión eficaz de la ayuda y en las soluciones Sur-Sur.

Reducción de la pobreza y logro de los ODM

Si bien el crecimiento económico es esencial para el progreso humano, no es suficiente para alcanzar los ODM. El PNUD apoya a los países para formular, implementar y hacer el seguimiento de estrategias de desarrollo nacionales, basadas en los ODM y enfocadas hacia un crecimiento incluyente, que respete la igualdad de género, para asegurar un desarrollo humano justo y amplio.

El PNUD trabaja conjuntamente con la Conferencia de las Naciones Unidas sobre Comercio y Desarrollo y con otras organizaciones para asegurar que el proceso de globalización (comercio internacional, régimen de inversiones y finanzas del desarrollo) sea incluyente y respalde el logro de los ODM.

Alcanzar un objetivo de los ODM, detener e invertir la propagación del VIH/SIDA para 2015, es también esencial para alcanzar otros ODM, especialmente los relacionados con la pobreza, la educación, la igualdad de género y la mortalidad infantil y materna. En calidad de copatrocinador fundador del Programa Conjunto de la ONU sobre VIH/SIDA, el PNUD responde a los desafíos multisectoriales de la epidemia con otras agencias de la ONU.

Gobernabilidad democrática

Un número cada vez mayor de países se esfuerzan por establecer la gobernabilidad en un contexto democrático. Se enfrentan con el desafío de establecer instituciones y procesos que respondan mejor a las necesidades de los ciudadanos ordinarios, incluidos los pobres, y que promuevan el desarrollo.

El PNUD ayuda a los países a fortalecer los sistemas electorales y legislativos para mejorar el acceso a la justicia y la administración pública, y desarrollar una mayor capacidad para hacer llegar los servicios básicos a quienes más los necesitan.

Por medio de sus programas, el PNUD acerca a las personas dentro de cada país y en todo el mundo, fomentando alianzas y compartiendo formas de promover la participación, la responsabilidad y la eficacia en todos los niveles.

Prevención de crisis y recuperación

Muchos países son cada vez más vulnerables a los conflictos violentos y los desastres naturales que pueden borrar decenios de desarrollo e intensificar la pobreza y la desigualdad. Por medio de su red mundial, el PNUD procura encontrar y compartir enfoques innovadores para la prevención de las crisis, la alerta temprana y la resolución de conflictos.

La presencia del PNUD en casi todos los países en desarrollo asegura que estará allí cuando se produzca la crisis siguiente, para ayudar a cubrir la brecha entre el socorro de emergencia y el desarrollo a largo plazo.

Medio ambiente y desarrollo sostenible

Los pobres se ven afectados de manera desproporcionada por la degradación del medio ambiente y la falta de acceso a servicios de energía limpia
asequibles.

La meta del PNUD en este campo es fortalecer la capacidad nacional para
hacer una gestión sostenible del medio ambiente, al mismo tiempo que se asegura la protección adecuada de los pobres.

Las cuestiones de la energía y el medio ambiente tienen una dimensión global,
al igual que el cambio climático, la pérdida de la diversidad biológica y el ago-
tamiento de la capa de ozono, que los países no pueden solucionar por sí solos.

El PNUD, por conducto de programas como la Iniciativa Ecuatorial y el
Fondo para el Medio Ambiente Mundial (una alianza entre el Programa de las
Naciones Unidas para el Medio Ambiente y el Banco Mundial), ayuda a los
países a fortalecer su capacidad para hacer frente a estos desafíos en los ámbitos mundial, nacional y comunitario, buscando y compartiendo las mejores
prácticas, proporcionando asesoramiento innovador sobre políticas y vincu-
lando a los asociados mediante proyectos experimentales.

En cada una de estas áreas, el PNUD fomenta la protección de los derechos
humanos y especialmente el fortalecimiento de la mujer.

Por medio de la red mundial, trata de identificar y compartir formas de
promover la igualdad entre los géneros, como una dimensión esencial para la
participación y la responsabilidad políticas, así como para el fortalecimiento
económico y la planificación eficaz del desarrollo, la prevención de las crisis y
la resolución de conflictos, el acceso al agua potable, el saneamiento, servicios
de energía y la movilización de la sociedad para luchar contra el VIH/SIDA.

La gestión participativa

Una de las funciones más importantes del PNUD es la de apoyar y enfatizar
la gestión participativa y responsable del sistema de coordinadores residentes, buscando una mayor eficacia y eficiencia del sistema de la ONU y de la
integración estratégica de los esfuerzos en materia de desarrollo, dentro del
contexto de las prioridades del desarrollo nacional.

En un mundo donde hay recursos y capacidades limitadas, el PNUD, junto
con sus asociados de la ONU y del área del desarrollo, contribuye al uso más
eficaz de la ONU y de los recursos internacionales de ayuda.

Crisis financiera y crisis de gobernanza

La *crisis económica mundial* se originó en el sector financiero pero ahora es también una crisis de gobernanza. Las personas de todo el mundo esperan que sus líderes protejan a los ciudadanos más vulnerables, mantengan el orden, regulen los mercados financieros y planifiquen un futuro más estable.

En los países en desarrollo donde la capacidad del Estado es muchas veces débil, estos desafíos que presenta la gobernanza se complican con flujos financieros reducidos, pérdida de empleo y malestar social.

En este contexto, el impulso por invertir en la gobernanza democrática no ha sido nunca más obligado. El trabajar con menos recursos públicos para ayudar a más personas necesitadas significa que los gobiernos tienen que optimizar, a la hora de prestar servicios y asegurar igualdad e inclusión en los ámbitos económico, social y político. Para ello la participación y el control democrático de los respectivos gobiernos se acredita como una variable estratégica.

Al mismo tiempo, establecer un camino sostenible para salir de la crisis teniendo en la mira al desarrollo humano requiere una mejor representación y supervisión parlamentaria, mejor planificación participativa y mejores capacidades de presupuestar en los ámbitos de gobierno nacional y local. También requiere que las organizaciones de la sociedad civil y los ciudadanos tengan la capacidad de hacer que sus gobiernos rindan cuentas.

El PNUD es el organismo líder en materia de gobernanza democrática del sistema de la ONU, ayudando a 166 países a través de 135 oficinas de país en todo el mundo. Invierte el 34% de sus recursos totales en programas y proyectos de gobernanza democrática cada año, respondiendo a las inquietudes inmediatas de los países y a los objetivos de desarrollo humano para el largo plazo, incluyendo el logro de los Objetivos de Desarrollo del Milenio para 2015.

Los esfuerzos de gobernanza democrática de la organización se centran en cuatro áreas principales:

- Extender las oportunidades de las personas para que participen en la toma de decisiones políticas.
- Hacer que las instituciones democráticas sean más responsables y sensibles a los ciudadanos.
- Promover los principios de gobernanza democrática.
- Apoyar las evaluaciones del país sobre su gobernanza democrática.

Prevención de conflictos y consolidación de la paz

En más de 40 países los conflictos violentos han acabado con ciudades, pueblos y tierras cultivables. En el mundo hay cerca de 35 millones de personas que han sobrevivido a conflictos, 20 millones de refugiados y 25 millones de desplazados internos.

El PNUD ayuda a tratar las causas principales de los conflictos violentos a través de programas que promueven la participación, la resolución de controversias y la igualdad de género a través de tres vertientes:

- Fortalecer las capacidades nacionales de gestionar conflictos.
- Integrar la prevención de los conflictos en los planes nacionales de desarrollo.
- Crear consenso en las disputas gracias a los diálogos que incluyen a muchos involucrados.

Plan para el Fortalecimiento de la Mujer y la Igualdad de Género en la Prevención de las Crisis y la Recuperación.

Este plan de acción ofrece un enfoque global a las necesidades de las mujeres y de las niñas en situaciones de crisis y les da una voz en el proceso de recuperación.

Sus objetivos son:

- Acabar con la violencia en contra de las mujeres.
- Dar justicia y seguridad a las mujeres.
- Promover a las mujeres a la toma de decisiones.
- Involucrar a las mujeres en todos los procesos de paz.
- Apoyar a las mujeres y a los hombres para una mejor reconstrucción.
- Promover a las mujeres como líderes de la recuperación.
- Incluir los asuntos relacionados con las mujeres en los planes nacionales.
- Trabajar juntos para cambiar a la sociedad.

El PNUD en la erradicación de minas y armas

El PNUD es la principal agencia de la ONU que trabaja en materia del impacto socioeconómico, a largo plazo, de las minas terrestres y de los explosivos que se usan en las guerras. La presencia de esos explosivos, además de matar y mutilar a cientos de personas por año, restringe el acceso a las áreas públicas, limita la disponibilidad de la tierra para la agricultura y dificulta hacer reparaciones a las infraestructuras, entorpeciendo la distribución de bienes y servicios públicos.

Da también asistencia a más de 20 países para reducir la cantidad de armas en circulación. Apoya iniciativas políticas para asegurar que el control de las armas de pequeño calibre y ligeras (APAL) sea parte de los planes de desarrollo en los ámbitos internacional, regional y nacional.

El PNUD y la reducción de riesgos por desastres

En el 2008, más de 300 desastres tuvieron como resultado más de 235.000 víctimas mortales, afectaron a más de 200 millones de personas y causaron pérdidas materiales estimadas en unos 181 mil millones de dólares americanos. Sequías, ciclones, inundaciones y avalanchas de lodo, son desastres naturales con terribles consecuencias pero también son predecibles.

Acciones

- Comprender los riesgos que conllevan los desastres naturales es el primer paso para hacer frente a una crisis:
- Integrar la reducción de riesgos por desastres a la planificación en materia de desarrollo.
- Fomentar las capacidades de las instituciones nacionales para hacer frente a los desastres.
- Integrar sistemáticamente la reducción de riesgos a la respuesta a los desastres.

El PNUD y la crisis financiera

La crisis financiera cada vez más intensa, que llegó a un punto crítico en septiembre de 2008, después de más de un año de inestabilidad en los precios de los alimentos, la energía y los productos básicos, se sumó a una serie de perturbaciones cuyos efectos ya se sienten en todo el mundo.

Los titulares de los medios reflejan las alzas y bajas de los precios de las acciones y describen fracasos de instituciones financieras y las grandes empresas industriales, como efecto de la crisis.

En ese contexto, la comunidad internacional debe analizar lo que está en juego para cientos de millones de personas, en los países en desarrollo, que se beneficiaron del fuerte crecimiento de la última década, así como para los que siguieron sumidos en la pobreza más absoluta, incluso durante ese período de expansión económica mundial.

El PNUD sigue apoyando las iniciativas de los países en desarrollo para hacer frente a la crisis económica y financiera actual, manteniendo los objetivos formulados en la Declaración del Milenio.

El compromiso con el fomento de la capacidad, es decir el cómo del desarrollo, equivale al servicio general que la organización presta en los 166 países en los que está presente. Una vez que se determinan las necesidades o las limitaciones, siempre en consulta con los gobiernos nacionales y los distintos asociados para el desarrollo locales e internacionales, trabaja con sus asociados para elaborar un plan de acción para el fomento de la capacidad: suministra a las personas, los gobiernos, las instituciones y las comunidades instrumentos y capacitación para que puedan satisfacer por sí mismos sus necesidades de forma sostenible.

6.8. LA UE Y LA COOPERACIÓN AL DESARROLLO

Origen y evolución

La cooperación para el desarrollo de la UE se remonta a los inicios del propio proceso de integración europea, al contemplarse dentro del Tratado de Roma.

Las Convenciones de Yaoundé I (1963) y Yaoundé II (1969), sirvieron para consolidar los vínculos especiales de los Estados miembros con sus antiguas colonias, ubicadas fundamentalmente en África.

La incorporación del Reino Unido a la Comunidad Europea en 1973, planteó la necesidad de constituir mecanismos de cooperación más complejos y aplicables en un ámbito geográfico cada vez más extenso, que incluyera tanto a los nuevos países del África Subsahariana como a los países de la Commonwealth.

En 1975 se firmó el primer Convenio de Lomé entre la Comunidad Europea y 46 Estados independientes de África, el Caribe y el Pacífico. Los fundamentos básicos de este Convenio y de posteriores actualizaciones (Lomé II en 1979, Lomé III en 1984 y Lomé IV en 1989) consistían en la discriminación positiva a favor de las ex colonias europeas.

Expansión geográfica de la Cooperación al Desarrollo Europea

En los años 70, la política de cooperación comunitaria comenzó a ampliarse hacia otras áreas geográficas, en concreto, a través de la firma en 1976 de los primeros acuerdos comerciales bilaterales con los países mediterráneos del Magreb (Marruecos, Argelia y Túnez) y un año más tarde del Mashreck (Egipto, Jordania, Líbano y Siria).

En esta década se producen los primeros pasos hacia una cooperación entre la Comunidad Europea y los países en desarrollo de Asia y de América Latina.

A partir de los años 90, los cambios en Europa del Este y la desintegración de la Unión Soviética motivaron la extensión de la cooperación comunitaria hacia los Países de Europa Central y Oriental (PECOS) y los Nuevos Estados Independientes (NEI), para los cuales se firmaron sistemas específicos de ayuda financiera, técnica y política (programas PHARE y TACIS, respectivamente).

La Cooperación al Desarrollo como política comunitaria

La firma del Tratado de Maastricht en 1992, permite hablar, propiamente, de una política comunitaria de cooperación al desarrollo. Efectivamente, el artículo 130 del Tratado de la Unión Europea (TUE) contempla, por primera vez, la cooperación al desarrollo como una política comunitaria, de forma que a partir de ese momento los Estados miembros deben ceder parte de sus competencias en este ámbito a los órganos comunitarios.

De Monterrey al Consenso europeo sobre desarrollo

Tras la primera adopción de compromisos sobre la financiación del desarrollo y sobre la eficacia de la ayuda, por la Unión Europea, durante la Conferencia de Monterrey de 2002, la Comisión describe el grado de avance mediante informes anuales.

La Comunicación de la Comisión "Acelerar el avance para cumplir los Objetivos de Desarrollo del Milenio: Financiación para el Desarrollo y Eficacia de la Ayuda" (COM. 2005, 133 final), indica cómo cumplir un nuevo objetivo intermedio relacionado con el aumento de la Ayuda Oficial al Desarrollo (AOD).

La Comunicación de la Comisión, de 5 de marzo de 2004 titulada: Puesta en práctica del Consejo de Monterrey contribución de la Unión Europea (COM

2004, 150 final), hace balance de los ocho compromisos que asumió en el Consejo Europeo de Barcelona de marzo de 2002 y que defendió durante la Conferencia de Monterrey sobre financiación del desarrollo.

6.8.1. Marco general de desarrollo

La actuación de la Unión Europea en el ámbito de la cooperación al desarrollo se rige por los principios de la eficacia de la ayuda, la coordinación con los Estados miembros y los actores internacionales, y la coherencia de las políticas europeas con los objetivos del desarrollo.

La Unión se implica de modo particular en la consecución de los Objetivos de Desarrollo del Milenio (ODM) de las Naciones Unidas, para lo cual ha creado diversos instrumentos, que servirán asimismo para incrementar las repercusiones de su intervención.

El 20 de diciembre de 2005, los Presidentes de la Comisión, del Parlamento y del Consejo firmaron la nueva declaración de política de desarrollo de la UE titulada: El consenso europeo.

Este consenso define, por primera vez en cincuenta años de cooperación, el contexto de principios comunes en el que la UE y sus Estados miembros aplicarán sus respectivas políticas de desarrollo con un espíritu de complementariedad.

Esta primera parte de la declaración precisa los objetivos y principios que, con una visión común, los Estados miembros y la Comunidad se comprometen a respetar. Dado que el objetivo prioritario era la reducción de la pobreza en el mundo en el marco del desarrollo sostenible, la UE tiene por objeto alcanzar para 2015 los Objetivos de Desarrollo del Milenio (ODM), a los que se han unido todos los países miembros de las Naciones Unidas.

Considera que el objetivo fundamental de reducción de la pobreza abarca los objetivos complementarios de fomento de la buena gobernanza y respeto de los derechos humanos, valores comunes que constituyen los cimientos de la UE.

La lucha contra la pobreza implica alcanzar un equilibrio entre las actividades vinculadas al desarrollo humano, la protección de los recursos naturales, el crecimiento económico y la creación de riqueza en favor de las poblaciones pobres.

La UE se comprometió a aumentar los presupuestos dedicados a la ayuda hasta alcanzar el 0,7 % del producto interior bruto para 2015, con un objetivo colectivo intermedio del 0,56 % para 2010. La mitad de este incremento de la ayuda se destinará a África.

El principio de concentración orienta la programación de la Comunidad por países y regiones. Dicho principio permite seleccionar un número limitado de ámbitos de actuación prioritarios, con el fin de que la intensidad de la ayuda permita incidir realmente sobre los problemas de desarrollo.

La calidad de la ayuda es primordial para la UE, que vela por el seguimiento de sus compromisos en favor de la eficacia. El alineamiento con los sistemas del país receptor y la orientación en función de los resultados son los principios básicos a este respecto.

Para que los países asociados puedan realizar una planificación eficaz se utilizan los mecanismos de ayuda más previsibles. La UE fomenta más coordinación y complementariedad entre los donantes, trabajando para una programación plurianual conjunta basada en las estrategias y procedimientos de los países socios, en mecanismos comunes de ejecución, y en la utilización de sistemas de cofinanciación.

Los Informes de la Política europea de desarrollo y ayuda exterior

La Unión Europea (UE) y sus Estados miembros son, en conjunto, los primeros donantes de ayuda al desarrollo. En 2008 aportaron casi el 60% de la ayuda mundial.

El Informe de la Comisión al Consejo y al Parlamento Europeo, de 30 de junio de 2009, titulado "Informe anual de 2009 sobre las políticas de la Comunidad Europea en materia de desarrollo y ayuda exterior y sobre su aplicación en 2008 (COM(2009. 296 final), revela que el año 2008 fue un año marcado por la fuerte subida de los precios de los alimentos y la energía, y por la crisis financiera mundial.

Objetivos de Desarrollo del Milenio (OMD)

En 2008, la Comisión procedió a una evaluación intermedia de los avances obtenidos en pos de los OMD y fijó nuevos objetivos para 2010.

La Comisión intensificó los esfuerzos para integrar determinadas cuestiones en el proceso de desarrollo como la igualdad de hombres y mujeres, el medio ambiente y los derechos de los niños y las poblaciones indígenas. Además, considera esencial la buena gobernanza fiscal y democrática para el éxito de las reformas.

Objetivos y ejes de la Cooperación al Desarrollo Europea

Los objetivos de la política de cooperación definidos en el Tratado de la Unión Europea, se articulan en torno a cuatro ejes principales:

- El desarrollo económico y social de los países en desarrollo.
- Inserción progresiva en la economía mundial.
- La lucha contra la pobreza.
- El desarrollo de la democracia y el Estado de derecho.

Los criterios que orientan la consecución de los objetivos se identifican comúnmente con las tres C:

- Complementariedad.
- Coherencia.
- Coordinación.

Esto implica que la política comunitaria de desarrollo debe ser complementaria de las llevadas a cabo por los Estados miembros, coherente con los objetivos del resto de las políticas comunitarias, y coordinada con la de los Estados miembros y la de otros donantes internacionales.

A finales de 1999, la Comisión Europea inició un proceso de reformas estructurales con el objetivo de simplificar y racionalizar la ayuda comunitaria, aumentar la coherencia de los procedimientos, lograr una mayor transparencia frente a los agentes económicos, y mejorar el impacto y la visibilidad de la ayuda de la UE.

Dirección General de Relaciones Exteriores

En ella se coordinan y gestionan las actividades de cooperación con la mayoría de los países, a excepción de los Estados ACP y de los países solicitantes de adhesión a la UE. Su Comisario es también interlocutor de la recientemente creada figura del Alto Representante para la Política Exterior y de Seguridad Común, así como responsable del Servicio Común de Relaciones Exteriores (SCR), órgano encargado de los aspectos técnicos, operativos, jurídicos y financieros de la ejecución de los programas de ayuda y cooperación comunitaria a terceros países.

Dirección General de Desarrollo

Es el organismo encargado de formular la política de cooperación con respecto a todos los países en desarrollo. En el marco de esta misión, la DG de Desarrollo es responsable directa de la gestión y coordinación de las relaciones comunitarias con los países ACP, firmantes de la Convención de Lomé, y con los países y territorios de ultramar (PTU).

Dirección General de Comercio

Se trata de una dirección de nueva creación, hecho que refuerza la importancia concedida por la UE a esta dimensión de su acción exterior. La DG de Comercio se encarga de todas las cuestiones comerciales multilaterales, regionales y bilaterales que afectan a la UE, ya que tiene la facultad de formular, negociar y poner en marcha la política comercial comunitaria.

Dirección General de Ampliación

Esta unidad se encarga de las relaciones con los países solicitantes de adhesión, en particular con Turquía, por lo que asume un papel central en las negociaciones de pre-adhesión y de acceso.

6.8.2. La UE como mayor donante del mundo

Para la puesta en práctica de la política y estrategias de cooperación al desarrollo, la UE dispone de dos fuentes principales de financiación. Más de la mitad del dinero que se destina a ayudar a los países pobres proviene de la Unión Europea y sus Estados miembros. La política de desarrollo no se limita a suministrar servicios de primera necesidad como agua potable o carreteras asfaltadas.

La UE utiliza también el comercio para impulsar el desarrollo, abriendo sus mercados a las exportaciones procedentes de los países pobres y animando a éstos a que comercien más entre sí.

La UE es el mayor donante de asistencia oficial al desarrollo (AOD), con cerca de 50 000 millones de euros, lo cual representa el 59% de la AOD mundial.

La ayuda se complementa con el uso y la movilización de otros recursos e instrumentos con fines de desarrollo. Este es el caso de los créditos a la exportación, las garantías para la inversión, la transferencia de tecnología, así como mecanismos innovadores de financiación del desarrollo como, por ejemplo, las tasas voluntarias de solidaridad.

Fondo Europeo de Desarrollo (FED

El Fondo Europeo de Desarrollo (FED) se compone de las aportaciones directas y negociadas de los Estados miembros y constituye la principal vía para financiar la cooperación dirigida hacia los países ACP.

Los fondos previstos en el Acuerdo de Cotonou para el quinquenio 2000-2005 se elevaron a 13.500 millones de euros, a los que deben añadirse los 1.700 millones de euros para créditos y préstamos del Banco Europeo de Inversiones (BEI).

Como fuente de financiación, el FED supone más de la mitad del porcentaje anual de la ayuda para el desarrollo comunitaria, y se destina a un amplio abanico de actividades:

- Ayuda macroeconómica.
- Programas sectoriales.
- Infraestructura tradicional.
- Alivio de la deuda externa.
- Ayuda suplementaria para compensar las pérdidas de ingresos de la exportación.
- Cooperación descentralizada, etc.

El FED está compuesto de varios instrumentos, entre los que priman las subvenciones, los capitales de riesgo y los préstamos al sector privado.

El décimo Fondo, que cubre el período 2008-2013, prevé una dotación presupuestaria de 22.682 millones de euros. Se dedica la parte más importante del presupuesto a programas regionales, subrayando así la importancia que reviste la integración económica regional para el desarrollo nacional y local, al que sirve como base.

Aplicación de la política de desarrollo de la Comunidad Europea

La política comunitaria y las políticas que siguen los Estados miembros en este ámbito son complementarias. El valor añadido de la política comunitaria radica en su presencia a escala mundial, sus conocimientos técnicos en la ejecución de la ayuda, el papel que representa en el fomento de la coherencia de las políticas y de las mejores prácticas, en que facilita la coordinación y la armonización.

Los documentos de programación sobre estrategias por países, regiones o temas reflejan este conjunto de políticas y garantizan su coherencia.

Para responder a las necesidades expresadas por los países socios, la Comunidad concentra su actividad en los siguientes ámbitos:

- Comercio e integración regional.
- Medio ambiente y gestión sostenible de los recursos naturales.
- Infraestructuras.
- Agua y energía.
- Desarrollo rural, agricultura y seguridad alimentaria.
- Gobernanza, democracia, derechos humanos y apoyo a las reformas económicas e institucionales.
- Prevención de conflictos y Estados frágiles.
- Desarrollo humano; cohesión social y empleo.

Las modalidades de ayuda

Las modalidades se adaptan a las necesidades y al contexto de cada país, dando preferencia al apoyo presupuestario cuando las condiciones lo permitan. La Comunidad recurre a un enfoque basado en indicadores de resultados y de eficacia.

La mayoría de la ayuda comunitaria es proporcionada en forma de donaciones, método especialmente adecuado para los países más pobres y para los que disponen de una capacidad de reembolso limitada.

La Comisión Europea tiene en cuenta las enseñanzas de la evaluación de la política de desarrollo de la Comunidad Europea, adoptada en 2000, y se encarga de aplicar el consenso europeo a los programas comunitarios en todos los países en desarrollo.

El Instrumento de Financiación de la Cooperación al Desarrollo, al reunir los distintos instrumentos geográficos y temáticos en un instrumento único.

El Reglamento (CE) nº 1905/2006 del Parlamento Europeo y del Consejo de 18 de diciembre de 2006 es por el que se establece un Instrumento de Financiación de la Cooperación al Desarrollo.

La UE financia medidas destinadas a apoyar la cooperación geográfica con los países en desarrollo que figuran en la lista de países beneficiarios de la ayuda del Comité de Ayuda al Desarrollo (CAD) de la Organización para la Cooperación y el Desarrollo Económicos (OCDE).

El Reglamento destaca que la política de cooperación al desarrollo de la Comunidad se guía por los Objetivos de Desarrollo del Milenio (ODM), y que el marco general de actuación de la Comunidad en materia de desarrollo está determinado por el consenso europeo.

El Reglamento establece que la ayuda comunitaria se ejecute mediante programas geográficos y temáticos, y un programa de medidas complementarias para los países de África, del Caribe y del Pacífico (ACP) signatarios del Protocolo del Azúcar.

Los programas geográficos

Engloban la cooperación con países y regiones socios, determinados con arreglo a un criterio geográfico, y abarcan cinco regiones: América Latina, Asia, Asia Central, Oriente Medio y Sudáfrica.

La ayuda comunitaria a favor de estos países está destinada a apoyar acciones en los siguientes ámbitos de cooperación:

- Apoyo a la ejecución de medidas cuyo objetivo sea la erradicación de la pobreza y la consecución de los ODM.
- Atención a las necesidades esenciales de la población y, en particular, la educación primaria y la sanidad.
- Fomento de la cohesión social y del empleo.
- Promoción del buen gobierno, la democracia y los derechos humanos, y apoyo a las reformas institucionales.
- Asistencia a los países y regiones socios en los ámbitos del comercio y la integración regional.
- Fomento del desarrollo sostenible por medio de la protección del medio ambiente y la gestión sostenible de los recursos naturales.
- Apoyo a la gestión sostenible integrada de los recursos hídricos y fomento de un mayor uso de tecnologías energéticamente sostenibles.
- Asistencia en las situaciones consecutivas a las crisis, y a los Estados frágiles.

Las acciones que se llevan a cabo varían en función de las necesidades específicas de cada país, teniendo en cuenta, por ejemplo, la situación particular de América Latina, de Asia, de Oriente Medio o de Sudáfrica.

Los programas temáticos

Son el complemento de los programas geográficos. Estos programas tratan un ámbito de actividad específico que interese a un conjunto de países socios, no determinado por criterios geográficos, o cubren actividades de cooperación dirigidas a distintas regiones o grupos de países socios, o una actuación internacional sin base geográfica específica.

El ámbito de aplicación es más extenso que el de la cooperación geográfica puesto que no sólo abarca a los países elegibles para dicha cooperación geográfica con cargo al IDC, sino también a los países y regiones subvencionables por el Fondo Europeo de Desarrollo (FED) y en virtud del Reglamento (CE) nº 1638/2006.

El Reglamento establece cinco programas temáticos:

- Inversión en recursos humanos.
- Medio ambiente y gestión sostenible de los recursos naturales.
- Agentes no estatales y autoridades locales.
- Mejora de la seguridad alimentaria.
- Cooperación en materia de migración y asilo.

Programa de medidas de acompañamiento

El Reglamento establece un programa de medidas de acompañamiento a favor de los 18 países ACP signatarios del Protocolo del Azúcar que se mencionan en el anexo III del Reglamento.

Estas medidas están destinadas a acompañar el proceso de ajuste ante las nuevas condiciones del mercado relacionadas con la reforma del régimen comunitario del sector del azúcar.

Cooperación con terceros países en materia de migración y asilo

El objetivo del programa temático es financiar proyectos destinados a respaldar las iniciativas de terceros países para mejorar la gestión de los flujos migratorios. Prolonga las actividades del programa AENEAS en el marco de las perspectivas financieras 2007-2013.

El programa se propone abarcar los principales ámbitos de intervención correspondientes a los aspectos más relevantes del fenómeno migratorio, concretamente:

- La relación entre migración y desarrollo.
- La migración económica.
- La prevención y la lucha contra la inmigración ilegal.
- El retorno voluntario y la reinserción de los emigrantes.
- La protección internacional.
- El programa tiene por objeto:
- Proponer nuevas iniciativas sobre la base de proyectos piloto.
- Financiar iniciativas mundiales o multirregionales.

6.8.3. La Ayuda Humanitaria

El Reglamento (CE) n° 1257/96 del Consejo, de 20 de junio de 1996, sobre la ayuda humanitaria regula la ejecución de todas las medidas de ayuda humanitaria de la Unión, en favor de víctimas que no pueden ser eficazmente socorridas por sus propias autoridades.

La política de ayuda humanitaria, que constituye un aspecto importante de las relaciones exteriores, aspira a prevenir y disminuir el sufrimiento humano, centrándose en el suministro de bienes y servicios.

Para llevar a cabo una política global y eficaz, el trabajo entre los Estados miembros y la Comisión se consolida mediante la cooperación con las organizaciones no gubernamentales (ONG) y las organizaciones internacionales.

Principios de la ayuda humanitaria

La ayuda humanitaria se destina ante todo a las poblaciones de los países en vías de desarrollo del tercer mundo y abarca no sólo acciones de auxilio inmediato sino también de prevención de catástrofes y de reconstrucción.

Dichas acciones se centran, durante el tiempo necesario, en las necesidades de carácter repentino derivadas de catástrofes naturales (como inundaciones o terremotos), causadas por el hombre (como guerras o conflictos) u ocasionadas por circunstancias extraordinarias comparables.

Actividades que integran la ayuda humanitaria

La ayuda humanitaria constituye un instrumento a corto plazo (de seis meses como máximo) que persigue los siguientes objetivos principales:

- Salvar vidas humanas en situaciones de emergencia o inmediatamente posteriores.
- Suministrar asistencia y socorro a las poblaciones afectadas por crisis más prolongadas, en particular como consecuencia de conflictos o guerras.
- Ejecutar entre las actividades inmediatamente posteriores a la emergencia trabajos de rehabilitación y de reconstrucción a corto plazo, en especial de infraestructura y equipos.
- Hacer frente a las consecuencias de los desplazamientos de poblaciones mediante acciones de repatriación y ayuda a la reinstalación, si procede.
- Garantizar una preparación ante los riesgos de que se trate y utilizar un sistema de alerta rápida y de intervención adecuada.

En el marco de la ayuda humanitaria pueden financiarse actividades destinadas a mejorar su aplicación, como son:

- Los estudios preparatorios de viabilidad.
- La evaluación de proyectos.
- Las iniciativas para aumentar el conocimiento de la problemática humanitaria.
- El refuerzo de la coordinación entre la Comunidad y los Estados miembros.

Financiación

La ayuda humanitaria posee un carácter no reembolsable, y se pone en práctica con la financiación tanto de la distribución de la ayuda como de los gastos relacionados con el personal externo, la construcción de refugios, etc.

Prestación de la ayuda

La Unión presta ayuda humanitaria a petición de la Comisión, de organizaciones no gubernamentales (ONG), de organizaciones internacionales, de un Estado miembro o del país beneficiario.

La prestación de la ayuda humanitaria se ejecuta a través de tres procedimientos de decisión:

- Procedimiento de delegación: con el fin de agilizar la reacción ante las emergencias repentinas, dentro de determinados límites (importe máximo de 3 millones de euros y duración máxima de la intervención de 3 meses).

- Procedimiento de habilitación. El Comisario responsable de la ayuda humanitaria puede decidir sobre las intervenciones de emergencia hasta un importe de 30 millones de euros y de una duración máxima de 6 meses, así como sobre las decisiones no urgentes, por un importe máximo de 10 millones de euros.
- Procedimiento escrito para todas las demás decisiones. La Comisión se encarga asimismo de la instrucción, la gestión, el seguimiento y la evaluación de las intervenciones.

6.9. ESPAÑA EN LA COOPERACIÓN AL DESARROLLO

La Agencia Española de Cooperación Internacional para el Desarrollo (AECID) es una Entidad de Derecho Público adscrita al Ministerio de Asuntos Exteriores y de Cooperación a través de la Secretaría de Estado de Cooperación Internacional (SECI).

El Estatuto de la Agencia Española de Cooperación Internacional para el Desarrollo, define el fomento, la gestión y la ejecución de las políticas públicas de cooperación internacional para el desarrollo, dirigidas a la lucha contra la pobreza y la consecución de un desarrollo humano sostenible en los países en desarrollo.

La lucha contra la pobreza es el objetivo final de la política española de cooperación internacional para el desarrollo. Esta es parte de la acción exterior del Estado y está basada en una concepción interdependiente y solidaria de la sociedad internacional.

La Declaración del Milenio y los Objetivos de Desarrollo del Milenio (ODM) configuran una agenda y metodología común en la lucha contra la pobreza, por lo que son el principal referente de la política española de cooperación internacional.

Gestión de la Ayuda Oficial para el Desarrollo (AOD)

La Agencia Española de Cooperación Internacional para el Desarrollo (AECID) utiliza diferentes vías a la hora de gestionar la Ayuda Oficial para el Desarrollo (AOD):

- Programas y proyectos de cooperación, asistencia técnica a instituciones de los países socios, ayuda presupuestaria, microcréditos, becas y lectorados.
- Contribuciones a fondos multilaterales y multidonantes y a programas de organismos internacionales para el desarrollo.
- Acción humanitaria.
- Ayudas públicas a ONGD y a otros agentes de la cooperación para el desarrollo.

Prioridades geográficas del Plan Director de la Cooperación

Las prioridades geográficas del Plan Director de la Cooperación Española para el periodo 2009-2012 se establecen desde los siguientes criterios:

- Eficacia.
- Indicadores de desarrollo.
- Presencia de la Cooperación Española en el país.
- Marco de asociación posible en el país.
- Potencial del país como socio de desarrollo.
- Posición relativa de la Cooperación Española respecto a otros donantes.

El proceso de globalización ha generado un mundo cada vez más interdependiente e interconectado donde los problemas colectivos no pueden ser abordados de manera unilateral.

Los grandes retos que presenta la lucha contra la pobreza, acompañada de exclusión social y desigualdad de género, la paz y prevención de conflictos o la degradación medioambiental, requieren de acciones concertadas entre los estados. La Cooperación Española, consciente de todo ello, contribuye a fortalecer las capacidades del sistema multilateral, para convertirlo en un instrumento eficaz y legitimado al servicio de la gobernabilidad democrática mundial.

La Agencia Española de Cooperación Internacional para el Desarrollo (AECID), contribuye a los objetivos del *multilateralismo activo y eficaz*, comprometido con el logro de los Objetivos de Desarrollo del Milenio, a través de dos líneas de actuación:

- La financiación de fondos, programas y proyectos de desarrollo ejecutados por Organismos Internacionales.
- Programas de contratación y de apoyo a la presencia de españoles en Organismos Internacionales.

La financiación de fondos, programas y proyectos de desarrollo ejecutados por Organismos Internacionales

La AECID ha mostrado un apoyo creciente a Naciones Unidas y sus agencias especializadas. La selección de los Organismos Internacionales, a los que España da prioridad para ejecutar su política multilateral de desarrollo, está relacionada tanto con las prioridades sectoriales y geográficas como con la especialización temática de los mismos.

Por ello destacan cuatro organismos que han ocupado el nivel principal en el conjunto de la financiación del Área de Organismos Internacionales:

• FAO (Agricultura y Alimentación).
• PNUD (Gobernabilidad y Desarrollo).
• OIT (Trabajo).
• UNICEF (Infancia)

Entre todos ellos acumulan un 56,60% de los fondos ejecutados entre 2004 y 2008.

Ayuda Programática

El contexto internacional de cooperación ha estado cambiando en los últimos años, siendo uno de de los grandes hitos de esta década en materia de cooperación.

La Declaración de Paris de 2005 y el Foro de Alto nivel de Accra en 2008 definieron as bases del nuevo enfoque de cooperación. En este contexto, la Cooperación Española está realizando un esfuerzo de adaptación a las nuevas formas de hacer cooperación y a los principios que la guían. A los instrumentos tradicionales de la cooperación (proyectos, programas, asistencia técnica y otros) se han añadido en los últimos años algunos nuevos instrumentos, tales como el apoyo presupuestario sectorial o general, y los fondos comunes dentro de los enfoques sectoriales.

Un aspecto fundamental en la nueva estructura de la ayuda internacional al desarrollo es la relevancia que cobran los sistemas de GFP, entendiendo como tales:

• El sistema de instituciones, reglas, regulaciones, procedimientos y procesos a través de los cuales se toman e implementan decisiones sobre ingresos y gastos públicos.

Entre los principales instrumentos financieros en la modalidad de ayuda programática encontramos los siguientes:

- Apoyo presupuestario general: el apoyo presupuestario directo es el apoyo financiero a un País en Vías de Desarrollo (PVD), distribuido a través del presupuesto nacional.
- Apoyo presupuestario sectorial: cuando el apoyo presupuestario directo se concede con la condición de que sea dirigido a un sector específico.
- Fondos comunes: mediante este instrumento, el país donante contribuye a una cuenta autónoma que es gestionada conjuntamente con otros donantes.

6.10. LA COHESIÓN SOCIAL EUROPEA

El profesor Mc Dougal en el estudio por él coordinado del Nacional Institute of Economic and Social Research, define la cohesión como el grado hasta el cual las desigualdades en el bienestar económico y social entre regiones y grupos sociales en la Unión son política y socialmente tolerables.

La concepción descrita de la cohesión ha perdurado y ha sido perfeccionada en su aplicación durante las sucesivas ampliaciones de la Unión Europea.

Hoy la integración europea cuenta con veintisiete Estados miembros, de los cuales doce padecen notables brechas y disparidades de renta y de desarrollo. Por ese motivo constituyen el objeto de intervención preferente de los Fondos Europeos, lo que hace que la UE se diferencie de otros procesos de integración supranacionales en la actual era de la globalización.

La Cohesión permite a los Estados y regiones con atraso estructural adaptarse a la dureza de un mercado interior con liberalización de productos, empresas, trabajadores, capitales. El resultado es la generación de la posibilidad objetiva en los Estados, regiones y colectivos sociales sometidos a dificultad estructural de competir con éxito en el mercado integrado supranacional, construyendo a la vez inclusión social.

La filosofía y la metodología de construcción objetivada de la Cohesión Económica, Social y Territorial Europea, constituye un paradigma que puede perfeccionar las estrategias, las actuaciones operativas y los instrumentos financieros vigentes de la Cooperación al Desarrollo.

La inclusión socioeconómica en un enfoque de desarrollo sostenible es el superobjetivo compartido por la Cohesión y la Cooperación al Desarrollo.

La Cohesión Europea ha logrado una metodología de implementación de cambio estructural socio económico sostenible y ha evaluado sus resultados de modo objetivo. El logro es la reducción de las brechas de desarrollo entre estados, regiones y colectivos.

La Cohesión europea no es la panacea, sin embargo, no hay ninguna otra política supranacional conocida que contribuya a que Estados, regiones y colectivos, puedan beneficiarse de la globalización y competir con posibilidades de éxito, construyendo paralelamente inclusión social.

Los Fondos Europeos

Definición

Los Fondos Europeos son los instrumentos financieros de las intervenciones derivadas de la política de cohesión europea.

Los Fondos Europeos o Fondos Comunitarios financian las acciones estructurales de la Unión que tienen por objeto reducir las divergencias de desarrollo entre las regiones.

El Fondo Europeo de Desarrollo Regional (FEDER) es la principal herramienta financiera. Sus financiaciones son completadas, según los casos, por las del Fondo Social Europeo (FSE) para las acciones de formación y lucha contra el desempleo y las del Fondo Europeo Agrícola de Desarrollo Rural (FEADER) para las acciones de desarrollo rural.

El Fondo Europeo de Pesca (FEP 2007-2013), garantiza la aplicación de la Política Pesquera Común.

Actualmente nos encontramos en el Periodo de Programación 2007-2013, que dota a los Fondos de aproximadamente un tercio del presupuesto comunitario, y que establece un nuevo marco de la política regional de la UE con la finalidad de contribuir a la agenda por el crecimiento, competitividad, empleo y desarrollo sostenible fijados como objetivos en los Consejos de Lisboa y Gotemburgo respectivamente.

El FEDER tiene como finalidad fortalecer la cohesión económica y social en la Unión Europea corrigiendo los desequilibrios entre sus regiones, y con esa finalidad interviene en los tres nuevos objetivos de la política regional:

• Convergencia.
• Competitividad regional y empleo.
• Cooperación territorial europea.

El FSE o Fondo Social Europeo tiene como objeto mejorar el empleo y las posibilidades de empleo en la Unión Europea. Interviene en el marco de los objetivos:

- Convergencia y Competitividad regional y empleo.

Finalmente junto con los Fondos Estructurales, el <u>Fondo de Cohesión</u> financia la política de cohesión de la Unión Europea, y en concreto favorece el crecimiento económico y la convergencia real de los Estados miembros de la Unión con un menor nivel de desarrollo cuya renta nacional bruta (RNB) por habitante es inferior al 90% de la media comunitaria.

Este es el caso de: Bulgaria, República Checa, Estonia, Grecia, Chipre, Letonia, Lituania, Hungría, Malta, Polonia, Portugal, Rumania, Eslovenia y Eslovaquia.

La ejecución del Fondo Social Europeo

El acto jurídico regulador del Fondo Social Europeo (FSE) para el periodo de programación 2007-2013 de la política de Cohesión Europea es el Reglamento (CE) nº 1081/2006 del Parlamento Europeo y del Consejo, de 5 de julio de 2006.

Para el período 2007-2013, en las disposiciones generales relativas al Fondo Europeo de Desarrollo Regional, al Fondo Social Europeo y al Fondo de Cohesión se establece que el FSE apoyará acciones en el marco del objetivo de convergencia para las regiones menos desarrolladas y del objetivo competitividad regional y empleo.

Misión

El FSE respalda las políticas de los Estados miembros para centrar la estrategia de Lisboa en el crecimiento y el empleo. Estas políticas están estrechamente relacionadas con las Orientaciones Generales de Política Económica (OGPE), con la Estrategia Europea de Empleo (EEE) y con las directrices para el empleo. Más concretamente, el FSE tiene por objetivos:

- Lograr el pleno empleo.
- Mejorar la calidad y la productividad del trabajo.
- Promover la integración social, en particular, el acceso de las personas desfavorecidas al empleo.
- Reducir las disparidades nacionales, regionales y locales en materia de empleo.

Ámbito de aplicación y prioridades

En el marco de los objetivos de convergencia y de competitividad regional y empleo, el FSE apoya acciones en los Estados miembros encaminadas a dar respuesta a las prioridades siguientes:

- Mejorar la capacidad de adaptación de los trabajadores, las empresas y los empresarios, con objeto de aumentar de esta manera la previsión y la gestión positiva del cambio económico.
- Facilitar el acceso al empleo y la inserción duradera en el mercado de trabajo de las personas inactivas y de las que buscan trabajo.
- Evitar el desempleo, en particular el desempleo de larga duración y el desempleo de los jóvenes.
- Apoyar el envejecimiento activo y la prolongación de la vida laboral.
- Incrementar la participación en el mercado laboral.
- Potenciar la integración social de las personas desfavorecidas con vistas a su inserción duradera en el empleo.
- Luchar contra todas las formas de discriminación en el mercado de trabajo.
- Reforzar y ampliar el capital humano.
- Promover las asociaciones.

Prioridades

Además, en el marco del objetivo de convergencia, el FSE respalda las siguientes prioridades:

- Más inversión en capital humano, con reformas en los sistemas de educación y formación, y una mayor participación en la educación y el aprendizaje permanente y en el desarrollo del potencial humano en el ámbito de investigación y la innovación.
- Mejora de la capacidad y la eficacia institucionales, con objeto de contribuir a la buena gestión.

Concentración de la ayuda

Los Estados miembros se cercioran de que las acciones apoyadas por el FSE sean coherentes con la Estrategia Europea de Empleo y contribuyan a las acciones emprendidas en virtud de ella.

Los Estados miembros concentran la ayuda en la aplicación de las recomendaciones pertinentes sobre el empleo.

Buena gobernanza y cooperación

El FSE promuve la buena gobernanza y la cooperación. La ayuda del Fondo en este ámbito se proyecta y aplica al nivel territorial apropiado, teniendo en cuenta los niveles nacional, regional y local, con arreglo a los mecanismos institucionales propios de cada Estado miembro.

Los Estados miembros garantizan la participación de los interlocutores sociales y la oportuna consulta y participación de otros interesados, al nivel territorial apropiado, en lo que atañe a la preparación, la aplicación y el seguimiento de las ayudas del FSE.

En el plano político, la política de cohesión para el período 2007-2013 tiene su base financiera en el acuerdo interinstitucional y el marco financiero 2007-2013.

Los restantes instrumentos de la Cohesión Europea son el Fondo Europeo de Desarrollo Regional.

6. 11. LECTURAS, ACTIVIDADES, GLOSARIO, BIBLIOGRAFÍA

BIBLIOGRAFÍA OBLIGATORIA

IZQUIERDO J, TORRES R. "Estado de Bienestar y Trabajo Social" Edit. Académica. Madrid 2011.

LECTURAS RECOMENDADAS

Cooperación al Desarrollo y Trabajo Social. Izquierdo, Juan De Dios; Hidalgo Alfredo; Fernández Tomás. Ediciones Académicas, 2007.

Izquierdo, J. Torres, R. Cohesión euroamericana. Supranacionalidad de los derechos sociales frente a la ortodoxia neoliberal. Revista de Derecho Social. 2011.

ACTIVIDADES, EJERCICIOS

Trabajo optativo sobre el VI Informe de Cohesión. Comisión Europea. 2009.

Trabajo optativo sobre la cooperación al desarrollo española en los casos de Paraguay, Bolivia, Perú o Ecuador.

GLOSARIO

GINER S. LAMO E. TORRES C. "Diccionario de Sociología". Alianza 2006. COOPERACIÓN AL DESARROLLO Y COHESIÓN SOCIAL EUROPEA 383.

BIBLIOGRAFÍA

Izquierdo, Juan de Dios. La Cohesión Económica y Social ante el Segundo Informe de la Comisión. Sistema nº 160. 2001, Madrid.

Comisión Europea. Segundo Informe sobre la Cohesión Económica y Social, Vols, 1 y 2. Oficina de publicaciones de las Comunidades Europeas. Luxemburgo. Enero de 2001.

Díaz Martínez, J.A., López Peláez, A. (2007): Clonación, alimentos transgénicos y opinión pública en España, en Revista Internacional de Sociología (RIS), nº 48, vol. LXV, pp. 75-98.

Informe sobre el Desarrollo Humano 2010. Programa de las Naciones Unidas para el Desarrollo. Ediciones Mundi-Prensa.

López Peláez, A., Kyriakou, D. (2008): Robots, genes and bytes: technology development and social changes towards the year 2020", in Technological Forecasting and Social Change, 75, pp. 1176-1201.

WEBS:

http://www.un.org/en/

http://europa.eu/index_es.htm

http://aeci.es/